辽宁大学中国档案文化研究中心主办

中国档案研究

（第八辑）

赵彦昌　主编

国家图书馆出版社

图书在版编目（CIP）数据

中国档案研究 . 第八辑 / 赵彦昌主编 . —北京：国家图书馆出版社，
2023.12

ISBN 978-7-5013-7580-6

Ⅰ . ①中… Ⅱ . ①赵… Ⅲ . ①档案学—研究—中国
Ⅳ . ① G279.2

中国版本图书馆 CIP 数据核字（2022）第 174019 号

书　　名	中国档案研究（第八辑）	
著　　者	赵彦昌　主编	
责任编辑	于　浩	
责任校对	刘鑫伟	
封面设计	阳鸣谦	

出版发行　国家图书馆出版社（北京市西城区文津街 7 号　100034）
　　　　　（原书目文献出版社　北京图书馆出版社）
　　　　　010-66114536　63802249　nlcpress@nlc.cn（邮购）
网　　址　http://www.nlcpress.com
排　　版　九章文化
印　　装　北京金康利印刷有限公司
版次印次　2023 年 12 月第 1 版　2023 年 12 月第 1 次印刷

开　　本　710×1000　1/16
印　　张　16.25
字　　数　253 千字
书　　号　ISBN 978-7-5013-7580-6
定　　价　45.00 元

《中国档案研究》编委会

目　录

档案数字化

少数民族档案学

会议综述与书评

档案学史

我与档案史家王金玉先生的一个约定

覃兆刿

摘要： 王金玉教授是已故著名档案史专家，尤其在宋代档案管理研究方面卓有贡献。他生前在与本文作者的联系中，多就修纂中国档案事业史进行商榷。所见书信内容，真实、系统地反映了王金玉先生在中国档案史研究方面的思考，也再现了老一辈档案学者潜心治学的不朽精神。

关键词： 王金玉　档案史研究　信札

正是清明，除了祭奠一脉相承的先辈，我们也格外缅怀学术前贤。彦昌教授嘱我围绕王金玉先生那封有关中国档案史研究的书信手稿做些回忆和梳理，我想这既是对前辈学者最好的纪念，也一定对当下的中国档案史研究甚至整个档案学都有意义。

王金玉教授虽然已离开我们多年了，然而我与先生的约定却言犹在耳。影集里有我俩戴军帽的合影，书架上有他的《宋代档案管理研究》和《王金玉档案学论著》，档案盒里有他给我的来信，还有先生亲笔写下的新年祝福。

我与王金玉先生的忘年之交始于 1995 年北京昌平，那是国家档案局关于国际档案大会的一个专业准备活动。先生是郑州大学教授，当时在文博学院档案专业。一年后，第十三届国际档案大会在京召开，我俩正好被安排在同一宾馆的同一间宿舍。先生身材魁梧，健谈而风趣。彻夜倾听，先生在专业上的执着和成就给了我很大的触动。他虽醉心于古籍文献，对新事物的兴趣

作者简介：覃兆刿，湖北大学历史文化学院二级教授、博士生导师，校学术委员会委员，全国档案专家暨理论研究领军人才，教育部档案学科教学指导委员会委员，湖北省政府有突出贡献中青年专家。

却远非一般人所能及，更难得的是，他并不计较别人如何评价。记得开幕式前夕在国际会议中心广场有一个露天舞会，集中了上百个国家和地区的代表，不同肤色，各种语言，俨然真正的地球村。先生虽年近花甲，却激情满怀，自然潇洒率性地舞动穿梭于人群之中，他高大的身影那样俊朗，他热情、放松却又显然少有跳舞经验的夸张动作，吸引着周围的每个人，更让作为小辈的我感到自己竟是那样的扭捏和局促。先生鼓励我大胆表现，开心参与，说交流学术一定要有开放的心态才好。于是，我在第二天的中华民族园晚会上便斗胆融入了狂欢的人群。不料，先生当晚出了点状况。半夜时分，他的高血压突然犯了，我慌乱中通过会务组找到医生施以抢救，总算有惊无险。这件事先生还特意写进一篇回忆文章，后来收录在《王金玉档案学论著》① 中，为此王星光教授专门给我寄来这本书。

我大约是有些老人缘的。从昌平初见到国际档案大会，王金玉先生似乎对我印象不错。国际档案大会期间我们一老一少就专业的事多有交流，还商量着联名向大会提交简短提问。与外国代表有限的交流我俩也是同行。还记得与日本学者交流时，当他得知日本也曾以"千字文"编号档案的时候，他的那种骄傲和开心的神情。晚上，先生给我仔细讲到他是如何发现"千丈架阁法"之误并为此作细致的考证，然后将结论发表在《历史研究》上的。他对中国档案管理传统保持着极为浓厚的兴趣，这种兴趣也深刻地影响到我的学术生涯。

大约时隔一年吧，有一天先生突然打来电话，说他人已在武汉，想代表《档案管理》与我讨论讨论。这就要说到之前的一件事儿。那时《档案管理》杂志聘请特约撰稿人，先生便力荐了我。我也立马以这身份在该刊发表了朱士嘉先生 40 年代在美档案馆经历的文章② ，后被《湖北方志》全文转载。先生对此十分满意，这次便专门替杂志社给我带来了聘书。记得当时在中南大酒店，在座的还有武汉大学刘家真教授。后来，先生前往九江开会再次路过武汉，

---

① 王金玉 . 王金玉档案学论著［M］. 北京：中国档案出版社，2004：382.

② 覃兆刿 . 学习和介绍西方档案学的先驱——方志学家朱士嘉与档案事业［J］. 档案管理，1997（1）：46–48.

又特意带给我二十本刚出版的《宋代档案管理研究》。这次见面，聊得最多的，是能否共同做些中国档案史的专题研究并谋划之后的系统整合。

图1　1997 年 12 月 23 日郑州大学王金玉教授致湖北大学覃兆刿教授明信片

1997 年 12 月 23 日，收到王金玉先生寄来的新年明信片，说"武汉会面，至今难忘"，而且特别提示我"约定之事，一定尽心"。这"约定之事"，便是指我们在中国档案史研究方面的合作意向。

1998 年 2 月 24 日，王金玉先生非常郑重地写来一封信，就他刚刚写完的一篇文章与我商议。内容如下：

兆刿同志：

您好！

寒假之中，撰《谈中国档案史研究》一文，发表对中国档案史研究的缺憾、难点和方法的意见，想与你商榷。如果你也赞同，并补充资料，修改观点，我们可以联合在《档案学研究》上发表。

论文大概是：

一、缺憾：（一）观点保守，过低估价古代档案工作水平。（二）方向偏离，将文书史内容过多拉进档案史中。（三）无紧迫感，对一些重大课题冷漠待之。

二、难点：（一）档案词源研究。（二）档案馆史研究。（三）档案职官研究。（四）档案法规研究。（五）传统档案工作原则研究。（六）古代档案学研究。

三、方法：（一）苦寻史料。（二）紧抓特点。（三）细辨特色。呵护历史真实面貌。

全文 5000 字。尚有不少待修改处。

如有机会，我可以前往贵校与你商榷，为写好这篇虎年第一吼论文打下基础。两校联手，就更有力量。不知意下如何？

祝万事如意

王金玉

1998 年 2 月 14 日

从我至今保存的划改很乱的回信底稿中看到，当时收信之际正是新年将近，而我因忙于给成教生上课出差在外，没能及时给先生回信。在迟复的信件中，我对先生在中国档案史研究方面的看法表示完全赞同，并针对先生的大纲，提了些不成熟的补充意见：

郑 州 大 学

兆刿同志:

　　您好!

　　寒假之中,撰《谈中国档案史研究》一文,发表对中国档案史研究的缺憾、难点和方法的意见,想与你商榷。如果你也赞同,并补充资料,修改观点,我们可以联合在《档案学研究》上发表。

　　论文大概是:

　　一、缺憾 (一)观点保守,过低估价古代档案工作水平。(二)方向偏颇,将文书史内容过多拉进档案史中。(三)无紧迫感,对一些重大课题冷漠待之。

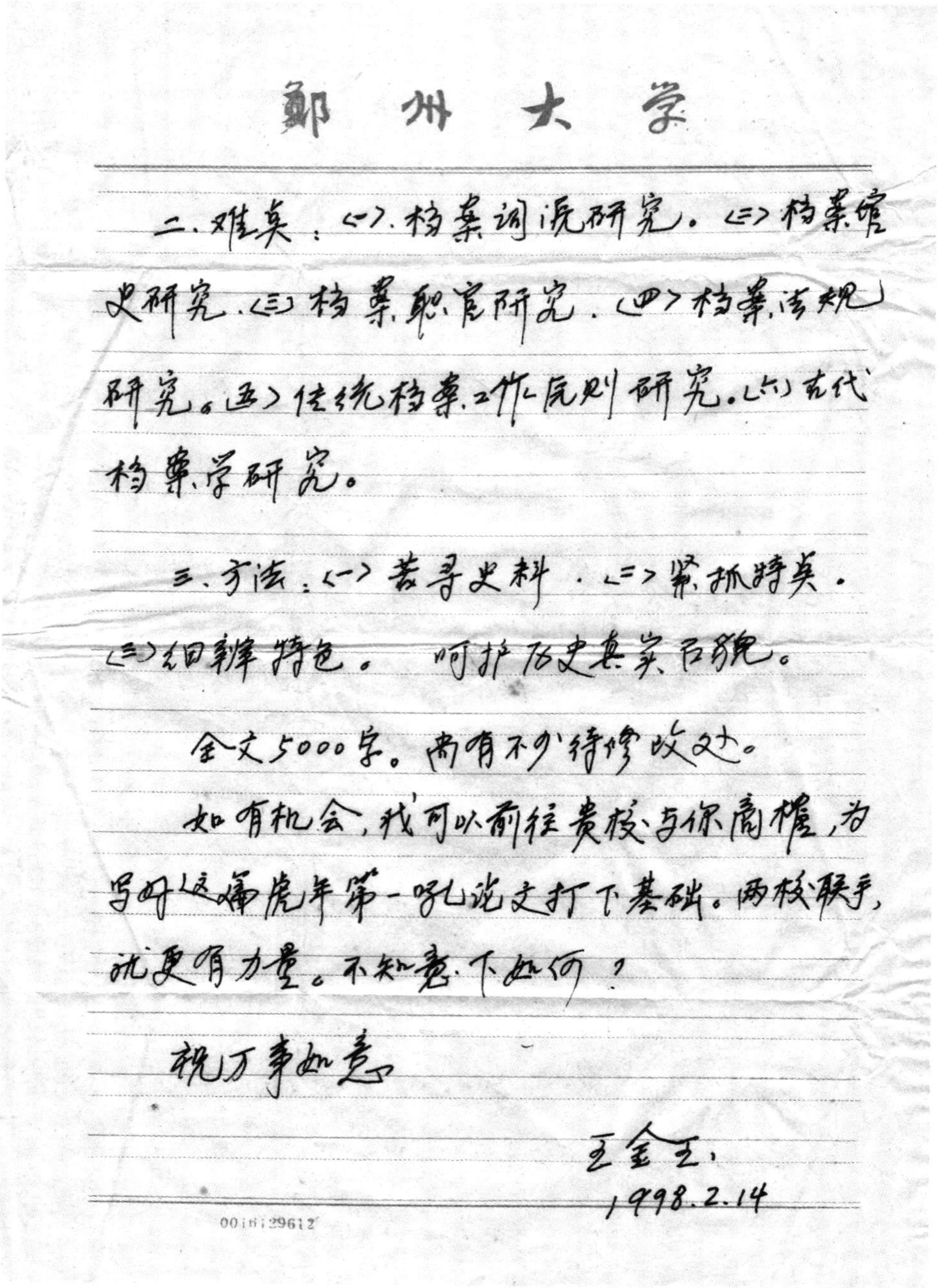

郑 州 大 学

二、难点：（一）档案调况研究。（二）档案管史研究。（三）档案职官研究。（四）档案法规研究。（五）传统档案工作原则研究。（六）古代档案学研究。

三、方法：（一）苦寻史料。（二）紧抓特点。（三）细辨特色。　呵护历史真实原貌。

全文5000字。尚有不少待修改处。

如有机会，我可以前往贵校与你商榷，为写好这篇虎年第一呈论文打下基础。两校联手，就更有力量。不知意下如何？

祝万事如意

王金玉
1998.2.14

图2　1998年2月14日郑州大学王金玉教授致湖北大学覃兆刿教授信函

一、缺憾：（1）在观点保守中，其实除对古代的低估以外，对近代尤其是二十世纪三四十年代档案工作专门化、规范化也没有恰当的梳理和评价。我想就中国档案史整体而言，近现代也应有一定覆盖。（2）方向偏离中，文书史内容过多拉进档案史的确是主要倾向，但同时也存在图档不分的情况。（3）没有人或者没有更多人立志对从古至今的档案工作进行深入考察或专题研究，对重大突破性研究，学术界缺乏足够的重视。（4）有不少的空白需要填补，譬如中外档案交往史、档案分类与原则的移植、档案编纂机构与档案编纂史研究 ①、古代近代档案思想研究等。

二、难点：我完全同意您的看法。

三、方法上：（1）除先生强调的"苦寻史料"外，要高度认识中国档案史研究的重要性。中国档案史研究是中国档案学术的基础，中国古代档案管理样式看似与今之电子文件格格不入，而实际不过为载体之一种或实用技术而已。电子文件管理的发展也会有其历史，因此强调中国档案史的研究与新形式其实并无矛盾。档案工作的古代近代传统包括其原则和精神，是新世纪档案工作的宝贵思想财富。（2）为繁荣中国档案事业史研究，中国档案学会等组织应从学术上作整体之部署，应视研究者不同优势，组织对重点、难点进行攻关。

收到我的复信以后，王金玉教授专门打来电话，他表扬我对近代和档案思想方面的重视，鼓励我就近代方面多作深入，并称古代近代如此同时深入非常值得合作。我则强调自己对档案史研究实属刚刚起步，学术资历太浅，万不敢在论文上与先生联名。于是，先生便以《中国档案史研究的缺憾与出路》独立发表了其中的主要观点，在直呈缺憾的同时，强调了"深入开展中国档案专题史研究"的重要性，还特别倡导"求真务实的学风" ②。

1998 年初，在《我国档案工作早期学欧美及其意义》③ 发表之后，接到著名档案学家陈兆祦教授电话，他询问我文中资料从何处来，我说是从北大图书馆和人民大学旧资料库中来。之后又接到王金玉先生来信，信中再次提到

---

① 记得后来电话中，本人特别提到可以对类似《四库全书总目提要》中"诏令奏议"类编纂思想进行研究等。

② 王金玉.《中国档案史研究的缺憾与出路》[J].档案学研究，1998（4）：3-6.

③ 覃兆刿.《我国档案工作早期学欧美及其意义》[J].档案学研究，1998（2）：5-8.

我们的合作，并随信给我寄来近代著名学者王重民先生在国外介绍后湖黄册
库的文章复印件：

　　兆刿同志：您好！

　　读了您在《档案学研究》上发表的文章，非常高兴。近代学欧美的材料
仍需要进一步发掘。现将王重民先生的一篇文章寄去，请参考。记得去年《北
京大学学报》上还有傅振伦先生的短文，我手头查不出，可在您校查找之。

　　我仍集中在古代部分进行点研究，近代是您的强项，希望我们相互配合、
相互支持，在档案史研究上深入一步。经过几年努力，我们可以考虑新编一
本《中国档案史》。

　　祝

好！

王金玉

1998 年 6 月 25 日

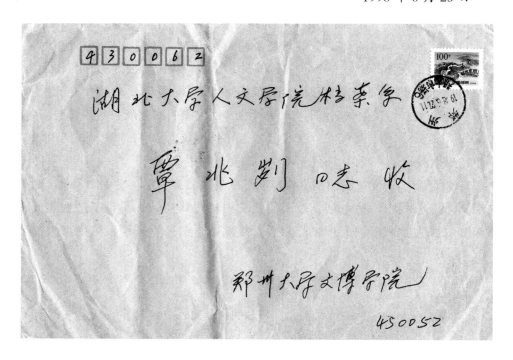

郑　州　大　学

兆刿同志：　您好！

　　读了您在《档案学研究》上发表的文章，非常高兴。近代存欧美的材料仍需进一步发掘。现将王重民先生的一篇文章寄去，请参政。记得去年北京大学学报上还有傅振伦先生的短文，我手头查不出，可在您处查找之。

　　我仍集中去古代部分进行实研究。近代是您的强项。希望我们相互配合，相互支持，在档案史研究上深入一步。经过几年

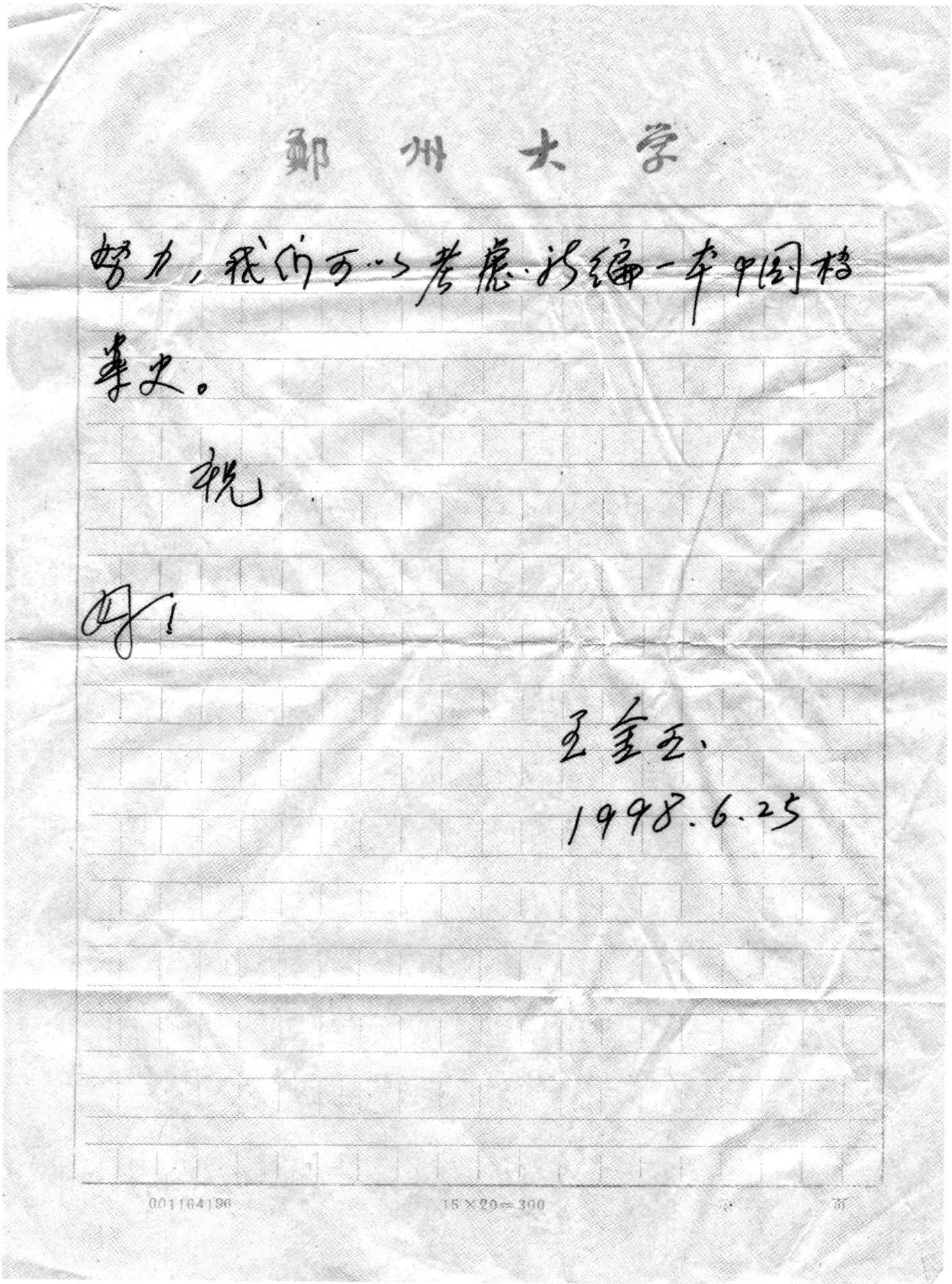

郑 州 大 学

努力，我们可以考虑汐编一本中国档
案史。

　　　祝

好！

　　　　　　　　　　王金玉
　　　　　　　　　　1998.6.25

图 3　1998 年 6 月 25 日郑州大学王金玉教授致湖北大学覃兆刿教授信函

　　在这封信中，王金玉先生非常明确地提出了一个目标——新编一本中国档案史，约定他写古代部分，我写近代部分。现在看来，先生的这种高度和清晰的计划，对我当时的研究有着重要的引领作用。我也因此潜心于近代档案事业史的挖掘，尤其是中国档案管理如何学西方、最早的海外文献搜集是什么时候、哪些近代学者高度重视档案价值、档案与近世史学的结合等等。而那些关于中国古代档案传统的考据、评估和思考，也更多是着眼于近代档案问题的考察。正是在这样的基础上，我提出了"档案双元价值观"。

　　1998 年 12 月新年到来之际，我与先生互致问候，他在明信片中工整地写着"新年快乐！友谊常（长）存！"这期间我们时有电话联络，譬如我就《明实录》的有关记载向他咨询，他也告诉我一些关于傅振伦先生的资料线索。

　　2000 年 12 月底，又是新年将近，我们再次互致祝福。2001 年，当我获得国家社科基金①资助后，先生还特别向我电话表示了祝贺。

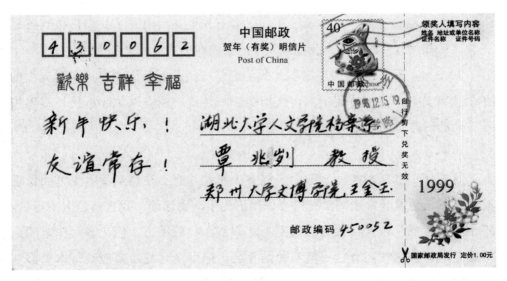

图 4　1998 年 12 月底郑州大学王金玉教授致湖北大学覃兆刿教授明信片

---

　　①　指 2001 年国家社科基金一般项目：中国档案传统与档案事业现代化之间的关系（项目批准号：01BTQ015）。

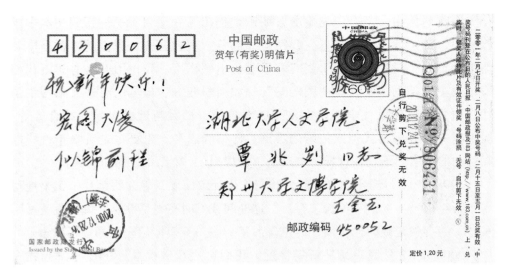

图5　2000年12月底郑州大学王金玉教授致湖北大学覃兆刿教授明信片

可万万没有想到，就在第二年，王金玉先生突然离开了我们！接到王星光教授从郑州打来的电话，我找出先生的信稿在书房里呆坐了很久。

2003年，我在《中国档案事业的传统与现代化》后记中表达了对先生的怀念。事实上，书中有关中国古代档案管理传统、档案词源和近代档案思想等方面的研究，都与先生的敦促和鼓励不无关系。

……

这些年，彦昌教授一直致力于档案史研究并有心在档案学术史方面做系统的贡献，他说非常遗憾没有机会识得王先生。比起他，我自然是太幸运了。王金玉先生的《宋代档案管理研究》此刻就在我的手边，他伏案写作时的照片还是那样和蔼，还有他一笔不苟的签名。记得当时我希望他给每本书都签上名字，他说："中。"除分送我的同事之外，每年上课的时候，我都会拿两本奖给学习优秀的弟子。无疑，这成了他们珍贵的收藏。

宋代档案管理研究

王金玉　著

中国档案出版社

图6　1997年9月19日郑州大学王金玉教授送湖北大学覃兆刿教授
《宋代档案管理研究》一书签赠本

二十世纪五六十年代三次档案学大讨论及其学术意义

闫　静

摘要：二十世纪五六十年代，中国现代档案学正处于学科独立化建制的关键时期。基于对档案学基本概念和基础理论的探讨，档案界开展了三次档案学术大讨论，其中以对陆晋蘧《档案管理法》的讨论和批评、档案与资料问题的大讨论和"以利用为纲"方针的提出与争辩最具代表性。从学术史的角度审视这三次档案学大讨论，无论其历史贡献、后续影响和当代启示，均十分值得总结和深入思考。其历史贡献与后续影响在于开档案学术争辩式研究的先河，为档案学发展提供了可持续性的研究议题，确立了档案学的基本术语和研究对象。其当代启示在于，档案学研究需秉承包容性、反思性与批判性治学态度，方可实现其创新式发展。同时，档案学人摒除成见并敢于对不同观点的争鸣式探讨，是档案学发展进步的重要主体保证。

关键词：档案学大讨论　历史贡献　当代启示

1　引言

回顾和反思 1949 年后的档案学研究，不能不提二十世纪五六十年代的三次档案学大讨论。这一时期，由于很多学术问题甚至基本概念都尚无定论，档案学科的独立化建制过程中面对诸多困难，学术问题的探索性研究层出不

作者简介：闫静，山东大学历史文化学院副研究员、硕士生导师，山东大学儒学高等研究院在站博士后，主要研究方向：档案学史、历史与档案、档案与身份认同。基金项目：本文系第 65 批中国博士后科学基金面上资助项目（项目批准号：2019M652421）、山东大学基本科研业务费专项资金资助项目（项目批准号：2018TB026）研究成果。

穷。如在 1951 年 11 月《材料工作通讯》第 3 期发表了李光的《目前档案工作中的基本问题及其解决办法》，在 12 月同刊第 4 期立即刊发了吴宝康的文章①对李光所论述关于什么是档案的问题，提出了一些不同看法；再如，1957年《档案工作》第 1 期发表了程桂芬的《关于档案学问题》，同年该刊第 4 期就发表了蒋有恺的《"关于档案学问题"的几个问题》，对档案学的学科性质和研究对象提出了不同见解。这些不同意见的表达促进了对档案学基本问题的深入研究和继续探索。而在这一时期，影响较大、持续时间较长的档案学大讨论当属对陆晋蘧《档案管理法》的讨论与批评、档案与资料问题的大讨论、"以利用为纲"方针的提出与争辩，以这些学术讨论为核心的学术事件也极大地推动了档案学的发展，推动了档案学科的独立化建制。

2　陆晋蘧的《档案管理法》及其讨论与批评

二十世纪五六十年代正处于中国档案学独立化建制的重要时期，很多具有学术价值和理论意义的档案学论著纷纷出版②，其中陆晋蘧③《档案管理法》一书当属中华人民共和国成立后首部档案学著作，自然引起了极大关注。《档案管理法》成书于陆晋蘧 1950 至 1951 年在中国人民银行北京分行任文书股长及办公室秘书时实施的档案改革。在改革中，陆晋蘧从档案的系统分类编目、档案

---

①　吴宝康.区分档案与资料问题的我见［J］.材料工作通讯，1951（4）：19-22.

②　注：虽然部分著作仅作为内部参考而未公开出版，但这也是时代经济、文化欠发展的结果。尽管如此，这些著作的学术价值和在档案学研究领域的开创性价值仍不可否定，其蕴含的理论框架为后续研究奠定了基础。

③　陆晋蘧，1911 年生，浙江嘉善人，是中华人民共和国成立之初新的档案管理法创立者。（见陆晋蘧：《档案管理法》，1953 年，"编者的话"。）1957 年任中国人民大学历史档案系的教职员。（见中国人民大学档案学院：《中国人民大学档案学院校友录（1952—1987）》，1987 年，196—200 页。）协助中国人民大学历史档案系编著了《档案学基础（初稿）》（1960 年出版，见该版"编辑说明"）和《文书学纲要》（见潘嘉主编：《文书学纲要》，1961 年，"说明"）。《档案管理法》是其新中国成立后的代表性著作。1960 年 2 月陆晋蘧与吴宝康等出席了在人民大会堂举行的北京市文教系统群英大会。除《档案管理法》之外，陆晋蘧还著有《我对档案工作的认识和体会》（载《档案工作》1956 年第 3 期）、《文书档案连锁法中几个问题的研讨》（载《档案学研究》1959 年第 1 期）、《北京大学整理教学行政文件和编制参考工具的方法介绍》（载《档案学研究》1959 年第 2 期）、《档案工作飞跃发展的十年》（载《档案工作》1959 年第 8 期）等文章。

保存时间、档案管理主动性等三方面提出了改革档案管理的"新法"，并将此"新法"于 1951 年正式施行，实践证明这一新法很快显示出其优越性。1952 年在北京召开的先进经验展览会上，陆晋蘧的档案管理新法得以公开展览，引起了社会各方的广泛关注，各地各机关的档案工作者纷纷学习，欲将此新法应用到本单位的档案管理实践中来。此后，陆晋蘧为了将档案管理新法普及化，又进一步研究了全国各种不同类型机关的不同档案管理情况，并学习了苏联专家米留申的工作报告，尤其是米留申提出并倡议的档案分类原则，在此基础上结合我国不同机关的具体情况，研究了不同的档案分类方案。陆晋蘧将这些工作经验和理论研究成果加以提炼升华，最终成书《档案管理法》，于 1953 年 9 月由工人出版社出版。书中"对于如何使档案管理达到分类明确、排列有序、手续简便、调卷迅速的要求；如何使档案工作由被动走向主动，以加速机关公文的处理；如何采用分卷管理法，使档案不致堆积不必要的文件等，都提供了具体的做法"①。陈兆祦、王德俊在 1995 年版《档案学基础》中对该书有过如此评价——"它的出版对推动当时档案学研究起到一定的、有益的影响"②。

　　陆晋蘧的《档案管理法》一经出版即引起巨大反响，档案实践界和理论界随即撰写了多篇评介性文章。其中，对陆晋蘧《档案管理法》的讨论与研究主要涉及三类主体，一类是档案教育机构的研究人员，他们从学术角度审视该书所宣传的档案管理办法的科学性与合理性；一类是"旧档案学家"，他们从档案学历史遗产的角度进行评介，认为书中部分内容仍未脱离旧政权档案学的研究痕迹；一类是档案实践工作者，他们结合自身档案工作实际，对书中具体方法的可行性和恰当性予以考量。总之，该书甫一出版，全国档案界对书中所论及内容的讨论如火如荼地开展着，虽然来自不同领域，评介角度各有不同，但归根结底普遍认为，陆晋蘧的钻研精神是值得赞扬的，至于其研究内容中所涉及的理论问题，以及学术论证的科学性和严谨性却值得商榷。基于《档案管理法》的广泛影响力，中国人民大学档案教研室于 1954 年 4 月 8 日组织了首次科学讨论会，中心议题就是对陆晋蘧《档案管理法》进行评价。研讨会后出版了《评

① 陆晋蘧.档案管理法［M］.北京：工人出版社，1953：内容提要.
② 陈兆祦，王德俊.档案学基础［M］.北京：中国档案出版社，1995：154.

陆晋蕴著〈档案管理法〉》[①]（表 1）一书供档案学理论总结研究之用。

表 1　　　　《评陆晋蕴著〈档案管理法〉》一书中的态度观点

态度	例举	主要观点
赞扬	陆晋蕴的科研与钻研精神值得学习。	陆晋蕴长期从事档案工作和文书处理工作，具有一二十年的实际工作先进经验。并对一些机关的实际档案工作曾有过充分的调查研究，对档案管理的新方法进行积极探索。
	陆晋蕴的档案管理法对实际工作具有一定指导意义。	陆晋蕴从档案工作和国家建设的关系着手，把档案工作提到应有的重要程度。他倡导档案工作分工明确、排列有序、手续简便、调卷迅速，使档案工作由被动走向主动，加速机关公文的处理，使档案不致堆积不必要的文件。
	陆晋蕴对档案工作中存在缺点的分析是可取的。	陆晋蕴认为过去档案管理各自为政、互不联系、没有统一的管理方法，文件容易零乱散失；管理人员的管理方法保守；把档案室看为储藏室，造成档案的臃肿和紊乱；在处理手续方面，不按性质分类而是按文件的号码归档，卷夹横叠、文件散置、卷夹内没有目录表，文件保管不严密。
	陆晋蕴对档案工作人员素质的看法是可取的。	陆晋蕴认为管理档案是具有重大政治意义的工作，档案管理人员不但要有熟练的科学的管档技术，还应有高度的政治警惕性。
	陆晋蕴提及向苏联先进经验学习的阐述是可取的。	陆晋蕴认为档案管理人员要积极学习苏联先进经验，使档案工作随国家的发展和机关工作的发展不断前进。
	陆晋蕴提倡对档案工作予以大胆改革的工作方向是可取的。	陆晋蕴认为档案应集中管理并建立分档，密件档案与一般文件要分开保管，档案工作要对文件工作实行控制。
	陆晋蕴对分类问题的重要性是估计到的。	陆晋蕴认为档案分类是档案管理工作中最重要的一项。档案分类，要繁简适当、标准一定，并对分类的原因、方法以及等级予以一一介绍。

---

① 注：由中国人民大学档案教研室于 1954 年 7 月 15 日刊印出版。

态度	例举	主要观点
批判	陆晋蓬对苏联先进的档案管理经验没有进行深入研究。	陆晋蓬的著作没有完备的科学基础，特别是对苏联先进档案理论尚未融会贯通。
	陆晋蓬对档案集中管理的认识是错误的。	陆晋蓬认为档案集中管理，就是一个机关内全部文件集中在一个档案室归卷，一切文件每一运转阶段都要经过秘书部门的总收发室，文件文稿处理完毕后，由总收发室送交档案室归档。
	陆晋蓬混淆了档案工作与文书处理工作的区别。	陆晋蓬认为档案工作者是文书工作的组织者和检查者，认为档案工作必须控制文件，必须与收发文件、检查文件等工作结合，倡导收发文登记用三联单。
	陆晋蓬对分类问题的叙述存在缺点和错误。	首先陆晋蓬的方法将分类与立卷相混淆；其次，陆晋蓬的分类方法带有一定的主观性和机械性；第三，陆晋蓬所谓分类中的"项目"是空洞不具体的，以项目代卷，卷却没有具体卷名，仅是写着某类某项某目；第四，类项表中看不出按重要程度来排列；第五，完全否定了按组织机构分类的优越性。
	陆晋蓬没有保持文件历史联系的立卷思想，错误地理解了米留申著作的含义。	陆晋蓬错误地理解米留申的"案卷不应……过二百张"的说法，把这种说法改变为装订文件每本页数以二百左右较为合适。机械地从文件的多少出发，这完全是形式主义的做法。能不能成为一卷，不决定于文件数量的多少，而是决定于文件之间有无历史联系。
	陆晋蓬在编制目录与编号问题上搬用了图书馆编制图书目录的方法。	陆晋蓬片面地强调卡片目录的优点，采取与图书馆管理法完全一样的所谓类卡、项卡、目卡，以便像图书馆查找每一本书一样去查找每份文件、每一案件或每一小堆文件。
	陆晋蓬介绍的分卷管理法是错误的。	陆晋蓬错误地理解了苏联档案专家米留申所编的文件材料保存期限的标准一览表，将案卷分为甲乙丙三套卷，没有保持文件的联系。

此外，陆晋蓬的《档案管理法》不仅在学术界引起了广泛讨论，在实践界也引起了热烈反响。1954 年 4 月 10 日，《档案工作》刊登了《关于陆晋蓬

著〈档案管理法〉一书的读者来信综合叙述》，这些来自档案实际工作部门的意见多以批评性建议为主，主要集中在三方面："文书处理工作和档案工作的范围未分清楚；立卷和分类未分清楚，并在分类原则上采用了十进分类法，否定了按组织机构分类的原则；以甲乙丙三套卷的划分由档案室来进行案卷的鉴定工作不够慎重。"①

不论是出于何种学术倾向或现实考量，不论对《档案管理法》是赞扬还是批判，学术评价在当时还属新鲜事物，且相关论述也以泛泛而论者居多，深刻而富有见地者尚少。因此，对陆晋蘧《档案管理法》一书能以批评为主、相对中肯地指出其中的得失，还是十分难得的，初显了学术色彩。但受时代背景、舆论走向的影响，在批判时对其中某些内容的过于"苛责"也似有不妥，潜移默化中影响了评价的客观性。陆晋蘧作为"民国遗老"，其档案学著作也难免被冠以"民国档案思想的遗留"。这种以"政治批判"带动"思想批判"和"学术批判"的做法，所导致的对档案学著作评价时所体现出来的非科学性、非严肃性的倾向，也一定程度上影响了对民国优秀档案思想的继承和发扬，影响了对民国档案学著作学术价值和现实意义的认知和考量。

3　档案与资料问题的大讨论

对档案定义的认识是档案学研究的基础。关于档案与资料区分问题的讨论，可谓是中国现代档案学研究的开端，涉及档案学的研究对象及其本质问题，触及档案学的核心理论。档案与资料的区分，表面上只是对二者定义的讨论，但对于理解档案学核心概念及其应用十分关键。这场讨论肇始于1951年中央直属机关第一次档案工作座谈会，随后便引起了全国范围内大规模的探讨，很多学者也是从这次大讨论开始逐步开展档案学的理论研究——正是从

---

① 档案工作编辑部.关于陆晋蘧著《档案管理法》一书的读者来信综合叙述 [J].档案工作，1954（9）: 18.

对档案概念的研究开始，逐步扩展到对档案学的研究对象与任务、研究内容与范围、行政管理与组织、人才培养与指导等方面理论的探讨，并进一步延展到对档案学的科学性、党性[①]、实践性以及对档案学、档案工作的产生与发展等内容的探索。

1951 年，《材料工作通讯》甫一创刊，"档案"与"资料"就作为不同的概念出现，其《创刊的话》中表明该刊物"是档案和资料工作者互通情况、交流经验的一种内部不定期刊物"[②]。此时，"档案和资料工作者"同属于从事"材料工作"的群体，但对"档案"与"资料"的界定尚未明确化，二者只是作为模糊的概念连在一起使用。随后，《材料工作通讯》连续登载了档案与资料区分研究的系列文章，该刊物也成为档案与资料区分问题讨论的主要阵地。从 1951 年 11 月起，到 1953 年 5 月，一年半的时间内，档案界开展了一场档案与资料关系问题的学术大讨论[③]（表 2）。不同观点的出现表明中华人民共和国成立初期的档案界已经开始对档案学基础问题进行探讨，并闪现出学理的微光。值得说明的是，前期很多文章在发表时，档案高等教育尚未建立，正规而专深的档案学研究工作也尚未开展，吴宝康、裴桐、冯乐耘等还是地方的档案干部，他们在实际工作中积极思考、发表见解，并从这次大讨论开始逐步研究档案学的理论问题，后来逐渐深入到档案学的研究对象、档案学的独立学科属性、档案学与文书学的关系、技术档案与技术资料的区别与联系、文书立卷等相关或衍生问题的研究。可以说，对档案与资料区分的讨论，堪称中华人民共和国成立初期档案学人的学术启蒙。

---

① 注："党性"在二十世纪五六十年代是档案学研究中的主流话语表达，即使到了八十年代，吴宝康的《档案学理论与历史初探》一书中仍对"党性原则"予以探讨。

② 创刊的话 [J]．材料工作通讯，1951（1）：1.

③ 注：《材料工作通讯》第 10 期（1953 年 5 月）中"编者的话"（第 13 页）写道："档案与资料问题自从 1951 年就提出来了，一直讨论了两年，是大家最关心的问题之一，迫切需要得出一个正确的结论。对于任何新的认识、新的方法，必须结合实际情况，作反复、深入的研究，研究好了以后，再做实际工作上的改变，这一点是我们学习苏联经验时应有的态度。"

表 2　　　　关于档案与资料区分的讨论（按时间顺序排列）

作者	篇名	主要内容及评论
裴桐	《档案与资料的划分和整理》①	文中探讨了档案与资料是否应该区别、应该如何区别、整理方法是否应有所不同等问题。该文是对档案与资料区分问题的首次系统化、条理化、学术化的探讨。
李光	《目前档案工作中的基本问题及其解决办法》②	文中分析了档案与资料区分的必要性。但却未触及档案与资料相互区别的实质。
吴宝康	《区分档案与资料问题的我见》③	文章从本质层面上，对档案和资料的定义予以界定。
冯乐耘	《关于资料与档案划分等问题的意见》④	作者认为本机关制成的、有直接指导性的、直接反映本机关工作的、能使原有档案卷册更加全面是档案与资料区分的关键。这种分法实践操作性较强。
中共河北省委办公室档案资料科	《我们对区分档案与资料的意见》⑤	此文与裴桐的观点基本一致。但将"是否为本机关工作的反映，是否本机关工作所形成"这一基本特点作为档案与资料的唯一标准，未免有些狭隘。
中共浙江省委秘书处	《档案与资料划分问题的情况》⑥	文中沿袭了吴宝康提出的档案与资料区分的观点，并对区分档案与资料的具体做法进行了阐述。
冯乐耘	《根据苏联先进经验再谈档案与资料的区分问题》	文中探讨了档案与资料区分问题出现的原因，并对目前档案与资料区分的八种看法提出意见并进行评述，还引用《苏联档案理论与实践》一书的观点进行分析。该文是中国人民大学档案教研室若干研究生对二者区分所作的初步研究与批判。

①　裴桐 . 档案与资料的划分和整理［J］. 材料工作通讯，1951（3）: 8—11.

②　李光 . 目前档案工作中的基本问题及其解决办法［J］. 材料工作通讯，1951（3）: 5—8.

③　吴宝康 . 区分档案与资料问题的我见［J］. 材料工作通讯，1951（4）: 19—22.

④　冯乐耘 . 关于资料与档案划分等问题的意见［J］. 材料工作通讯，1952（1）: 15—17.

⑤　中共河北省委办公室档案资料科 . 我们对区分档案与资料的意见［J］. 材料工作通讯，1952（1）: 17—18.

⑥　中共浙江省委秘书处 . 档案与资料划分问题的情况［J］. 材料工作通讯，1952（2）: 11—12.

续表

作者	篇名	主要内容及评论
裴桐	《对档案与资料区分问题的再认识》	文中对以"办理的"和"参考的"作为区分档案和资料的标准进行反思，认为档案是一定机关、团体或个人在工作中形成的文书的总和。该文的区分标准具有实际操作性。
吴宝康	《重新认识档案与资料的区分》①	作者分析了之前认识的错误之处，并以苏联档案学的理论为依据，分析了档案与资料的区分。
郑诰	《关于档案资料编号方法的研究》②	作者认为在实际工作中档案和资料可以统一管理也可以分开管理，但并未对二者的区分做出实质性解释。
郑玉豪	《对于档案学几个问题的我见》③	作者认识到二者的区分在于产生条件和过程的不同，认为档案是直接记录，触及其本质问题——原始性。

　　另外，苏联档案专家谢列兹聂夫在进行专家辅导时也对档案与资料的区分问题发表了见解，他认为："与其叫档案与资料的区分，还不如叫出版物与档案文件的区分。出版物是出版活动的结果，档案文件则是机关活动中产生的。"④ 谢列兹聂夫把档案与资料视为两种不同的"材料"，而且资料可与出版物等同，可用图书整理的方法管理。但按谢列兹聂夫的说法，出版物的条件之一是"国家编制之内"，如果按此条件将出版物与资料等同，那么资料的范围未免比实际理解的要小得多。专家的见解对我国研究档案与资料的区分并未产生太大影响。

　　这次学术争论结束后，对档案与资料区分问题的讨论并未停止，在很长一段时间仍是学界关注的重要理论问题。1956 至 1959 年间，档案学界和实践界通过调查研究和深入讨论，又再一次提出了"档案"与"资料"的区分问题。曾三在《档案工作》1959 年第 8 期发表文章对档案与资料的概念区分予以阐述，"档案是本机关（包括工厂和企业单位）在工作和生产中形成的文书材料、技

---

① 注：以上三篇文章载《材料工作通讯》，1953 年第 2 期，分别为 1–4 页、4–7 页、7–9 页。

② 郑诰 . 关于档案资料编号方法的研究［J］. 技术档案资料研究，1959（3）：17–23.

③ 郑玉豪 . 对于档案学几个问题的我见［J］. 档案学研究，1962（4）：1–30.

④ 档案与资料的区分［C］// 谢列兹聂夫论文报告辅导记录集（1952—1955）· 中国人民大学档案系专家辅导，北京：中国人民大学内部资料：55. 注：该文记载于 1953 年 11 月 11 日。

术文件、影片、照片、录音带等，经过一定的立卷归档制度而集中保管起来的材料；而资料则是为了本机关的工作和生产需要所收集起来的一切材料"①。这对明确"档案"的概念起到了良好的指导作用，也是对档案学核心理论——"来源原则"的较好注解。1959 年 6 月全国档案资料工作先进经验交流会上进一步提出，档案反映了本机关的全部活动，作为历史记录保存；资料只是为了业务需要备参考，使得这场讨论暂时告一段落。伴随着档案的历史记录性被明确提出，这个颇具理论意义和实践意义的问题才得以解决②。

4 "以利用为纲"方针的提出与争辩

1958 至 1962 年关于"以利用为纲"方针的大讨论，涉及档案工作的性质与规律、档案利用工作与基础工作的关系、档案工作的主要矛盾与次要矛盾等重要理论问题。曾三、吴宝康等档案学人在这一方针的讨论中相继阐明看法，并形成了不同的学术观点，且随着"以利用为纲"方针的实行而发生了细微的改变。"以利用为纲"的讨论还涉及中华人民共和国成立初期档案学的研究方法问题——矛盾论思想。而对这些问题的探讨对日后档案学研究也深具启迪意义。

综观"以利用为纲"方针的出台，离不开"大跃进"的时代背景。1958 年的"大跃进"之风促使一切档案工作都秉承"跃进"式的口号，充斥着"多快好省"式的风格，工作开展"干劲十足"。如 1959 年河南省太康县档案馆所编《太康文书档案》选登的文章题目就充满了"敢想、敢干、敢为、敢说的共产主义风格"③。太康县仅是"大跃进"时期全国档案工作的一个缩影。而在这

---

① 曾三.技术档案工作、技术资料工作和科学情报工作［J］.档案工作，1959（8）：24-26.

② 注：伴随着档案与资料区分问题的大讨论，"立卷问题讨论会"也成为学术界和实践界探讨的一个重要问题。1954 至 1961 年间，"以问题为主立卷"和"分级立卷"的讨论层出不穷，涉及文书立卷工作遵循的原则、指导思想和方法等方面的问题。

③ 如《苦战三昼夜建成档案馆》《逊母口乡大干五昼夜建成档案馆》《万物建档案，面貌焕然一新》《人人事事建档案，服务全面大生产》等。

种工作劲头的影响下，一直以来秉承理论与实践相结合的档案学术研究也将此种形势反映到理论研究中来，"以利用为纲"方针就是这种背景下的产物。

1958 年 4 月 7 日至 16 日，为响应"大跃进"的号召，中共中央办公厅和国家档案局在北京召开全国各省、直辖市、自治区档案工作会议，即"四月会议"，制定了全国档案工作方针："档案工作应该以多快好省地开展对档案资料的利用工作为纲，充分发挥档案资料在社会主义建设中的积极作用，来为本单位的各项工作和生产服务，为经济战线、政治战线和思想战线上的社会主义革命服务，为工农业生产大跃进服务，为技术革命和文化革命服务，为科学研究服务。"这一方针简称"以利用为纲"。方针出台后，理论研究者纷纷从矛盾论的角度，结合档案工作实际，论证该方针的合理性与正当性。与此同时也有另一种声音对该方针提出了质疑，认为这一方针脱离了档案工作实际，在执行中出现了理解错位、执行不当的错误，对档案工作造成了不良影响。实际上，在"以利用为纲"方针的指导下，全国档案工作成绩与问题并存，如国家档案局秉承该方针苦战一百天，最终清理了中国第一历史档案馆藏中 1700 麻袋残损的清代档案材料①，并编制了目录和检索工具，为档案利用创造了良好条件；但也有部门开始"大办档案"，发动群众"大收大编大用"，这些"跃进式"的做法影响了正常档案工作的开展。赞同与质疑两方声音僵持不下，"在档案界引起了很大争论，是档案史上少有的，弄清楚它的是非，不仅对档案工作实践有重大意义，而且对发展我国社会主义档案学，加强档案学的理论研究，也具有深远的意义"②。

1959 年 6 月 1 日至 10 日，全国档案资料工作先进经验交流会上，尽管支持者和质疑者仍各执一词，对于"以利用为纲"方针仍未达成一致意见，但该方针还是得到了一定的修正，不再提"为纲"二字，认为这是档案部门缺乏经验，对档案工作的性质、范围、特点和客观规律认识不足的结果。同年，为了总结档案工作中"以利用为纲"方针的执行情况，将相关论著选编合集成

---

① 裴桐.当代中国的档案事业［M］.北京：中国社会科学出版社，1988：42.

② 吴宝康.三十年来我国档案学的研究及其今后发展［C］//中国人民大学校庆三十周年科学讨论会论文，北京：中国人民大学内部资料：1-45；注：该文写于 1980 年 5 月 18 日的通县.

为《档案资料文件选编》①，其中很多情况按照后来学术界的说法是——对"以利用为纲"方针的误解与误用。随着政治运动的纷至沓来，在1960年批判修正主义的教学大检查中，"以利用为纲"方针再次被提及，并与苏联修正主义的"广泛利用"口号等同起来。随后1962年，在全国档案工作会议上，对"以利用为纲"方针和"大跃进"进行了总结，对一些虚假、浮夸、形式主义等不正确的口号予以批评，并提出按照档案的客观形成规律加以管理。档案工作的开展逐渐回归理性。

学界也随着"以利用为纲"方针的提出与发展，撰写文章对这一方针予以研究，如裴桐所著《目前开展档案资料利用工作的一些经验》、施宣岑所著《关于开展利用工作的问题》、吴善昌所著《关于公布档案材料的工作》等②。概括而言，学界对这一方针有四种认识：一、从理论到实践完全正确，二、基本正确但存缺陷，三、从理论到实践完全错误，四、属于修正主义的方针。这些研究中，当属吴宝康与曾三的观点最具代表性，而他们的理念却有所不同。吴宝康是该方针的坚决拥护者，他从矛盾论和规律论出发，认为这个方针抓住了档案工作的主要矛盾和矛盾的主要方面，反映了档案工作的基本规律。1959年和1961年，吴宝康分别在中国人民大学科学讨论会上发表《论当前档案工作方针的正确性》与《关于档案工作矛盾问题的探讨》，阐明其学术观点，并认为这一方针之所以饱受诟病，原因不在方针本身而应归因于"大跃进"。直到改革开放后，吴宝康在《档案学理论与历史初探》中仍以大量笔墨回顾与论述了该方针的正确性，并认为对该方针"正确的态度应该是既不否认客观形势、历史背景以及路线、政策的影响，也不否认档案工作有其自己的独特性和特殊性"③。曾三对这一方针的态度则经历了转变，1958年2月在一届人大五次会议上，曾三率先提出了"大力开展档案资料的整理和利用，为社会主义全面大跃进服务"；随后曾三多次抨击了"一把锁"的观点，认为

---

①　中国人民大学历史档案系.档案资料文件选编［M］.北京：中国人民大学内部资料，1959.注：其中包括36篇总结性文章。

②　注：以上文章选自中国人民大学历史档案系内部资料《档案学参考资料（第三辑）》（1960年）。

③　吴宝康.档案学理论与历史初探［M］.成都：四川科学技术出版社，1986：368.

档案利用是实现历史档案价值的最佳途径；但随着实践发展的偏颇，加之周恩来总理对"大办档案"错误做法的批评，曾三转而提倡"对'为纲'二字不宜再提"；1979 年在中国人民大学档案系科学讨论会上，曾三倡议为该方针平反，并认为其反映的基本思想是正确的 ①。从以上立场转变中可以看出曾三评论该方针时多秉承以实践为主导的原则，而吴宝康则多从理论视角阐明，这也反映了二者身份的不同，一方立足实践，一方立足理论。

5　三次档案学大讨论的学术意义

回顾二十世纪五六十年代档案界对陆晋蓬《档案管理法》的讨论和批评、档案与资料问题的大讨论和"以利用为纲"方针的提出与争辩，对于它们的产生背景、曲折历程，以及所引发的诸多不同观点的学术性探讨，我们不能过于简单地评判其观点的正误，正如柯林武德所说："问哪一种观点是正确的，那是没有意义的。每种观点对于采用它的人来说，都只是唯一的一种可能。" ②尽管每场讨论过程中产生了诸多积极的或消极的影响或结果，但发起这些学术讨论的初衷与出发点却不能简单地与这些"结果"等同起来一概而论，这也是学术史研究应秉承的态度。"学术史研究不同于学术研究，学术研究上没有价值的东西未必在历史经验的总结上也毫无价值。学术史研究中要淘汰和忽略的是大量平庸重复、缺乏创造力的书籍文章，也就是黄宗羲所说的'倚门傍户''依样葫芦'的低劣制作，而不是缺陷和错误。历史乃是一个连续不断的时间链条所构成的，如果失去其中的一个链条，哪怕是一个有问题的链条，也将会破坏历史发展的连续性，错误的'宗旨'也是一种宗旨。" ③因此，评判和反思档案学大讨论的后续影响与学术意义，哪怕是剖析式的检讨甚至是缺陷性的检讨，同样具有重要意义。

---

① 曾三. 在中国人民大学档案系科学讨论会上的讲话［C］// 曾三档案工作文集，北京：档案出版社，1990：247-251.

② 〔英〕柯林伍德著，何兆武、张文杰译. 历史的观念［M］. 北京：商务印书馆，1997：10.

③ 左东岭. 我们需要什么样的学术史——以中国古代文学研究为中心［J］. 文史哲，2016（1）：5-20.

　　反思三次档案学大讨论的历史贡献与后续影响，我们不得不回到它们产生的时代背景——二十世纪五六十年代，全国档案事业百废待兴，中国现代档案学也在时代转型中重塑、发展、革新。这一过程交杂着对民国档案学的批判继承、对苏联档案学的吸收借鉴、对本国档案实践的理论提升。而三次学术大讨论正是这一背景下的产物。对陆晋蘐《档案管理法》的讨论和批评，实则反映了新旧制度交替之下档案学发展的方向与对民国档案学采取的态度；档案与资料问题的大讨论，实则反映了苏联档案学的冲击与档案概念及档案理论本土化的探索；"以利用为纲"方针的提出与争辩，实则反映了对档案实践理论化提升的尝试。只不过囿于时代环境与研究水平的局限，讨论在具体开展中出现了"扣帽子"的情况，但总体上其学术含量、历史贡献及其后续影响都是不容小觑的。

　　其一，三次档案学大讨论开档案学术争辩式研究的先河。学术争鸣与学术讨论是学术创新的前提和基础，学术研究的过程即在不同的学术观点中不断探索、并在不断试错中螺旋式发展的过程。档案学的发展同样需要在颇具争议的领域进行争鸣式的探讨，从而促使档案学研究者通向新的思考方式和理解方式，促进对档案理论更为清晰的认知、对档案实践更深层次的解读。二十世纪五六十年代三次档案学大讨论打破了档案学发展的"沉寂景象"，突破了此前档案学"多关乎实践，少关乎理论"的谬论，活跃了档案学研究的氛围，激发了中华人民共和国成立之初档案学发展的活力与良好势头。由此可见，三次档案学大讨论为中国现代档案学快速繁荣发展注入了一剂良药。

　　其二，三次档案学大讨论并非昙花一现，而是具有可持续性研究价值的重要议题。陆晋蘐在《档案管理法》中提出的档案编目与分类方法在改革开放后仍成为档案理论界和档案实践界关注的重点领域；档案与资料的区分涉及档案学研究的基本概念、研究对象与理论范畴，二十世纪八十年代档案界在档案本质属性问题的讨论上仍以档案的基本概念为切入口条分缕析；"以利用为纲"方针触及档案藏与用的二元关系，吴宝康在其著作《档案学理论与历史初探》中又重新对"以利用为纲"方针进行解读与阐述。由此可见，三次档案学大讨论为档案学研究提供了持久的学术讨论议题。

　　其三，三次档案学大讨论确立了档案学的基本术语和研究对象。对陆晋蘐

《档案管理法》的讨论与批评集中在档案实践的具体方法，以促进档案应用理论的发展；档案与资料区分的讨论集中在档案基本概念的探究，以促进档案基础理论的发展；"以利用为纲"方针的争辩集中在理论与实践的结合，以促进档案事业的进步。以这些讨论为切入点，在发展现代档案学过程中，档案学界和实践界进一步明晰了档案分类、编目、整理、利用以及"什么是档案"等基本术语的界定，并延展到"什么是档案学""档案学应研究哪些领域"等涉及学科研究对象层面的基本问题，为档案学的独立化建制奠定了基础。由此可见，三次档案学大讨论为档案学研究提供了宽阔的学术讨论空间。

　　档案学大讨论的学史意义还在于它能够给予当代的档案学研究以启示，这种启示来自对其中所体现出的经验与教训的总结、吸收、借鉴。其一，档案学研究需秉承包容性、反思性与批判性治学态度，方可实现其创新式发展。具有包容性和相对宽松的社会环境与学术氛围为档案学的创新提供了土壤，反思性与批判性的治学态度为档案学的创新提供了动力。一方面，二十世纪五十年代和六十年代前期，"百花齐放、百家争鸣"的社会氛围为知识界带来了相对宽松的学术研究环境，档案学三次大讨论值此发生，而到了六十年代中后期，政治运动纷至沓来，档案学讨论也没有再继续进行下去。因此，包容性的环境与百家争鸣的氛围是学术前进的助推力。另一方面，反思性与批判性是任何时代学术研究的动力。"抛弃旧观点、形成新观点"并非意味着盲目跟风，相反，"跟风式"的研究一定程度上会削减学术研究的理性，正如对陆晋蓬的批判以"政治批判"代替"思想批判"和"学术批判"的做法、"以利用为纲"的提出是对"跃进式"的回应均一定程度导致档案学研究的偏失。因此，反思与批判基础上的创新，需要以充分的、自由的、认真的、真正科学的原则为前提。

　　其二，档案学人摒除成见并敢于对不同观点的争鸣式探讨，是档案学发展进步的重要主体保证。一方面，档案学大讨论归根结底是学术观点和学术思想的碰撞，尤其是二十世纪五六十年代的特殊背景，具有民国时期档案经历的档案学人、具有革命根据地档案经历的档案学人、刚开始接触档案学的研究者和实践者、中国档案高等教育培育出来的首批学生，这些不同群体不惧身份的异同、摒除成见，纷纷发表看法，"新"与"旧"、"老"与"青"不同年代的学者各展辩才，呈现出热闹非凡的学术景象。另一方面，档案学大讨论所聚集和培养起来的学术队伍在中国现代档案学发展过程中贡献了巨大力量，并成为档案学研究的主力军。诸如曾三、裴桐、吴宝康、冯乐耘、程桂芬等在中国档案事业史和档案学史上都留下了丰厚的学术成果。而且这批档案学研究的主力军又成为更加年轻一代学子的导师与引路人，改革开放后成长起来的档案学研究者无疑都是受他们的教导与影响开展学术研究的，并逐渐成长为学术研究的中流砥柱。可以说，档案学在二十世纪八十年代的繁荣也延续并发展、超越了二十世纪五六十年代档案学大讨论的有关成果。

透过术语变化管窥我国档案方法的历史演变

——以"存档""归档""建档"为例

赵 跃 陈 香

摘要：作为学科基础理论的重要组成部分，也作为实践工作中必不可少的工具，档案术语的使用与变化过程，集中、突出地表现了档案方法的发展变化。本文将我国档案事业发展的历史进程分为民国至新中国成立初期、文书立卷改革后、改革开放至今三个阶段，以存档、归档与建档三个术语为例，分析术语在档案事业发展历程中的内涵、术语的使用主体等变化情况，以总结各阶段的档案方法的特点。研究发现，在档案事业发展过程中，档案方法表现出了专业化、工具化、社会化的趋势。

关键词：档案方法　存档　归档　建档

　　档案方法，从应用层面看，是档案工作者在管理档案、档案学者在研究档案的过程中为达到一定目的所采取的办法和手段；从思想层面看，是指为发展档案事业而提出的前瞻性思路，能够引导档案事业的前进方向，既包括专业人士对于档案事业的认知与展望，也包含社会大众对于档案事业的看法与期待。作为特定学科领域用来表示概念的称谓的集合，术语往往既是学科基础理论建设的重要组成部分，又是档案工作者开展工作的必要工具。以档案术语为研究对象，对其内涵、使用主体展开研究，能以小见大反映档案工作、相关的理论背景甚至档案方法的发展历程。遗憾的是，鲜有学者在宏观层面

　　作者简介：赵跃，四川大学公共管理学院副研究员，硕士生导师，主要研究方向：档案学理论与方法、个人数字存档、非遗档案资源建设等。陈香，四川大学公共管理学院档案学硕士研究生。

关注档案方法，尤其是档案方法的发展演变问题。本文以"存档""归档""建档"三个术语为例，对其在档案事业发展各阶段中的内涵、使用主体等内容展开分析，挖掘其术语使用情况背后的档案方法特点，进而总结档案方法的历史演变，希望对厘清当前档案工作与理论研究中的模糊问题、启示未来档案事业的发展方向有所助益。

1　民国至新中国成立初期"存档""归档"的使用及其体现的档案方法阶段特征

民国时期至新中国成立初期，我国尚沿袭文书与档案工作相互交错的历史传统，未成立全国性的档案事业管理机构，未建立完整的、统一的档案工作业务规范、标准制度，不同行业之间、行政区域之间的档案工作松散分立、互不关联，整体档案工作基本处于机关档案室阶段。这一时期，建档一词在档案领域的专著、文件中少见使用痕迹，而存档、归档则常见于机关档案室的文书与档案工作中。

1.1　民国至新中国成立初期"存档"的使用情况与意涵

《公文处理法与档案管理法》[①] 中形容"满汉档子房"为"集中存档之所"，此处的存档指保存档案，与本文所讨论的存档术语内涵不同，因此不做讨论。剔除该处存档使用痕迹，本文将讨论的具有档案术语内涵的存档一词，多用于文书处理工作中，常见于"办讫存档""保管存档""暂存档"等语境，《文书之简化与管理》[②] 中说明的机关管卷室针对公报等业务活动中产生文件的存档工作。可见这一时期，存档指行政机关管卷室对本机关业务活动中产生的文件材料的保存、保管行为，强调实现对文件材料保管的目的，并出现对存档的工作程序、工作范围等的统一规定。

---

① 周连宽.公文处理法与档案管理法［M］.北京：档案出版社，1988：81.
② 陈国琛.文书之简化与管理［M］.北京：档案出版社，1990：162.

　　从术语的使用主体来看，存档的使用主体多局限于机关内部，工作对象为行政机关产生的文件，工作目的是保存文件以备查考、为业务活动留存凭证：一方面，业务活动中现行的、重要的文件，为防止其在业务流转过程中丢失、损坏等，保证业务活动顺利进行需要对其备份存档；另一方面，办毕的、非现行的文件结束其生命周期的一阶段，需暂时存档、办讫存档作为缓冲，以备后续处理。因此，存档主体在使用该术语时更多以机关业务需求为导向，侧重其现实性，且并未要求将档案管理权移交档案室，并未强调使用主体对档案价值的判断与鉴定，可见这一阶段的存档，相较于档案属性，更多体现出管理属性。

　　此外，这一时期尚未建立统一的档案管理机构，多由各机关内部设立管卷室管理档案，文书工作与档案工作联系紧密，《文书之简化与管理》中强调管卷股股长的任命以本机关文书科长兼任为原则，表明此时档案工作尚不独立，且突出了此时存档乃至档案工作侧重为行政活动服务、强调重视档案的行政价值的特点。

1.2　民国至新中国成立初期"归档"的使用情况与意涵

　　《公文档案管理法》中这样定义归档："机关文件，均应送至档案室整理保管，是曰归档。"[①] 归档一词中的"档"，并非单指档案室或档案，而是兼有之，归档不仅指文件转化为档案，也指由业务部门归入档案室统一管理，强调了归档是文件的身份、保管场所经历双重变化的工作环节。

　　从术语内涵来看，各档案工作中对于归档的工作流程、工作范围等内容并未统一，多依据各机关、单位内部的文书点收习惯而设置，比如行政部门的办毕文件由收发室送交档案室归档，分发室根据收文、发文分别提供发文、收文簿册作为归档依据；内政部门则采用文书档案连锁法，档案室以其收发文编号为依据进行点收归档；实业部门的归档文件则由其所属部门印制归档簿册，档案室依据此核对归档……

　　作为行政机关内部档案室所藏档案的主要来源渠道，归档是文书部门与

---

　　① 傅振伦，龙兆佛.公文档案管理法［M］.北京：档案出版社，1988：24.

档案部门的衔接环节这一观点得到了广泛认可，比如何鲁成在《档案管理与整理》中定义档案为"已经办理完毕归档后汇案编制留待参考之文书"[①]，认为档案是由办毕的文书经归档转化而成；傅振伦在《公文档案管理法》认为"盖公文档案，本为一物。收到之公文，正在处理，尚未完结而未归档者，为公文；及办案结束归档储存者，方可称为档案也"[②]。公文和档案是同一事物的不同阶段，尚未办理办毕的、未归档的为公文，而办理完毕且归入档案室保存的为档案，即归档是文件转化为档案的条件和标志。

同样具有将文件转化为档案保管的含义，归档与机械性的备份存档不同，强调归入档案室保管，更加凸显档案的身份与价值；同时，归档文件的内容、规范等工作内容，更需要档案人发挥能动作用。因此，从使用主体来看，归档一词的使用，区别又联系了文书与档案工作，需要其使用者主观能动地使用档案意识开展工作，初步体现出档案专业性。

归档质量直接影响档案工作的质量，档案工作者对于归档环节责任重大，但这一阶段的归档工作中仍未能充分体现档案工作者的主动意识，在实际工作中多为被动接收文书部门提供的归档材料、程序和要求，档案工作缺少统一领导、一致规范，档案方法在独立自主方面较为薄弱。

1.3　档案术语使用所体现的民国至新中国成立初期档案方法

从术语内涵来看，存档与归档的工作对象多为文书档案，尤其是文书收发环节，需对流转的文件进行存档备份，在业务活动结束后，将有价值的、办毕文件即刻或定时整理送交档案室归档保管，其工作要求多依据本单位的文书习惯而制定，尚无统一规范。

从术语的使用主体来看，存档、归档工作多由机关内部开展，但此时全国各机关内的档案工作独立性较低，由文书部门实际负责——领导一职由行政秘书等文书工作人员兼职，或者机关内没有建立档案室，档案工作由材料室、收发室等部门兼职开展，档案人很少体现其独立的专业意识，未能根据档案

---

① 何鲁成.档案管理与整理［M］.北京：档案出版社，1987：4.

② 傅振伦，龙兆佛.公文档案管理法［M］.北京：档案出版社，1988：5.

管理的要求、档案本身的特点，对存档、归档的工作内容提出要求。

　　综上，民国时期至新中国成立初期，各地各部门档案机构建设水平不一，各档案室以业务活动需求为依据开展工作，档案工作缺少独立性、统一性；档案工作者多由文书工作者兼职或代替，缺乏专业性和主动性；档案种类多为文书档案，保存于本单位，发挥其第一价值，为本单位的行政管理活动提供凭证。因此，民国时期至新中国成立初期的档案方法明显受文书工作的影响，在机构设置、人才队伍、工作制度、工作理念等方面的自主性有所缺失。

2　文书立卷改革后"存档""归档"的使用及其体现的档案方法阶段特征

　　1954 年，国务院下设国家档案局作为全国统一的档案事业行政管理机构，标志着我国国家规模的档案事业的开端。1956 年，国务院发布了《关于加强国家档案工作的决定》，提出"档案工作的基本原则是集中统一地管理国家档案，维护档案的完整与安全，便于国家各项工作的利用"，并指出要"全面推行文书处理部门立卷，以建立统一的归档制度"①。此后，我国档案事业从文书、图书工作中独立出来，开启了集中统一管理的新阶段。这一阶段，建档的使用痕迹依旧少见，而存档、归档的使用情况则体现出了新的档案方法特点。

2.1　文书立卷改革后"存档"的使用情况与意涵

　　这一时期的存档内涵相较于前一阶段并未有明显改变，但 1956 年文书立卷改革后，存档在政策文件与学术论著中的使用频率逐渐下降，甚至在部分语境中被归档一词取代，比如国家档案局档案工作社编的《文书处理工作和档案工作文辑》中收录的论文、报告等中，只有归档一词的使用，均未使用存档一词，但这一现象并非意味着存档没有延续发展的价值。

---

① 　国务院关于加强国家档案工作的决定［J］.中华人民共和国国务院公报，1956（15）: 356–357.

　　一方面，在文书处理工作中，办理完毕的、有价值的文件材料可以经过存档这一工作环节，由文书处理部门作为档案暂时保存管理，这一工作范畴是归档不能覆盖的；另一方面，保留使用存档术语的文件与论著中，如"查单裁剩下的'投递局答复事项'联，应当和相关查询邮件申请书附在一起存档"[①]，与文书立卷后归档侧重的制度要求不同，存档多侧重对文件材料的制作要求、内容组成等方面的规定，且多由各单位内部贴合其业务活动而制定。所以，存档与归档尽管在内涵上都有将文件转化为档案的含义，但在使用范畴上是没有交叉的独立术语。

　　从术语内涵来看，存档一词依旧指将文件材料转变为档案暂存保管，工作要求也多指公文的书写材料、格式等方面，而少见对于存档的手续、程序等的要求；从术语的使用主体来看，除档案工作者外也包含文书工作者。因此，这一时期存档的使用，一方面受文书立卷改革后归档制度化的影响而频次降低，反映了档案人主动地区分术语内涵，能动地规范化、制度化档案工作；另一方面存档在档案制度、专业之外的延续使用，体现了档案方法在规范化的同时也保持着与文书等专业的紧密联系。

2.2　文书立卷改革后"归档"的使用情况与意涵

　　经历了文书立卷改革，归档制度在全国范围内逐渐建立完善：从归档范围来看，本机关工作活动中办理完毕的、具有保存价值的各种文件材料，均应归档；从归档时间来看，除特殊情况外，办毕文件一般在第二年内向档案室归档；最后，从归档的案卷要求来看，向档案室移交的归档文件需按规定分类立卷、按顺序编号并编制案卷目录。

　　这一阶段开始，归档在档案领域的政策文件与学术论著中的使用频率大幅提高，其制度化的发展也使得归档作为文书、档案部门衔接环节的身份得到了书面认可。一方面，作为档案术语，归档一词尤其体现其使用主体的档案意识：如何嘉荪教授所言，"它实际上是人们的一种主体行为，是人们要求承认文件具有一定保存价值，必须严加控制而赋予特别意义的一种主体行

---

　　①　刘知命.国内邮件查询档案工作讲话［M］.北京：人民邮电出版社，1965：23.

为"①。通过归档将文件转化为档案，意味着工作人员对文件的档案价值的认可。另一方面，归档一词之于档案学理论也有其特殊意义：将归档定位为文书、档案工作的分界线，不仅是由我国文书、档案工作的历史渊源、国情所致，更是区分文件、档案的重要标志，体现了这一时期档案工作者的独立发展档案事业的主人翁意识，归档也由此被赋予了重要意义。

2.3   档案术语使用所体现的文书立卷改革后的档案方法

从术语内涵来看，相较于前一阶段，这一时期的存档使用与归档有了明显区别，一方面档案工作走上规范化道路后明晰了两者之间的区别，另一方面也是档案工作者主观能动地加强档案工作的专业属性的体现。

从术语的使用主体来看，存档、归档多在机关单位内开展，经过文书立卷改革，归档工作的重要性得到了高度重视，仅靠文书部门整理立卷、移交归档并不能保证归档质量，档案部门在归档工作中发挥的作用也受到了更多关注。因此，这一时期，在依旧保持与文书部门紧密联系的同时，档案工作者的主观能动性得到了更多发挥，档案方法表现出更多专业性、独立性。

综上，文书立卷改革后，归档制度逐渐完善，档案工作以集中统一的原则开展，逐渐与文书工作权责划分清晰；档案工作者的主动性提高，档案事业人才队伍的建设积极向好；档案方法日臻成熟，在机构设置、人才培养、工作制度、工作理念等方面不断发展创新，与时俱进。

3   改革开放以来"存档""归档""建档"的使用及其体现的档案方法阶段特征

改革开放后，伴随着经济建设的发展，档案事业也在经历一段消极状态后逐渐复苏、走上正轨，进入了快速发展阶段。一方面，档案领域在法律、制度、人才队伍等方面不断完善、进步；另一方面，科学技术的发展也给档案

---

① 何嘉苏.扩大档案概念外延是科学合理的［J］.山西档案，1995（5）：18-20.

事业带来了新的机遇和挑战。

3.1　改革开放后"存档"的使用情况与意涵

改革开放后，一方面，存档一词延续其历史的使用内涵，在文书部门和档案部门中，指代对工作产生的有保存价值的文件材料的保管行为；且在档案领域的政策文件中使用频率依旧非常低。据笔者统计，国家档案局官网发布的档案领域现行的、主要的190份政策法规中，存档一词仅用于两份部门规章、两份规范性文件、三份地方性法规以及四份行业标准中。

另一方面，在新时期技术环境的发展下，存档内涵也有了更多外延。首先，技术的发展促使了信息数量的激增、信息形式的多元，且档案价值越来越受到重视，刺激了信息拥有者形成档案资源的需求，因此，存档的工作范围在这一阶段有了明显扩大，降低了存档工作的专业门槛，使得不具备专业素养的、传统存档使用主体之外的团体、个人等均可实现独立的存档实践，即存档的使用主体也在不断增多，相应地也表现为"个人存档""网络信息存档"等语境。档案方法突破原有的专业界限，越来越渗透进社会各个角落，在规范化、标准化的同时也不断社会化、个性化。

3.2　改革开放后"归档"的使用情况与意涵

改革开放后，归档作为档案术语的使用意义并无明显变化，而在新技术环境下，归档工作方法的优化也成为我国学界不断探索的方向之一。2000年，国家档案局出台行业标准《归档文件整理规则》（下文简称《规则》），取消了案卷，实行文件级管理，这是我国档案工作史上的一次重大变革。2015年，国家档案局对《规则》进行了修订，将归档对象范围由纸质文件材料扩展为纸质和电子文件材料，并将两者的归档单独列章进行规定。

《规则》的修订、归档方法的改进，一方面统一了文书部门与档案部门的工作，改变了文书部门与档案部门对于归档案卷理解不一的情况，使得档案工作更加规范化、标准化；另一方面，对于归档工作的不断改进，是档案工作者调整档案工作重心的体现之一，《规则》的两次修改适应了工作环境等因素的变化，简化了文书整理程序，在归档工作更加规范化、制度化的同时，大大降低了归档的工作量，提高了归档质量，使得档案工作者原先大量投入的精力，得以转向档案保管、利用等工作环节中，也体现了档案工作愈加重视利用开发的趋势。

此外，这一时期对于归档方法的探究也突出表现在理论学界。在 CNKI 中文学术期刊数据库以归档制度或归档方法为主题词进行检索，以截至 2021 年7 月 24 日的检索结果可视化分析可知（如图 1），1987 年以来，归档相关的研究热度总体呈上升趋势。归档方法的探索，不仅体现在实践领域，多地多单位展开了单套制归档的试行工作，也体现在理论研究领域，表现了这一阶段档案方法的发展，具有理论与实际相互联系、相互促进的特点。

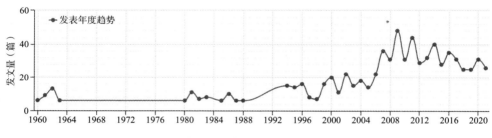

图 1　归档相关文献发表年份分布图

3.3　改革开放后"建档"的使用情况与意涵

《新编现代汉语词典》[①] 中把"建"解释为"创立；设立"，"建档"意为"建立档案"。在民国至改革开放前，建档少见于档案领域的专著、政策文件中。改革开放后，随着各行各业生产活动如火如荼地开展，建档也逐渐拓宽其概念外延、丰富其使用意义。现代建档工作表现为能动主体为分散的、外部的、有价值的信息建立档案，既是档案部门向外拓展的业务活动之一，也是其他部门自行开展的管理活动之一。

从术语的使用主体来看，建档广泛存在于各行各业中，这些主体可大致分为两类，一是机关、企事业单位等社会机构或团体、个人，二是综合档案馆。

---

① 字词语辞书编研组编 . 新编现代汉语词典［M］. 长沙：湖南教育出版社，2016：595.

前者开展建档工作主要以具体项目或活动为驱动，为其具体的管理目标服务：或作为生产活动中文件材料的管理手段，或作为文化资源的保管方式，相较于存档、归档，具有现实目的指向性。如《档案学概论》认为通过建档工作监护档案资源是为了"确定、证明并保护该机构的权利和利益"[①]，又如各行为主体以自身管理目标为导向，在开展建档工作的专业领域内制定其专业性标准，而非以档案领域的规范为准绳。

　　而综合档案馆除其内部建档工作，也积极向外探索，或通过自身主导，或通过提供专业性支持，逐渐渗透进社会各个方面。截至 2021 年 4 月 2 日，以国家档案局公开的新闻动态为例，对标题含有"建档"一词的新闻稿进行精确检索，剔除重复内容，共获得有效新闻稿 29 篇，并进行文本分析。其工作主题包括民生建档、家庭建档、方言建档等共计 11 个主题，各主题相关新闻稿数量分布如图 2 所示。

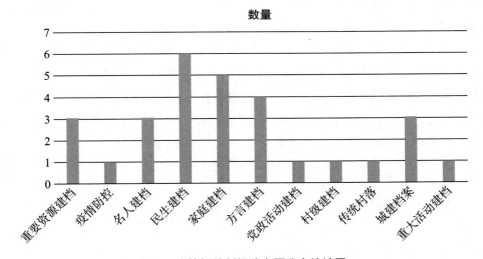

图 2　建档相关新闻稿主题分布统计图

　　如今，建档工作范畴从非遗建档、方言建档等文化领域，到扶贫建档、健康建档等民生领域，规模涵盖家庭、社区等多个层次，建档术语在改革开

① 　赵越.档案学概论［M］.沈阳：辽宁大学出版社，1987：25.

放后的广泛使用，表现了档案工作渗透进社会的方方面面，档案的作用价值得到越来越多的关注和认可，体现了档案工作方法的社会化。

3.4　档案术语使用所体现的改革开放以来的档案方法

从术语内涵来看，一方面，存档、归档在这一时期均丰富其概念外延、扩大其使用群体，并将网络信息、电子文件等对象纳入工作范畴，建档更是作为一种管理方式在档案领域之外广泛应用；另一方面，面对新时期技术、观念等多方面的革新，档案工作者在敏锐感知外部发展趋势的同时，积极探索档案发展的方向，档案工作方法在实践与理论研究中不断优化、与时俱进。

从术语的使用主体来看，除档案部门、文书部门之外，越来越多的社会团体、个人等逐渐认识到档案的价值与作用，参与到档案事业建设或相关档案实践中来，体现了档案工作的社会化；而档案部门逐渐以服务为导向，由被动接收转向主动提供服务，并且面向全社会、积极主动地发挥其作为档案部门的职能。

综上，这一时期档案事业表现出更多的社会性、服务性，一方面，为适应工作目的、技术环境、档案价值等因素的变化情况，档案工作者不断探索管理方式，寻求档案事业与内外部发展的契合点；另一方面，档案部门除自身直接参与的工作，也越来越主动、频繁地间接参与或指导各类档案工作，为适应档案的社会化、更好地开发档案服务性而积极向外探索。

4　研究总结

档案工作从交错在文书、图书工作之中发展为独立事业，在专业领域的制度标准、人才队伍、观念理论等方面不断探索前进，如今，我国已开创中国特色社会主义档案事业，在发展道路上呈现出多样化的趋势特征。

4.1　档案方法的专业化

以归档的使用为例，民国至新中国成立初期，我国档案工作交错在文书、图书工作中，一方面，部分单位、部门的档案工作由文书部门兼职或领导，档案机构设置缺失；另一方面，档案工作多以满足文书工作需求为导向，档案学术研究也多以公文为主要对象，档案事业整体上依赖文书工作，缺乏独立性、自主性。

文书立卷改革后，归档制度的逐步确立、规范，明确了档案、文书部门的责权划分，明晰了档案与文书的区别与联系，加强了档案人对档案的专业认同感，强调了档案事业有别于其他事业的独立性、专业性；改革开放后，围绕新技术环境下归档方法的改进，无论是实践领域的单套制试行还是理论学界的学术争鸣，都体现了档案人在专业领域内的精益求精，展现了档案方法由依赖其他专业、到独立自主发展且与时俱进的专业化趋势。

4.2　档案方法的工具化

以建档为例，民国至改革开放前，建档一词的使用频率较低，在档案领域的学术论著、政策标准少见使用痕迹。改革开放后，建档一词的内涵与使用意义不断拓展，并逐渐成为高频使用的档案术语之一。从使用范畴来看，建档工作主体既包括档案部门，也包括其他社会机构或团体，适用包括政治、经济、文化等多个领域，覆盖社区、家庭、个人等多个规模层次。从使用目的来看，建档具有较强的现实目的指向性，一方面是形成档案资源的重要途径；另一方面也作为信息资源的管理手法而受到广泛欢迎，通过建档保管信息、保障信息所有者的权益。

这一阶段，档案人乃至社会大众更进一步认识到，档案事业的发展不再停留在如何保管、开发档案，档案可以发展成为一种思维方式，通过档案管理可以实现资源的转化、管理与开发，利用档案资源可以打破原有认知的桎梏，建立新的知识体系、管理模式，展现出了档案方法的工具化趋势特征。

4.3　档案方法的社会化

以存档为例，改革开放前，存档多用于文书、档案工作中，且局限于机关或企事业单位内部，工作对象多为文书档案等实体材料，工作目的为保存文件以备查考、为业务活动留存凭证，侧重表现档案的现实性价值。

改革开放后，一方面，作为重要的信息资源，档案的多元化价值得到广泛的认可，促使存档的使用主体扩大至社会范围，个人存档等语境的使用频率不断提高，越来越多的社会团体、家庭、个人参与到存档工作中；另一方面，档案部门在这一阶段更加积极主动地向外拓展，既多渠道开展档案业务工作，又不断为与自身无直接联系的存档工作提供指导意见，展现更多档案人与档案工作的服务性，表现出了档案方法的社会化趋势。

中国档案史

唐代实录编纂研究

霍艳芳　　温晓晨

摘要：目前学术界关于唐代实录的既有研究成果多从历史学角度对其体例、史料价值、史学影响等进行探讨，本文在综合大量资料的基础上，对其整体成就和特点、编修者、资料基础、资料取舍和把关、定稿善后等问题进行考究，试图从档案文献编纂史的角度追溯其完整且清晰的编修流程。

关键词：实录　档案文献　编纂工作　唐代

实录肇始于南朝梁，系统连贯地编修则在唐代。唐代专门设立史馆、择取史才负责编修，建立了完善的史料供应制度，每朝皆有实录。目前，唐代实录仅韩愈所修《顺宗实录》因收录在《昌黎先生外集》中得以流传外，其余的俱已亡佚，其原始面貌如何已不得而知。但是《旧唐书》和《资治通鉴·唐纪》大体上都是以其为基础修撰而成的，它们作为修史的第一手资料的史料价值不可小觑。学术界已有研究成果多是从历史学角度的解读和阐释，忽略了从档案学角度对唐代实录的编纂进行探究。本文在爬梳大量资料的基础上，对唐代实录的整体成就、编修者、资料基础、取舍把关、进呈流布等问题进行深入研究，试图从古代档案文献编纂的视角追溯其完整和清晰的编修流程，略陈管窥之见。

作者简介：霍艳芳，山东大学历史文化学院副教授，主要研究方向：古代藏书史和档案编纂史。温晓晨，山东农业大学档案馆助理馆员。

1 唐代实录的编纂概况

实录起源于南朝梁，唐代则是每朝皆系统纂修实录的重要时期。唐代实录之修始于贞观时期，缘于太宗欲看当朝起居注，史官予以拒绝，于是将起居注删削编成实录供其阅读，后来实录逐渐成为唐代历朝必编的官修史书，几乎每位皇帝都会组织人力为自己或前任修撰实录，即使颓运末世也不例外。有唐一代共修有实录八百余卷，包含唐高祖至武宗 16 帝 31 部实录。兹据《旧唐书》《新唐书》《唐会要》《册府元龟》及《隋唐五代史学》《唐代官方史学研究》《中国已佚实录研究》《唐代官修史籍考》等原始史料和中外著述所载，将其编修情况列表如下：

表 1　　　　　　　　　　唐代官修实录表

实录名称	卷数	编修人员	编修时间	记事起讫	备注
《高祖实录》	20	房玄龄监修，许敬宗、敬播撰	贞观十四年始修，贞观十七年七月十六日进呈	大业十三年太原起兵至武德九年	
《今上实录》（太宗）	20	房玄龄监修，许敬宗、敬播撰		即位至贞观十四年	《太宗实录》共 40 卷，前后两修，后者续前者而成
《太宗实录》	20	长孙无忌监修，敬播、令狐德棻、顾胤等撰，许敬宗改定	永徽五年闰五月二十三日进呈	贞观十五年至贞观二十三年初	
《皇帝实录》（高宗）	30	许敬宗监修，令狐德棻、李淳风、杨仁卿、顾允等撰	显庆四年二月五日进呈	即位至显庆三年	《高宗实录》前后四修，最后两种史籍著录简略，纂修情况不详
《高宗后修实录》	30	刘知幾、吴兢续撰		即位至永淳二年	
《高宗实录》	100	武则天			
《高宗实录》	30	韦述			

续表

实录名称	卷数	编修人员	编修时间	记事起讫	备注
《圣母神皇实录》	18	宗秦客			武则天实录前后三修
《则天皇后实录》	30	武三思、魏元忠、祝钦明监修，徐彦伯、柳冲、崔融、岑羲、徐坚、刘知幾、吴兢等撰	神龙元年始修，次年五月九日进呈		
《则天实录》	30	刘知幾、吴兢修订	开元四年十一月十四日进呈	嗣圣元年临朝至长安四年传位	
《中宗皇帝实录》	20	岑羲监修，刘知幾、吴兢撰		神龙元年复位至景龙四年	
《太上皇实录》（睿宗）	10	刘知幾撰		初诞至先天二年	《睿宗实录》前后三修，第三种当综参前两种而成
《睿宗实录》	5	吴兢撰		藩邸至开元四年葬桥陵	
《睿宗实录》	20	刘知幾、吴兢续撰	开元十四年十一月十四日进呈		
《今上实录》（玄宗）	20	张说监修，唐颖、韦述撰		开元初年之事	《玄宗实录》前后三修，《开元实录》藏兴庆宫史馆，毁于安史之乱
《开元实录》	47	撰者不详		起讫不详	
《玄宗实录》（《明皇实录》）	100	元载监修，令狐峘撰	大历三年进呈	先天元年即位至上元三年	
《肃宗实录》	30	元载监修，撰修者不详		至德元年即位至上元二年	
《代宗实录》	40	令狐峘纂修	贞元五年始修，元和二年七月令狐不进呈	宝应元年至大历十四年	

续表

实录名称	卷数	编修人员	编修时间	记事起讫	备注
《建中实录》（德宗）	10	沈既济纂修		大历十四年即位至建中二年十月沈既济被罢史职	《德宗实录》前后两修
《德宗实录》	50	裴垍监修，蒋义、樊绅、林宝、韦处厚、独孤郁等撰	元和二年始修，元和五年进呈	即位至贞元二十一年	
《顺宗实录》	3	韦处厚纂修			
《顺宗实录》	5	李吉甫监修，韩愈、沈传师、宇文籍撰	元和八年十一月始修，元和十年夏进呈	贞元二十一年正月至永贞元年	《顺宗实录》前后三修
《顺宗实录》	5	韩愈等纂修，路隋修订	大和五年始修		
《宪宗实录》		杜元颖监修，路隋、韦处厚、沈传师、郑澣、宇文籍等撰	长庆二年始修		
《宪宗实录》	40	韦处厚和路隋先后监修，苏景胤、陈夷行、李汉、蒋系、宇文籍等撰	长庆年间始修，大和四年三月进呈	起藩邸至元和十五年正月	《宪宗实录》前后三修
《宪宗实录》	40	李绅监修，郑亚等修订	会昌元年四月始修，会昌三年十月进呈		
《穆宗实录》	20	路隋监修，苏景胤、王彦威、杨汉公、苏涤、裴休撰	大和六年二月始修，大和七年进呈	元和十五年正月即位至长庆四年	
《敬宗实录》	10	李让夷监修，陈商、郑亚撰	会昌五年进呈	长庆四年正月即位至宝历二年	
《文宗实录》	40	魏謩监修，卢耽、蒋偕、王沨、卢告、牛丛等撰	大中八年三月进呈	大和元年即位至开成五年	
《武宗实录》	30	韦保衡监修，蒋伸、皇甫焕撰	咸通十四年进呈		

　　唐代历朝皆修有实录,与后世相比,呈现一些明显的特点。第一,唐代实录的编纂存在"今上"实录与"先帝"实录并存的情况。太宗、高宗、武则天、玄宗以及德宗仍在位就下诏编修当朝实录,即太宗《今上实录》、高宗《皇帝实录》、武则天《圣母神皇实录》、玄宗《今上实录》和《开元实录》、德宗《建中实录》,这种"今上"实录与"先帝"实录旨在宣传前帝功绩不同,具有更为强烈的政治企图。例如太宗朝《今上实录》"正值他的继位问题被议论得沸沸扬扬之时",高宗《皇帝实录》的撰写"紧随于王皇后被武则天取代并随之遭谋害的危机时刻",武则天的《圣母神皇实录》"适逢她准备推翻李唐皇室而建立她自己的王朝"①。德宗之后,唐代实录的修纂步入正轨,再无"今上"实录,而变成嗣君在先帝去世后为其修纂实录,这种模式为后世所继承。

　　第二,唐代实录在官方的严格控制下编修,褒贬臧否完全以当朝政治需要为转移。政府内部一系列的政治斗争常常影响到实录的修纂工作,使其受到破坏甚至停滞,抑或多次改修。这种情况在宦官专权和党争激烈的唐代后期更为明显,例如:《顺宗实录》最初由韦处厚所修,然因韦被罢史职仅成三卷,宪宗命韩愈、沈传师、宇文籍等重修,由于该书直书宦官干预朝政,宦官极为不满,文宗诏令删改,于是产生两种详略不同的版本,即《崇文总目》著录的"详本"和"略本"。《宪宗实录》的改修和《穆宗实录》《敬宗实录》中的某些记载与牛李党争有很大关系。《宪宗实录》的编成正值牛党李宗闵和牛僧孺相继为相,书中有不少关于李党李吉甫的不善之处。武宗时李吉甫儿子李德裕入相,趁机改修,新修本对其父进行不少回护溢美。宣宗即位,牛党卷土重来,将新本《宪宗实录》严敕收缴,并在《穆宗实录》里载李党李绅:"性险果,交结权幸,自以望轻,颇忌朝廷有名之士;及居近署,封植己类,以树党援,进修之士惧为伤毒,疾之。"这种与事实不符的攻击和诽谤,"盖修《穆宗实录》者恶绅,故毁之如是"②。同样,李党也在《敬宗实录》中将牛党李逢吉、刘栖楚等鄙为"八关、十六子","盖(李)让夷,德裕之党。而

　　① 〔英〕杜希德.唐代官修史籍考［M］.上海:上海古籍出版社,2015:107.
　　② 〔宋〕司马光.资治通鉴［M］.长春:吉林人民出版社,1997:5477.

栖楚为逢吉所善，故深诋之耳"①。这就进一步证明官修实录既是一项学术活动，又是一项政治行为。

第三，唐代出现某位史官先后编修多部实录，甚至同一家族多个成员相继预修实录的情况。先后编修多部实录的史官有敬播、许敬宗、徐坚、吴兢、刘知幾、韦述、宇文籍、韦处厚等，难能可贵的是他们大多比较称职：敬播曾被房玄龄赞赏是"陈寿之流乎"（《新唐书·敬播传》）；徐坚"多识典故，前后修撰格式、氏族及国史等，凡七入书府，时论美之"（《旧唐书·徐坚传》）；吴兢"叙事简核，号良史"（《新唐书·吴兢传》）；刘知幾"通览群史"，"领国史且三十年"（《新唐书·刘子玄传》），提出史家须具备史才、史学和史识三长；韦述"贯穿经史，事如指掌"，"事简而记详，雅有良史之才"（《旧唐书·韦述传》）；宇文籍"性简澹寡合，耽玩经史，精于著述，而风望峻整，为时辈推重"（《旧唐书·宇文籍传》）；韦处厚修《德宗实录》"时称信史"，修《宪宗实录》"其统例取舍，皆处厚创起焉"（《旧唐书·韦处厚传》）。相对而言，许敬宗则是一个"才优而行薄"的史官，将高祖和太宗两朝实录"曲事删改，论者尤之"（《旧唐书·许敬宗传》）。一个家族先后预修实录的有令狐德棻和玄孙令狐峘，蒋乂和蒋系、蒋伸、蒋偕父子，沈既济和沈传师父子。令狐德棻博涉文史，太宗时为官修《晋书》拟定体例，高宗时预修《太宗实录》和《皇帝实录》。玄孙令狐峘主持编修《玄宗实录》100卷和《代宗实录》40卷；蒋乂担任史职二十余年，预修《德宗实录》之外，著有《大唐宰辅录》《凌烟阁功臣》等。长子蒋系，"善属文，得父典实"（《新唐书·蒋乂传》），参修《宪宗实录》和国史。次子蒋伸预修武宗、宣宗两朝实录。季子蒋偕"有史才"，预修《文宗实录》。蒋氏父子踵修国史和实录，"时推良史"（《旧唐书·蒋乂附传》）；沈既济"博通群籍，史笔尤工"，"才堪史任"（《旧唐书·沈传师附传》），德宗时"撰《建中实录》，时称其能"（《新唐书·沈既济传》）。儿子沈传师先后预修《顺宗实录》和《宪宗实录》。这种经验积累和家学传统，使实录修纂达到较高的境界，得到后世的肯定。

---

① 〔宋〕司马光.资治通鉴［M］.长春：吉林人民出版社，1997：5481.

2　唐代实录的编修机构

史馆创设于太宗贞观三年（629）闰十二月，是唐代重要的官方修史机构，实录也多由其编修。一般情况下，有实录编修任务时，监修国史、修撰和直史馆各司其职共成其事。不过，唐代实录也有馆外修书的特殊情况。

2.1　监修国史

监修国史多由宰相担任，是实录的名誉主编，负责总领实录编修工作和挑选任命史官，一般不参与具体的写作过程。《新唐书》载："初，节愍太子之难，冉祖雍诬帝（睿宗）及太平公主连谋，赖（岑）羲与萧至忠保护得免，羲监修《中宗实录》，自著其事。帝见之，赏叹，赐物三百段、良马一匹，下诏褒美。"[①] 睿宗时监修国史岑羲亲自执笔记录一段往事的做法，反而得到皇帝赞叹和赏赐。

唐代设监修国史始于贞观三年，太宗朝仅房玄龄一名监修国史。高宗至玄宗开元前期，宰相员额颇多，中宗景龙年间多达十余人，当时韦巨源、纪处讷、杨再忠、宗秦客和萧至忠五人并为监修国史。面对这种情况，时为史官的刘知幾认为"十羊九牧，其令难行；一国三公，适从何在？""今监之者既不指授，修之者又无遵奉，用使争学苟且，务相推避，坐变炎凉，徒延岁月"[②]。意指监修国史过多反而会使得工作效率降低。自玄宗开元后期起以迄唐亡，又是一相监修。

2.2　修撰和直史馆

实录的真正执笔者是修撰和直史馆，前者掌修国史，地位高于后者，后者一般以位卑有才者充任。唐代前期史官较多，六七人的情况比较常见，于

---

① 〔宋〕欧阳修，宋祁.新唐书［M］.北京：中华书局，1975：3968.
② 〔唐〕刘知幾.史通［M］.上海：上海古籍出版社，2015：549-550.

是"人自以为荀、袁，家自称为政、骏。每欲记一事，载一言，皆阁笔相视，含毫不断，故头白可期，而汗青无日"①。众多史官互相观望，修书效率不高。到了后期，史官员额渐趋固定，代宗大历之后，修撰数量定为两名。宣宗大中八年（854）七月，监修国史郑朗认为修史乃国之大事，地位卑微的史官难以统御，建议取消直史馆编制，将修撰增至四人，分掌四季。

虽然有如此规定，唐代实录除了监修之外，参与人员超过四人的情况较多，例如：穆宗长庆年间编修《宪宗实录》，预修人员除监修杜元颖外，还有韦处厚、路隋、沈传师、郑澣、宇文籍等五人；昭宗大顺年间，由柳玭、裴庭裕、李允等十五人负责编修宣宗、懿宗、僖宗三朝实录……这似乎与前面所述的编制人数相矛盾。其实，参照《旧唐书·职官志二》所载："史官无常员，如有修撰大事，则用他官兼之，事毕日停。"可知，史官可分为两种：一种是为了某种重大修史活动临时指派的，史毕即罢，例如，穆宗时"敕翰林侍讲学士谏议大夫路隋、中书舍人韦处厚，兼充史馆修撰《宪宗实录》，仍更日入史馆。《实录》未成，且许不入内署，仍放朝参"②。临时调拨路隋和韦处厚修撰《宪宗实录》，成书之前不用到原单位做事；一种是除参与重大修史活动外，平时亦需要到史馆从事修史活动的，编制较为固定，前之所论有人员定额和编制的史馆修撰就属于这个类型。

值得一提的是，并非所有实录都是由在任史官在史馆编成。德宗时史馆修撰令狐峘奉命编修《代宗实录》，后来他先后被贬为吉州别驾、吉州刺史和衢州别驾，在贬所继续修书，他死后数年其子太仆寺丞令狐丕才将实录稿本进呈。穆宗时史馆修撰沈传师负责编修《宪宗实录》，不久他出任湖南观察使，监修国史杜元颖奏请："今缘沈传师改官，若更求人，选择非易。沈传师当分，虽搜罗未周，条目纪纲，已粗有绪……伏望勒就湖南修毕。"③穆宗同意他将未完稿带至任所编修。唐代实录馆外编修的情况，一方面预示实录跟其他官修书一样无专人负责，另一方面说明这是为了保持实录修纂的一致性和连贯性

---

①〔唐〕刘知幾. 史通［M］. 上海：上海古籍出版社，2015：548.

②〔后晋〕刘昫等. 旧唐书［M］. 北京：中华书局，1975：500.

③〔宋〕王溥. 唐会要［M］. 北京：中华书局，1955：1099-1100.

而做的权宜变通。

3　唐代实录的资料来源

3.1　起居注

起居注是记录皇帝日常言行的原始档案，它每日一记且一帝一录。在唐代，记注官时叫起居郎、起居舍人，时称左右史，他们上朝时可侍立于玉阶之下，退朝后录皇帝言行为起居注，每季整理成卷送到史馆。不过，真正能够做到照章办事的皇帝甚少，太宗朝的记录尚且完备，高宗永徽年间"许敬宗、李义府用权，多妄论奏，恐史官直书其短，遂奏令随仗便出，不得备闻机务，因为故事"①。直至玄宗即位，起居注已经徒有虚名，玄宗执政后比较重视，成果颇丰。宪宗时"注记渐简，未几皆废，其后执事者，时或修缀，百无一二。而左史所守，犹因于制敕，时存笔削，至于左史，职在记言，但编集诏书，缮写而已"②。到武宗时，起居注甚至"比者不逐季撰录，至有去官三五年后，犹未送纳者"③。

这种流于形式的情况自然影响着起居注的多寡和完备程度，相应地影响着实录的编纂工作。这是因为起居注是实录的重要资料来源，据《唐六典》云："凡天地日月之祥，山川封域之分，昭穆继代之序，礼乐师旅之事，诛赏废兴之政，皆本于起居注以为实录，然后立编年之体，为褒贬焉。"④如果起居注缺失，实录将无从取舍资料。大历三年（768）史官令狐峘编修《玄宗实录》百卷，正值安史之乱之后"起居注亡失，纂开元天宝间事，唯得诸家文集编，其诏册名臣传记，十无三四，后人以漏略讥之"⑤。编修实录仅仅在诸家文集的基础

---

① 〔宋〕王溥.唐会要［M］.北京：中华书局，1955：961.

② 〔宋〕王溥.唐会要［M］.北京：中华书局，1955：963.

③ 〔宋〕王溥.唐会要［M］.北京：中华书局，1955：1112.

④ 〔唐〕李林甫等.唐六典［M］.北京：中华书局，1992：281.

⑤ 〔宋〕王溥.唐会要［M］.北京：中华书局，1955：1095.

上取舍资料，肯定比不上最原始和完备的起居注，这也是令狐峘所修《玄宗实录》被讥为"漏略"的根本原因。

3.2　时政记和日历

时政记主要记录军政大事，武则天长寿二年（693）左丞姚璹倡修，为了弥补记注官不得听闻机要而作，由宰相负责其事，每月送付史馆。不过，因涉及机密，时兴时废。姚璹去世即停，德宗贞元年间短暂恢复，由贾耽和齐抗执笔，随着贾耽罢相而废止。文宗开成年间，皇帝与宰臣在延英殿议事，由中书门下两省负责记录其中关乎教化政刑之事，月终送付史馆。时政记作为起居注的补充，同样为实录的编纂提供大量的史料。韩愈所修《顺宗实录》即在韦处厚初稿的基础上削去常事，增补关于时政诸事十之六七，由三卷增为五卷。北宋太祖时史馆修撰扈蒙称赞："昔唐文宗每开延英，召大臣论事，必命起居郎、舍人执笔螭坳，以纪时政，故《文宗实录》今最详备。"①扈蒙将《文宗实录》的详备，归功于时政记的完备。

日历是实录的直接史料来源，永贞年间监修国史韦执谊反对史官馆外修史而倡修。他认为"史臣所有修撰，皆于私家纪录，其本不在馆中"，建议"自今已后，伏望令修撰官，各撰日历，凡至月终，即于馆中都会，详定是非。使置姓名，同共封镮。除已成实录撰进宣下者，其余见修日历，并不得私家置本"②。他提议史官将资料汇编成日历，月终呈交给史馆封存，以备编修实录之用。不过，日历在昭宗朝已不复存在。大顺二年（891），昭宗命柳玭、裴庭裕、李允等编修宣宗、懿宗和僖宗三朝实录，逾年而只字未写，裴庭裕认为这是因为"国朝故事，以左右史修起居注，逐季送史馆，史馆别设修撰官。起居注外，又置日历。至修实录之日，取信于日历、起居注，参而成之。伏自宣宗皇帝宫车晏驾，垂四十载，中原大乱，日历与起居注不存一字，致儒学之士搁笔未就。非官旷职，无凭起凡例也"③。没有起居注、日历等史料基础，

---

①　〔宋〕李焘.续资治通鉴长编［M］.北京：中华书局，1979：326.

②　〔宋〕王溥.唐会要［M］.北京：中华书局，1955：1097.

③　〔唐〕裴庭裕.东观奏记［M］.北京：中华书局，1985：1.

无从构建著作凡例，实录之成遥遥无期在所难免。

3.3　各部门呈报的资料

《唐会要·史馆上》记载了"诸司应送史馆事例"，规定祥瑞、天文祥异、蕃国朝贡、蕃夷入寇及来降、变改音律及新造曲调、州县废置及孝义旌表等16项资料分别由六部及太常寺、宗正寺、太史局、各州县等提供的制度，其中还规定呈报的时间与频率，例如要求礼部每季度上报一次，要求刑部法律条款的更改随时上报。岁终司天台（即太史局）需要将天象情况送付史馆，即如《旧唐书·职官志二》所载："每季录所见灾祥，送门下中书省，入起居注。岁终总录，封送史馆。"

太子东宫左春坊有司议郎四人，据《旧唐书·职官志三》载，他们"掌启奏记注宫内祥瑞、宫长除拜薨卒，每年终送史馆"。玄宗前期，皇兄宁王李成器因深谙为政之道，被特许每年对国事作一次总结评述，提供给史馆。此外，宁王还同岐王、薛王等兄弟编修内起居注，"各轮日载笔于乘舆前，得以行在纪叙其事，四季则用朱印，联名牒送史馆"①，玄宗对之甚是宝惜，可惜毁于安史之乱。毋庸置疑，有关东宫的记注、宁王的政事评述、宁王兄弟的内起居注为史馆修史提供了资料。

3.4　修纂官自主采集的资料

唐代允许史官自行采访史料，并且有完善的采访制度，即如《唐会要·史馆上》"诸司应送史馆事例"条曾提到："如史官访知事由，堪入史者，虽不与前件色同，亦任直牒索，承牒之处，即依状勘，并限一月内报。"尤其是在起居注、时政记、日历阙载和各衙门相互推诿的情况下，史官自主采访显得更为重要，不过囿于资料有限，想有高质量的实录成书仍较困难。刘知几指出："史臣编录，唯自询采，而左、右二史，阙注起居，衣冠百家，罕通行状。求风俗于州郡，视听不该；讨沿革于台阁，簿籍难见。虽使尼父再出，犹且成于

---

①〔唐〕李濬.松窗杂录〔M〕.北京：中华书局，1991：1.

管窥；况仆限以中才，安能遂其博物！"①

韩愈重修《顺宗实录》在韦处厚初稿的基础上十益六七，他同样自行查找资料，并采访他人，在《进顺宗皇帝实录表状》中提到"臣与修撰左拾遗沈传师、直馆京兆府咸阳县尉宇文籍等共加采访，并寻检诏敕，修成《顺宗皇帝实录》五卷"。这是《顺宗实录》史料来源最大的特色。

4 唐代实录的资料取舍和把关控制

4.1 资料取舍

史官在实录具体的编修过程中，确定一定的资料取舍标准。《则天实录》最初由宗秦客所修，中宗时史官认为记事杂乱予以重修，刘知幾认为重修本也不尽如人意，玄宗开元年间他与吴兢再次予以删正而成定本。书中较多直书，例如吴兢"叙张昌宗诱张说诬证魏元忠事"，后来张说为相，读了之后心里不舒服，"知兢所为，即从容谬谓曰：'刘生书魏齐公事，不少假借，奈何？'兢曰：'子玄已亡，不可受诬地下。兢实书之，其草故在。'闻者叹其直。说屡以情蕲改，辞曰：'徇公之情，何名实录？'卒不改"②。可贵的是，吴兢能够撇开贵贱藩篱和勇于承担责任，秉笔直书宰相张说以前陷害魏元忠的所作所为，并扛住了张说为相后的权力高压和人情请托。

沈既济编修《建中实录》时，"自作五例，所以异于常者：举终必见始；善恶必评；月必举朔；史官虽卑，出入必书；太子曰虩。自谓辞虽不足，而书法无隐云"③。韩愈编修《顺宗实录》时，"削去常事，著其系于政者，比之旧录，十益六七，忠良奸佞，莫不备书，苟关于时，无所不录"④。唐代实录的传记一

---

①〔唐〕刘知幾 . 史通［M］. 上海：上海古籍出版社，2015：549.

②〔宋〕欧阳修，宋祁 . 新唐书［M］. 北京：中华书局，1975：4529.

③〔宋〕王尧臣等 . 崇文总目［M］. 北京：中华书局，1985：54.

④〔唐〕韩愈 . 进顺宗皇帝实录表状［M］// 马通伯校注 . 韩昌黎文集校注 . 上海：古典文学出版社，1957：668.

般是为名宦而设，路隋和韦处厚编修《宪宗实录》时改变了为节度使级别的高官编立传记的传统，确立以事迹足以垂戒后世为标准，处理办法是："凡功名不足以垂后，而善恶不足以为诫者，虽富贵人，第书其卒而已。"①

不过，史官修史的这点自主权往往受到皇帝和权臣的侵犯，实录内容一般为后者所控制。

4.2　把关控制

唐代实录的官方控制特色比较明显，皇帝对实录编纂工作高度重视，常常亲自指导。贞观年间，房玄龄将《高祖实录》和《太宗实录》进呈给太宗阅读，太宗见其中有关玄武门之变的记载"语多微文"有些不满，勒令将其中的隐晦部分删改，尽管他喊出"直书其事"的口号，两部实录贬低高祖李渊和丑化太子李建成则是不争的事实。韩愈进呈《顺宗实录》之后，宪宗和宰臣发现其中错误命他修改，他改正之后重新进呈："圣明所鉴，毫发无遗，恕臣不逮，重令刊正。今并添改讫。其奉天功烈，更加寻访，已据所闻，载于首卷。"②文宗时又诏令路隋改修，路隋觉得事情比较棘手，向皇帝请示，文宗下诏："其实录中所书德宗顺宗朝禁中事，起于谬传，殊非信史，宜令史官详正，其他不要更修。"③皇帝的诏令为《顺宗实录》的刊正定了调，直接促进这一工作的顺利开展。

皇帝之外，宰臣对实录内容也有发言权。《宪宗实录》收录大量文牍奏疏，其中不少是珍贵密疏，不过宰相李德裕对此大为不满："近见实录多载密疏，言不彰于朝听，事不显于当时，得自其家，未足为信。今后实录所载章奏，并须朝廷共知者，方得纪述，密疏并请不载。"④

---

① 〔宋〕王溥 . 唐会要〔M〕. 北京：中华书局，1955：1108.

② 〔唐〕韩愈 . 进顺宗皇帝实录表状〔M〕// 马通伯校注 . 韩昌黎文集校注 . 上海：古典文学出版社，1957：668.

③ 〔宋〕王溥 . 唐会要〔M〕. 北京：中华书局，1955：1112.

④ 〔后晋〕刘昫等 . 旧唐书〔M〕. 北京：中华书局，1975：589.

5　唐代实录的缮写进呈与流布

5.1　缮写和进呈

虽然现存实物和文献记载皆证实雕版印刷发轫于唐代，不过当时仅适用于佛经、历书、医书等范畴，实录一般通过抄写增加副本。唐代实录的缮写情况因史料阙如已不得而知，不过可以从起居注的情况来推知，天宝十载（751）冬宁王兄弟修成内起居注三百卷，"率以五十幅黄麻为一编，用雕檀轴紫龙凤绫标"①。玄宗时的内起居注是卷轴装，黄麻纸誊写，用檀香轴紫色龙凤图案绫条做褾带，装潢可谓精美。可以肯定，统治者甚为珍惜的实录的缮写和装潢情况绝不逊于此。不过，当时没有为实录准备专门的收藏场所，如玄宗时《今上实录》藏于集贤史库，《开元实录》藏于兴庆宫史馆，存放处所比较随意。

唐代实录修成之后有一个进呈环节，仪式虽然没有宋实录规范，仍可凸显皇帝的重视。房玄龄、许敬宗、敬播等将《高祖实录》与《今上实录》进呈后，太宗命褚遂良当场阅读，才读到太宗出生时的祥瑞之兆，太宗"遂感动流涕曰：'朕于今日，富有四海，追思膝下，不可复得。'因悲不自止，命收卷，仍遣编之秘阁，并赐皇太子及诸王各一部，京官三品以上，欲写者亦听"②。当场进读、痛哭流涕和命令收藏皆说明太宗非常珍惜所修实录，要求缮写多部以备赏赐给诸位皇子，同时允许朝中高官缮写收藏。文宗也在《宪宗实录》修成后，对路隋等修史人员说："极思尽诚，宣我祖德，阅览之际，虔感弥深。"③

①　〔唐〕李濬.松窗杂录［M］.北京：中华书局，1991：1.

②　〔宋〕王溥.唐会要［M］.北京：中华书局，1955：1092.

③　唐文宗.答路隋等上宪宗实录诏［M］//周绍良.全唐文新编.长春：吉林文史出版社，2000：867.

5.2　流布和存佚

唐代实录的流布面比较广，可谓遍及国内外。宣宗时，会昌年间被改修过的《宪宗实录》流传于天下诸州府，官方曾严敕收缴。《高祖实录》《太宗实录》《高宗实录》及另外两种无法确定是哪位皇帝的实录，甚至在日本流传 [①]。皇帝政事之暇会翻阅先祖实录借鉴执政得失，比如宪宗读列圣实录，把太宗和玄宗当作仿效的榜样，他还指责《肃宗实录》的大臣传中有很多溢美之词，勒令史官记事切要。大臣如萧颖士、刘知幾、吴兢等皆曾读过皇家实录，吴兢甚至比照《太宗实录》编成《贞观政要》10 卷。

正是如此，才使得唐代实录在遇到自然和人为灾害时不至于突然湮没无闻。唐末战争频仍，唐代历朝实录遭到严重的破坏，不过其并没有立即失传：后唐明宗时史馆为了修撰《唐书》派遣都官郎中庾传美充任三川搜访图籍使赴成都，搜得从高祖到代宗九朝实录；后晋高祖时，史馆搜得从德宗到文宗六朝实录；北宋仁宗时官修《崇文总目》著录唐代实录十八部，说明其在北宋时多留存于世；陆游《老学庵笔记》里提到过他读的《唐高祖实录》，南宋洪适称自己曾读《唐明皇实录》《唐昭宗实录》。不过到了现在，唐代实录除《唐顺宗实录》因收录在韩愈文集中得以幸存外，其余皆已亡佚，甚是可惜。

综上所述，与魏晋南北朝的草创状态相比，唐代专门设馆，以宰相监修，调配贤才充任编修官，建立完备的资料收集制度，史官在资料取舍时有一定的自主权，又有皇帝和重臣进行把关，这些完善的修史措施确保了唐代实录的顺利修纂。更为可贵的是，唐代实录具有开放性，与明清实录的秘而不宣相比，抵御自然和人为灾害的能力更强，而且更能反映出大唐的博大气象。唐代实录为实录这种档案文献的成型提供了基本范式，然而在内容上一定程度的失真和失实是其通病，在利用时需要我们辩证地分析和取舍。

[①]〔英〕杜希德. 唐代官修史籍考［M］. 上海：上海古籍出版社，2015：109.

试论清代禀文的体式与内容特点

孙 卉 何 庄

提要：禀文起源于宋代，是私人文书的一种，明代已广泛使用，并逐渐被用于汇报公务，兼具私人文书与公务文书的特点。清代禀文成为官府往来文书的重要上行文种。本文以清代禀文为研究对象，从形制、语体、称谓、文字程式、侧书、用印、内容等多方面探讨清代禀文的特点与价值。

关键词：清代禀文　体式　内容　公务文书　私人文书

　　禀文作为古文书的一种，在清代主要用于向上级请示问题和汇报情况，是重要的官府上行文种。但是禀文是从私人文书演变为公务文书的，并且在很长的历史时期内，兼具私人文书与公务文书的双重特点。乾隆初年已视同正式官文书存卷，但长期未见明文规定为法定文种；乾隆中叶，禀文被视为官方公务文书入卷归档；直至清末，才被正式承认为公务文书。迄今为止，禀文的相关研究成果较少。已有研究大致可分为三类：第一类是在相关著述研究下伴生的禀文研究成果，如 1991 年出版的《清代巴县档案汇编》、2001 年出版的《中国明朝档案总汇》等伴随相关档案整理出版的禀文资料；第二类是学者对禀文的专题研究成果，如 2003 年出版的《历史文书》、1990 年出版的《清代文书纲要》中清代禀文体式的相关论述。王铭、杨若荷的《禀文源流考——兼析〈巴县刑房经承邓仁斌缮文脱误请更定禀〉》等；此外还有以禀文为史料的历史研究，如刘金岗、赵亚凡等的《清冀州知州吴汝纶为民减赋禀文考释》，

　　作者简介：孙卉，北京大学信息管理系硕士研究生。何庄，中国人民大学信息资源管理学院副教授，博士，主要研究方向：历史档案与文化、档案鉴辨、公文写作与理论。

蔡彦的《从〈丁忧直隶补用道徐尔谷禀文〉看古越藏书楼的建立时间》等。这些研究，或止于禀文资料的公布，或限于体例对禀文的论述有限，或止于仅仅利用禀文内容。然而禀文是什么时间开始用于公务的？禀文作为公私兼具的文书性质有哪些具体特点？古文书视角的研究还存在很大空间。本文在前人研究的基础上，尝试结合明清禀文实例，对这一文种的体式和内容特点进行较为全面系统的探讨，以期丰富古文书的研究成果。

1 禀文的起源和发展

"禀"是古代卑幼对尊上言事的行为，梁沈约撰《宋书》中《刘穆之传》中有"宾客辐辏，求诉百端，内外咨禀，盈阶满室"① 的记载，此时的"咨""禀"只表示一种动作，并未成为表示文书类别的专门词语。关于禀文何时演变为文书的一种，苏州大学王铭和中国人民大学杨若荷在《禀文源流考——兼析〈巴县刑房经承邓仁斌缮文脱误请更定禀〉》一文中认为，"至迟在宋朝，禀逐渐演化为书札的一种"②。在封建官场中，官员之间除了使用正式文书之外，私人文书也是必不可少的沟通手段之一。每逢年节的祝贺问候、新官到任向上级报告莅任等事，写信是必不可少的礼节，有些内容不便见之于公文，又需要告知或是请示上级，就需要用私信进行沟通，逐渐形成了这类书札。如《儒林外史》第二十四回："因把他这些话又写了一个禀帖，禀按察司。"③ 虽然禀文至迟在宋朝已经出现，但是明代之前均作为私人文书使用，并未出现公务文书的特征。本文的研究重点是禀文由私人文书向公务文书转变的文种特征，对于明代之前的禀文不作过多论述。

自明代起，除了官员使用禀文，乡绅及衙署内书吏、衙役也有使用。禀文开始被用于汇报公事，上级会在禀文上进行批示。禀文逐渐兼具公务文书和私人文书的性质，但依然不具有官方效力。现存明代的禀文数量较少，在广西师范大学出版社出版的《中国明朝档案总汇》中，仅录入四篇禀文影印件，分别为崇祯二年十二月初五日《神机五营都督同知袁信等为塘报斩获首级获

---

① 〔梁〕沈约.宋书［M］.北京：中华书局，1974：1306.

② 王铭，杨若荷.禀文源流考——兼析《巴县刑房经承邓仁斌缮文脱误请更定禀》［J］.成都师专学报，2002（1）.

③ 〔清〕吴敬梓.儒林外史［M］.北京：人民文学出版社，1958：141.

得达马盔甲等事禀文》①、崇祯十一年九月三十日《千总陈天赐为差家丁赴辽东解银事禀文》②、崇祯十四年二月初十日《都司聂文寿为闫崇亮等前往四川效劳请恩赏事禀文》③ 以及崇祯十五年二月初二日《出使朝鲜副总兵王武纬为丽使李世忠不宜久住京都及起兵共图捣剿事禀文》④。

　　这四篇禀文均属崇祯朝，皆用于向上级汇报情况。与验文、详文等同为汇报情况、请示问题的官文书篇幅的冗长繁杂不同，禀文既无书吏套语，也无层层转达套语，叙事简明，内容精炼，便于阅读，可以准确清晰地反映实际情况。以《千总陈天赐为差家丁赴辽东解银事禀文》（见图1）为例，右上角书一楷体"禀"字表明文种，右起第一行表明作者身份，接以"禀为……事"概括事由，其后以简单明了的语句禀明情况，最后附以日期。文中既未出现收文者称谓，也未出现撰文者与收文者印信，禀文的私人属性由此可见一斑。

图1　千总陈天赐为差家丁赴辽东解银事禀文

① 中国第一历史档案馆、辽宁省档案馆.中国明朝档案总汇·卷六［M］.桂林：广西师范大学出版社，2001：359-397.

② 中国第一历史档案馆、辽宁省档案馆.中国明朝档案总汇·卷三一［M］.桂林：广西师范大学出版社，2001：68.

③ 中国第一历史档案馆、辽宁省档案馆.中国明朝档案总汇·卷三九［M］.桂林：广西师范大学出版社，2001：142-143.

④ 中国第一历史档案馆、辽宁省档案馆.中国明朝档案总汇·卷四〇［M］.桂林：广西师范大学出版社，2001：242-244.

　　此外，长官对禀文的批注也十分随意，皆在正文中直接批注，且一般是字体较大的行草或在相应的正文旁边圈点，并未写在特定的空白处，也未注明批禀日期，例如《出使朝鲜副总兵王武纬为丽使李世忠不宜久住京都及起兵共图捣剿事禀文》（见图2）。

　　以上实例可知，明末禀文的私人文书特征依然十分鲜明，文字程式、批示等表现出较强的随意性，应当多用于上下级之间较为私密的通信，几乎不具有官方效力。以上实例同样说明，至迟在明末，禀文已经用于公务领域的事实。

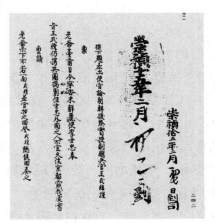

图2　出使朝鲜副总兵王武纬为丽使李世忠不宜久住京都及起兵共图捣剿事禀文

　　禀文发展到清代，已经广泛应用于公务领域并定型。依据清代禀文的用途样式，大致可将禀文分为以下四类：红白禀、夹单禀、贺禀（双红禀）、禀帖（条禀）。（1）红白禀。红白禀是官员对上司所最主要使用的两件一套式的禀文。虽然称为红白禀，但实际上都是折子手本式样。折面正中偏上位置粘一红色小方签，有一楷书"禀"字，表明文种。红禀、白禀一并呈上时，红禀只书衔名事由，空余处留长官批示发回；白禀书写正文，留上级衙门备案。（2）夹单禀。禀文成为正式公文后，说私话就不太方便了，夹单禀即用于说私事或是说明不便公开的情况，是禀文转化为公务文书后的必要补充。开头书"再敬禀者"之类，作者、收文者和日期俱无。"红禀只列官衔，单帖上叙事，凡事无须立案，不动用禀帖，乃用夹单。"[①]由于夹单可以不归卷，反映的情况往往更为机密与真实，红白禀的真实性会因为利益而篡改，此时若有夹单禀的留存，则可清楚地了解史实。（3）双红禀（贺禀）。逢年过节或其他喜庆日子，以及初见上司、延请师爷之时，为表示喜庆祥和或特殊的尊敬，往往将红白禀的白禀换作红纸，这种禀文称为双红禀，有时为突出一些特别重要的问题，也可使用双红禀。大多数双红禀皆为贺禀，采用四六骈体，内容多浮言赞语，格式及处理方法同红白禀。（4）禀帖（条禀）。清代书吏、衙役以及里长、乡绅等有身份的百姓和外商，在向地方主管官员报告情况、请示问题时，使用禀帖。这种禀帖多为简单的白折，折面标一"禀"字，与红白禀等格式不同。折内首行为具禀人身份和姓名，接着叙写事由。若长官批示，则直接批在禀帖文尾年月日行前发还。

2　清代禀文的体式特点

　　体式是指体裁格式，具体包括文书的用纸形制、语体、称谓、文字程式、侧书、用印等，是古文书研究的主要方面。

---

① 〔清〕全宝廉.公文式［M］.天津：兴业印刷局，1910：18.

（1）用纸形制

用纸形制指文书用纸的尺寸规格和图案样式。禀文用纸形制依据禀文的类别有所差别。红白禀一般高24至25厘米，宽10厘米左右。红禀、白禀尺寸相等，但纸色不同，一红一白。二者均粘有特制的折面，用黑色暗花纸。这种特别的折面中下方大多印有长方形"天官赐福""指日高升"之类的人物图案，示意仕途顺利。

夹单禀即夹在禀折中的单张纸片，文字较长时，也常折叠成与禀折尺寸相同的式样。双红禀即将红白禀中的白禀用红纸折，其余纸张形制与红白禀相同。禀帖本无固定纸式，然而有的地方衙门用印有框格的条禀，作为官府规范用纸，百姓向官府言事，则需买此条禀纸缮写。条禀为长方形，纸幅比一般折幅大许多。禀文源于私人文书，因而国家对此无明确限制，用纸形制存在不完全统一的现象。

（2）语体特征

语体特征指文书词汇、句式、修辞等构成的语言特点。清代禀文沿袭了明代禀文的语体特征，革除了四六骈体夸张粉饰之词，也无文书套引，篇幅长短据所叙之事的复杂程度而定。以乾隆二十一年（1756）四月金秉义禀报"核除清契"文（图3右页）为例，文中汇报各户田地清算的具体情况，简洁明了。若是详文则会有层层套引，阅读十分不便。虽然乾隆年间禀文已被视同正式官文书存卷，但并未影响其简明易读的语体特征。在《中英南京条约》承认了禀文的正式地位之后，"禀明"作为外交文书使用，一般的禀文仍基本保持原有的语体特征。如1894年《甲午战争中岫岩城尉嘉善上报岫岩失守的禀文》中"派九旗员弁预备吃食，分往各营送饭"等语，较之前语体特征差别不大。清人黄六鸿《福惠全书》卷五云"其词贵简净毋冗，其意贵诚实无欺"[①]，很好地说明了禀文的语体特征。

明末至清末，禀文的语体特征一直未见较大改变，其原因在于：禀文一直是作为官方文书请示汇报的补充，官方文书已具，即便禀文简洁易行，也无需再创造一套同样的上行文书体系。加之上下级确实需要私下的沟通，禀文

---

① 〔清〕黄六鸿.福惠全书（宝翰楼藏版）.卷五〔M〕.康熙三十八年刊本：26.

便一直维持着私人文书的特点。既是对上言事，需得语气尊敬，用语规范；又是私下言事，无需过于拘泥，因而无论是否收卷，禀文的用途未变，语体特征也就基本未变。

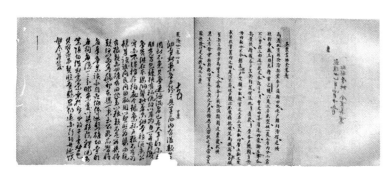

图3   金秉义禀文（浙江师范大学中国契约文书博物馆藏）

（3）称谓特征

称谓分为两个部分，一是对撰文者的自称，二是对收文者的称谓。禀文的撰文者代表对公文的责任，收文者则代表不同的效力。由于禀文的私人文书特点，撰文者在自称方面一般不用全衔，而是点出自己最主要的身份，再加上姓名，这一特点明清基本一致。如图4所示，以"湖北安襄郧荆道依精阿"简单说明自己的官职和姓名，又如金秉义禀文（图3）所示，仅以"书办"二字点明自己的身份，我们可以推断金秉义应当为收文者下属的书吏，彼此对身份都非常了解，不需要过多说明。光绪七年（1881）吴汝纶撰有《为民减赋禀》①，首句便是"汝纶谨禀大人钧座"，也未点明官职，直接以"汝纶"自称。这里的"大人钧座"指李鸿章，吴汝纶深受李鸿章器重，二人也较为相熟，且从文中的"汝纶又禀"可知，在此篇《为民减赋禀》之前，吴汝纶便与李鸿章有过禀文往来，从而吴汝纶在该禀文中自称"汝纶"也就不足为奇了。明代禀文是否皆以"官职＋姓名"来自称尚不可知，但从已有文献资料看，以"官职＋姓名"自称是禀文中较为常见的一种。显然，清代沿袭了这种在文书起始处以最主要的官职加姓名来表明撰文者身份的做法。若是撰文者与

---

① 〔清〕吴汝纶．吴汝纶全集［M］．安徽：黄山书社．2002：9.

收文者十分熟悉，则官职亦可省略，直接以名讳自称。总而言之，清代禀文中的撰文者自称依照与收文者的关系而定。

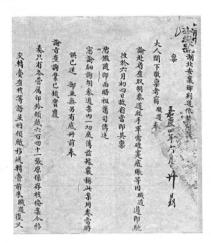

图 4　湖北安襄郧荆道依精阿呈湖广总督倭什布查报胡齐仑滥支军饷情形白禀（局部）[①]

此外，明代的四篇禀文在文末均未署名，而嘉庆年间的依精阿禀文则在文末再次署名，光绪年间吴汝纶的《为民减赋禀》亦然。民国初年禀文署名的位置则基本在文末。如山东省会警察厅厅长金荣桂《报告解散山东学生联合会经过的禀文》中，以"总长钧鉴：敬禀者……"起首，在正文结束后，署名"山东省省会警察厅厅长金荣桂谨禀"。那么我们至少可以判断，在明末清初，禀文的撰文者倾向于在正文前署名，这种所谓的"署名"实际上更像一封私人文书的标题，告知某人来信，正文后并不署名。而在清代后期，人们撰写禀文时则倾向于加上署名，更显正式与庄重。从这一点看，禀文在清代发展过程中随意性有所减弱。至于民国初年只在文末署名，则与当时人们整体书写时的习惯变化有关。

至于收文者称谓，明代的四篇禀文均未出现收文者身份，而前文所提到乾隆时的金秉义禀文（以及金秉义所书的另一篇禀文），也未出现有关收文者的称谓。至于嘉庆时的依精阿禀文、光绪时的吴汝纶禀文以及民国金荣桂禀

① 裴燕生．历史文书［M］．北京：中国人民大学出版社．2009：109-110.

文中，则是分别以"太老爷""大人阁下""大人钧座""总长"来敬称收文者，说明收文者称谓从无到有，禀文逐渐规范化。但同时，不点明收文者的官职与姓名，只采用平时沟通中的尊称，依然保留了禀文浓厚的私人文书特点，又说明清代禀文并未完全规范化。

（4）文字程式

文字程式指文书起首用语、结尾用语和批语等文字的特定格式。由于不同禀文的作用不同，因此文字程式也有很大的差别，在此主要分析红白禀的文字程式。

起首文字格式。红禀一般为二开四面，另接折面、折底（如图5《驻朝总理交涉通商事务大臣袁世凯批随员白曾煊呈沿途拿获游勇等情况红禀》[①]）。首开右面正楷书具禀州县官员衔名及摘录白禀事由，按五行位置书写，州县官员衔名及"谨"字不论多少俱作一行，事由作一行。州县官员衔名的写法，保留了禀文最初"衔名手本"的书信体特征。此外，从图5也可看出，红禀前衔事由字画非常细小，这是沿袭明代的习惯，为显示具禀人的用心恭敬、认真细致，是保留私人文书痕迹的一种体现。红禀上的主要内容为长官批示，通常是如图5所示左边部分的行草字样。

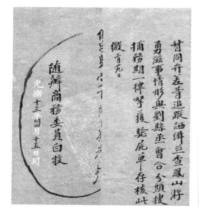

图5　驻朝总理交涉通商事务大臣袁世凯批随员白曾煊呈沿途拿获游勇等情况红禀（局部）

白禀用于书写正文（如图1、图2、图3、图4），和红禀一样也有折面、折底，折面右上书"禀"字。文字一般是规范工整的楷书，每行字数没有固

①　裴燕生．历史文书［M］．北京：中国人民大学出版社．2009：107–108．

定的限制。

　　起首语及结束语。清代禀文起首多为"某某禀为……事"或"某某谨禀"，多以"为此具禀""……上禀"结束，也有的写作"为此具禀须至禀者"。文尾另起写明日期，日期后有的书一"禀"字，有的则无。为众人所熟知的起首语"敬禀者"在清初则并没有广泛使用，起首语依然呈现出多样性。经过乾隆朝的发展至嘉庆年间，则已明确多数禀文使用"敬禀者"起首（如图4），道光年之后，则多以"大人阁下""敬禀者"或二者兼具起首，结尾多以"某某谨禀"结束，文字程式进一步规范化，日期写法则与之前类似，但会在最后标注"禀"字样，如吴汝纶禀文、金荣桂禀文等。

　　长官批语。明末的禀文中，已可见长官阅读时断句的痕迹，部分批语直接注于文中，并未特地写于文末，可能是批注内容不多的缘故。但自乾隆年间起，白禀须入卷归档，因而批语会被录于禀文文末（如图3），长官直接在文中圈画的痕迹逐渐减少，几近于无（如图3、图4）。长官的批注多为字体较大的行草，行数、字数不定。

　　署日期。红禀与白禀由州县拟定后一同发出，成文时间相同，但仅白禀署成文日期（如图1、图2、图3），红禀则无（如图5）。红禀逐步规范化之后，须注明到文时间、批发时间和奉到时间。到文时间即送达上级机关的时间，在州县官衔名后，如图5起首"光绪十三年三月二十九日"；批文时间即上级批复时间，位于上级批语文末，如图5中间"三月二十九日"；奉到时间即红禀批复返回下级机关的时间，在上级衙门左半印中，如图5最末"光绪十三年四月十五日"。红禀上的三个时间是公文流转速度与行政效率的重要反映，具有相当的参考价值。

　　侧书。侧书指字体偏小、位置偏右的书写，是清代公务文书上行文自称的通例。在明末清初的禀文中，极少见到撰文者自称时为表谦卑恭敬而使用侧书，而在清朝中后期，侧书开始在禀文中出现（如图4"职道"），这是禀文文字程式进一步向官府正式文书靠拢的一个表现。

　　禀文文字程式的变化总体上不大，不过上述细节的变化却颇为引人注目。概括地说，是私人文书痕迹逐渐减少。随着禀文使用的广泛，逐渐被官府所认可，虽然没有明确的规定，但趋于统一规范是自然而然之事。

（5）用印。

清代红禀折面、折内钤印从实例来看情况不一。有不钤州县衙门印的，一般是在事由之后加盖包括长官全衔、姓及"批"字的一行条戳。批文后左方斜钤上级衙门左半印，也有左半字号，外用墨笔圈画，仅为左半。右半印字号留在白禀录批处，或批禀号簿上，左右相合，则为一完整的勘合印信字号（如图5）。也有钤州县衙门印的，如四川省南充市档案馆藏《南部档案》"光绪二十八年十月廿四日署南部县知县张景旭为奉发严禁兵丁估食估借告示日期暨张贴处所的红禀"在事由之上，有州县正堂之印[①]。说明红禀的钤印情况晚清时仍不统一。

明代白禀均不用印，清代自乾隆年间起禀文入卷归档，红禀如上所述用印情况不一，白禀上会斜钤有勘合印信字号的右半印字号。值得注意的是禀文用印不统一并且多不用印，并不代表禀文等同于私人文书，不被上级官府所重视。如前文所举的依精阿禀文，依精阿根据上司倭布什的指示前去胡齐仑道署衙门查账，禀报上司（图为依精阿的第二禀），倭布什对上呈的禀文给予了高度的重视，并指出查账中的敷衍之处，严厉要求依精阿认真查抄，并给出了仍然搜不出底册的指示与办法。

在用印方面，禀文和札文十分类似，因为这两种文书皆具有私人文书性质。禀文是下级写给上级的私信，往往由本人亲笔；札文则是上级对下级私信的亲笔回复（乾隆中叶之后逐渐变为正式公务文书），也并非例行公事。一般来说，印章代表官方效力，而私人文书一方面并不经过官方流程，不需要正式用印，另一方面有些私密之事正是不宜见之公文才私下书写，所以也不能用印。

3　清代禀文的内容特点

禀文作为公私兼具的文书，内容有一般公文不可比拟的特点，主要体现

① 黎春林.清代"红禀"研究［J］.西南交通大学学报（社会科学版），2017（5）：136–141.

在两个方面，第一是私密性，第二是真实性。

（1）私密性

虽然自乾隆年间起，禀文需要入卷归档，因而出现了夹单禀这样更为私密的内容，但是与验文和详文相比，禀文依然是说私话的重要途径之一。如前文提及的光绪七年（1881）八月初四吴汝纶致李鸿章的《为民减赋禀》，禀文中主要指出应当减少冀州差派马匹，以免百姓负担过重。虽然所禀报的是公事，但是文中有如"后任知我、罪我，所不计也"等带有私人考虑与感情色彩的语句，在正式的公文详文与验文中是不可能出现的。最后，吴汝纶甚至还顺带谈论了儿女姻亲之事："汪毅山与汝纶儿女婚姻，自去岁以来毅山迭催纳吉，宪署昨发到毅山一函，又催送女，汝纶今年力难办嫁，欲乞宪台通函毅山时便为一言，请缓至来岁，儿女均未二十也。"表示女儿的亲事可能要推迟，麻烦李鸿章帮忙在亲家那边说说好话。这等私事，在正式的官府公文中也是绝对不可能提及的。

（2）真实性

禀文由于是私人文书，因而在不方便公开之事上会更加真实。仍以《为民减赋禀》为例，文中说"惟向派马匹仅止八匹，至多不过十匹。同治十二年，孙方伯忽派二十匹"。由于是吴汝纶向李鸿章禀告冀州马赋过多，不够合理而引用的州案附卷，从而可以判断孙方伯突然加重百姓马赋一事的真实性。此外，前文论述夹单禀特点之时所举的巴县裁减书吏衙役的案例，也能够体现禀文内容真实性的特点。

与详文相比，禀文的私密性与真实性有其必然的原因：首先，在禀文不需要归档之时，禀文原本便是私人文书，长于陈述不宜在明面上说的事情。其次，即使在乾隆时期禀文需要归档之时，详文不能越级使用，只能逐级转达，经手人数过多，难免会产生麻烦，而禀文则可以越级直达。例如，吴汝纶与李鸿章级别相差较多，若是在详文中提及冀州税负情况，即使所述并无虚假，由于需要层层递交，则吴汝纶以孙方伯突然加税一事为例也难免有所顾忌。

综上所论，清代禀文用语简洁明了，称谓较官方正式文书随意，文字也有一定程式，发文不钤印，内容较官方正式文书更加私密而真实，并且随着时代的发展有向正式公文靠拢的趋势。禀文在从私人文书向公务文书演变的过程中形成的这些独特的文种特点与其独特的价值相辅相成。从当时来看，禀文简明的语体特征、文字程式、用印特点，以及其简单的流转程序有利于提高地方官员的行政效率，禀文内容的真实性与私密性也为长官的决策提供了准确的信息。对史学研究而言，禀文为历史人物和事件的研究提供了第一手资料，更为文书制度尤其是清代文书制度演变研究提供了重要参考。

在清代文书体系中，还有两个文种与禀文、札文的情况相似，即奏折和寄信（廷寄）。奏折是大臣直接上奏皇帝的密信，廷寄则是皇帝直接发还大臣的密信，是皇帝和大臣处理国家日常政务中形成的最重要的两种文书，尤其是奏折，承担了清中后期主要的政务流转。奏折和廷寄都具有语言简洁、程式简明、传递迅速等特点，也具有内容的真实性和机密性特点。这种相似性缘于奏折和廷寄也是从私人文书演变成为公务文书的。所不同的是，奏折和廷寄的规格要高很多，由于是直接往来于最高统治者的文书，所以在用纸形制、行款字数、文书传递等方面都有严格要求，如请安折要使用黄绫，奏折固定为一幅六行，足行二十字，廷寄一幅则五行，足行二十字，并设有专门的传递系统，不像禀文比较随意。

那么，为什么会同时出现两组相似的文书呢？这个问题与清代的皇权专制及行政层级有关。私信性质的奏折和廷寄制度的出现，本身就是清代中央集权达到顶峰的一个标志[1]，由于清代上奏折的官员有严格的限制，一般是四品以上的大员或钦差，地方上基本只有督抚才够资格。而清代大量的州府、县级官员品级都不够，知州一般为从四品，知府为六品，知县只有七品，还有品级更低甚至不入流的官吏，如前文提及的禀文作者：明代千总为正六品武官，吴汝纶是七品京官，袁世凯的随员白曾煊应该没有品级。因此，他们的上行文书只能使用禀文，但其性质与奏折是相似的。因此在清代文书体系中便形成了两组文书：一组是中央直接对应皇权的机密公文往来的奏折和廷寄，一组是地方对应官员的私密公文运转的禀文和札文，它们共同构成了完整的公文链条，缺一不可。奏折的重要性不言而喻，禀文虽然级别相对较低，但

---

① 何庄. 从古代诏敕制度的演变看明清君主专制统治的加强［J］. 档案学通讯 2005（5）: 88-91.

并不意味禀文不重要，事实上，由于禀文覆盖面更广，更能全面地反映基层的真实情况，以《南部档案》为例，红白禀在四川南部县衙吏、户、礼、兵、刑、工、盐七房均有广泛应用，内容涉及差役铺递、油行课银、书院派款、传教士护送、申解盐厘等诸多方面。红白禀式还被写入《宦乡要则》等官箴书中，其在清代地方行政与文书制度中的地位与影响可见一斑，禀文的史料价值如前所论不可低估。

21 世纪以来清代奏折制度研究述评

赵彦昌　姜　珊

摘要：清代奏折制度的研究从清末就开始了。20 世纪的研究成果，一方面为后续的研究提供理论基础，另一方面研究中存在的问题又会为后续的研究提供指引方向。本文将对 21 世纪以来清代奏折制度研究的内容进行总结，并分析这一阶段研究的特点。

关键词：密折　奏折制度　档案汇编　雍正朝

奏折是清代独有的一种官文书。随着奏折的挖掘，奏折制度的研究也逐渐展开，奏折的史料价值也被学界愈加重视，吉林大学王剑教授在 2004 年发表的《近 50 年来清代奏折制度研究综述》①一文对 2004 年以前近 50 年里清代奏折制度的研究进行了总结，并据此提出了三点关于清代奏折研究存在的问题，对于继续研究奏折制度有着重要的指引作用。雍正帝在位期间所取得的成就与其施行严密的奏折制度是离不开的。臧廷秋 2014 年发表的《雍正朝奏折研究述要》②一文以 20 世纪初以来雍正朝奏折的研究为主题进行了综合的分析。本文选取的是 2000 年至今这一时段中清代奏折的研究情况进行分析。

作者简介：赵彦昌，辽宁大学信息资源管理学院院长、教授、博士生导师，辽宁大学中国档案文化研究中心主任，主要研究方向：中国档案史、明清档案整理与研究。姜珊，辽宁大学历史学院博士研究生，主要研究方向：清代司法档案整理与研究。基金项目：本文系 2015 年国家社科基金项目《现存中国古代历史档案编纂研究》（15BTQ076）阶段性研究成果。

① 王剑.近 50 年来清代奏折制度研究综述［J］.中国史研究动态，2004（7）：20–27.
② 臧廷秋.雍正朝奏折研究述要［J］.理论观察，2014（11）：67–68.

1　清代奏折汇编的出版及研究

随着清代奏折的汇编整理，关于奏折的研究逐渐深入，出版的奏折汇编为历史研究提供了大量的史料依据。

表 1　　　　　　　　　　　清代奏折汇编成果

序号	汇编成果	册数	编者	出版社	出版年度
1	《袁世凯奏折专辑》	8	台北故宫博物院故宫文献编辑委员会编	台北广文书局	1970 年
2	《年羹尧奏折》	3	台北故宫博物院故宫文献编辑委员会编	台北故宫博物院	1971 年
3	《宫中档光绪朝奏折》	26	台北故宫博物院编	台北故宫博物院	1973—1975 年
4	《宫中档康熙朝奏折》	9	台北故宫博物院编	台北故宫博物院	1976 年
5	《李煦奏折》	1	故宫博物院清档案部编	中华书局	1976 年
6	《宫中档雍正朝奏折》	32	台北故宫博物院编	台北故宫博物院	1977—1980 年
7	《孙文成奏折》	1	庄吉发译注	台北文史哲出版社	1978 年
8	《宫中档乾隆朝奏折》	68	台北故宫博物院编	台北故宫博物院	1983 年
9	《康熙朝汉文朱批奏折汇编》	8	中国第一历史档案馆编	档案出版社	1984—1985 年
10	《左宗棠未刊奏折》	1	中国第一历史档案馆、湖南《左宗棠全集》整理组编	岳麓书社	1987 年
11	《雍正朝汉文朱批奏折汇编》	40	中国第一历史档案馆编	江苏古籍出版社	1989—1991 年
12	《年羹尧满汉奏折译编》	1	季永海、李盘胜、谢志宁翻译点校	天津古籍出版社	1995 年

序号	汇编成果	册数	编者	出版社	出版年度
13	《康熙朝满文朱批奏折全译》	1	中国第一历史档案馆编，王小虹等译	中国社会科学出版社	1996 年
14	《雍正朝满文朱批奏折全译》	2	中国第一历史档案馆编，王小虹等译	黄山书社	1998 年
15	《清代边疆满文档案目录》	12	中国第一历史档案馆、中国人民大学清史研究所、中国社会科学院中国边疆史地研究中心编	广西师范大学出版社	1999 年
16	《雍正朝汉文谕旨汇编》	10	中国第一历史档案馆编	广西师范大学出版社	1999 年
17	《抚远大将军允禵奏稿》	1	吴丰培编	全国图书馆文献缩微复制中心	1999 年
18	《清宫宫中档奏折台湾史料》	12	洪安全主编	台北故宫博物院	1999 年
19	《清代皇帝御批彝事珍档》		中国第一历史档案馆选编，黄建明、曲木铁西整理	四川民族出版社	2000 年
20	《清内府奏折档 东三省练兵奏议》	2	（清）定安等撰，全国公共图书馆古籍文献编委会编	全国图书馆文献缩微复制中心	2002 年
21	《清代杭城御批奏折》	6	中国第一历史档案馆编	西泠印社出版社	2003 年
22	《盛京将军奏折档》	2		全国图书馆文献缩微复制中心	2004 年
23	《清代奏折汇编 农业·环境》	1	葛全胜主编，中国科学院地理科学与资源研究所、中国第一历史档案馆编	商务印书馆	2005 年
24	《清宫珍藏海兰察满汉文奏折汇编》	1	中国第一历史档案馆、鄂温克族自治旗民族古籍整理办公室编	辽宁民族出版社	2008 年
25	《清道光光绪各省原奏折片存稿》	2	全国图书馆文献缩微复制中心编	全国图书馆文献缩微复制中心	2008

序号	汇编成果	册数	编者	出版社	出版年度
26	《清代巡台御史巡台文献》	1	尹全海等整理	九州出版社	2009 年
27	《清宫扬州御档选编》	6	刘训扬、吴红主编，中国第一历史档案馆、扬州市档案局编	广陵书社	2009 年
28	《清宫扬州御档》	18	中国第一历史档案馆、扬州市档案局、扬州大学编	广陵书社	2010 年
29	《晚清湖南督抚奏折暨新政章程选编》	1	周正云辑校	岳麓书社	2010 年
30	《清宫珍藏杀虎口右卫右玉县御批奏折汇编》	3	中国第一历史档案馆编	中华书局	2010 年
31	《清代福建大员巡台奏折》	2	尹全海等整理	九州出版社	2011 年
32	《曾国藩奏折》	1	（清）曾国藩著，（清）李瀚章编	中国致公出版社	2011 年
33	《清宫扬州御档精选》	4	中国第一历史档案馆、扬州大学、扬州市档案局编	广陵书社	2012 年
34	《张祥河奏折》	1	（清）张祥河著，许隽超、王晓辉整理	凤凰出版社	2015 年
35	《清宫扬州御档续编》	12	扬州市档案局、扬州大学编	广陵书社	2018 年
36	《游百川奏折整理与研究》	2	姚吉成、左登华著	天津古籍出版社	2018 年
37	《孙毓汶日记信稿奏折》（外一种）	1	孙毓汶著，陈丽丽整理	凤凰出版社	2018 年
38	《清代山洪灾害奏折史料摘编》	1	万金红、刘昌军、陈必真、雷添杰编	科学技术文献出版社	2020 年
39	《清代巡台御史奏折汇编》	1	李祖基、陈忠纯编	厦门大学出版社	2020 年

《清代福建大员巡台奏折》"为福建大员轮值巡台或驻台期间根据自己的

所见、所闻、所感而写成的，是了解台湾社会和记录清政府直接管辖的原始资料"①。余纪珍认为《清代福建大员巡台奏折》"它的出版给史学界研究清代台湾史提供了丰富的第一手资料，对清代台湾史和海峡两岸关系史研究的巨大推动作用是不言而喻的，具有重要史料价值"②。杨素华"主要从古籍校勘、辞书编纂、俗字三个方面来研究清代涉台奏折。从古籍校勘方面，我们发现，整理清代涉台奏折的编者所出现的失误，有各方面的原因，因字形相近、字音相似占很大一部分，亦有因不识俗字而造成的误录、误删等现象"③。杨继光以几部奏折汇编为例，认为清代奏折"对语文辞书编纂而言，清代奏折具有增补词目、补充义项、纠正释义、补充书证、提前书证的价值"④。许巧云对《康熙朝汉文朱批奏折汇编》中的一些民族词汇解释未尽之处进行考释，促进清史研究、民族研究等相关研究的同时，也可为其他大型辞书的编撰修订提供参考⑤。吴元丰对《清代边疆满文档案目录》中收录条目的原则进行了探讨⑥。刁俊对《雍正朝满文朱批奏折全译》收录的有关宁夏的奏折进行查阅后，发现满文奏折存在翻译前后不一、翻译用字有误、同时出现翻译不一和用字有误、与实际情形有出入的问题⑦。《〈康熙朝汉文朱批奏折汇编〉研究》首先分析了康熙朝朱批奏折的出版情况，然后对比了《宫中档康熙朝奏折》与《康熙朝汉文朱批奏折汇编》目录著录方式。《游百川奏折整理与研究》一书是对清末官吏游百川零散的奏折、考卷、诗文进行整理并结合奏折探究其言行事

---

① 尹全海、黄治国、李志坚、芦敏、吴天钧、陈锦胜整理 . 清代福建大员巡台奏折（上）［M］. 北京：九州出版社 .2011：整理说明 .

② 余纪珍 .《清代福建大员巡台奏折》的史料价值［J］. 信阳师范学院学报（哲学社会科学版），2012，32（4）：129.

③ 杨素华 . 清代涉台奏折训诂研究［D］. 闽南师范大学，2015：69.

④ 杨继光 . 清代奏折对语文辞书编纂的价值［J］. 重庆理工大学学报（社会科学），2015，29（10）：133.

⑤ 许巧云 .《康熙朝汉文朱批奏折汇编》满藏词语考补［J］. 民族学刊，2013，4（6）：78–81+118–120.

⑥ 吴元丰 . 清代军机处满文月折包及其史料价值［J］. 满语研究，2007（1）：56–67.

⑦ 刁俊 . 雍正朝宁夏满文朱批奏折述略［J］. 兰台世界，2015，（25）：91.

迹，以及资史学研究和地方社会优秀传统文化建设①。

自清代奏折的发现开始，奏折的整理工作就一直在进行中，从 20 世纪 70 年代起，有 32 部清代奏折档案汇编整理出版，为清代奏折与奏折制度的研究提供了原始的历史资料，促进相关问题的研究。文章中大多引用奏折汇编整理的奏折内容，并结合其他史料，共同讨论一些历史问题，而研究中存在的问题与分歧的解决还有赖于更多档案史料的整理、出版与公布。

2　清代奏折制度的起源与发展

奏折制度虽早在顺治年间就已经萌芽，经过康熙、雍正、乾隆三个时期的改革，逐步完善，成为正式的文书制度。学者们对奏折制度发展的研究主要是通过比较各时期奏折制度的区别、清代各位皇帝对奏折制度的改革来梳理的。

2.1　关于奏折制度的起源

关于奏折制度的起源时间，奏折制度起源的具体时间尚未形成定论。日本学者杨启樵的《清代密折制度探源》，将密折制度分为实行之前、试行时期、成立时期三个时间段，并分别予以详细介绍。并断言"密折制度的施行，不早于康熙朝中期"②。庄吉发将奏折制度的发展划分为三个阶段："从康熙至雍正年间，就是奏折制度沿革过程中的第一阶段；乾隆十三年，明令废止奏本，奏折遂取代了奏本，这是奏折制度沿革过程的第二个阶段；光绪二十七年下令废除繁复的题本制度，将向来具题案件，俱令改用奏折，奏折终于取代了题本，而确立其法理地位，这是奏折制度沿革过程中的第三个阶段，也是最后的一个阶段。"③白新良通过对康熙朝各位皇子奏折的考辨，认为"奏折最早出现于

①　姚吉成，左登华.游百川奏折整理与研究［M］.天津：天津古籍出版社，2018.

②　〔日〕杨启樵.清代密折制度探源［J］.明清论丛第四辑.北京：紫禁城出版社，2003（4）：160.

③　庄吉发.清朝奏折制度［M］.北京：故宫出版社，2016：251-253.

顺治时期，是仿效奏本而为皇室戚属所专设的一种上行文书"①。而秦国经等学者明确提出奏折制度试用于顺治，秦国经"根据近年来清初满、汉文奏折的大量发现和编译，结合历史文献的记载，认为清代的奏折是由奏本逐步发展而来的。它试用于顺治，开始于康熙初年，推广于雍正，定制于乾隆"②。王大威认为"顺治朝的奏折还处于试用阶段，是清代奏折的萌发期"③。李新宇与许淑杰认为"清代的密折是否在顺治年间就已出现，还缺乏足够的史料去证明，但至迟在康熙十二年时，密折已经成为康熙与亲信之间交换信息的手段，而在雍正时最终形成了完备的官员密折奏事制度"④。

关于奏折与题本的关系，理清题本与奏折的竞争过程，可以进一步理清清代奏折制度的发展。洪升与蒙青礼在回顾清初沿袭明代的题、奏本制度的存在的问题后认为，"自康熙前期开始，臣工报告机要政务逐步使用一种机密文书——奏折，同时题本仍然使用"⑤。刘铮云认为"康熙、雍正两朝，奏折仍然只是官员与皇帝之间的私人通讯。……乾隆朝以后，经由改题为奏的提出"，使得奏折成为了"与题本一样具有公文书的性质"⑥。同时，陈晓东理清了题本、奏本、奏折间的关系，得出结论："奏折演变为正式官文书的过程中并未取代奏本，更非以取代奏本为标志。"⑦朱金甫则分析了题奏本章与奏折制度的产生、发展、演变及相关制度，虽未进一步对比三者之间的关系，但为更深入的研究提供了参考⑧。

关于奏折制度产生的原因，孔未名认为"奏折的产生首先源于统治者专制政治的需要"，"当时的文书制度的弊端引发了文书工作的改革，出现了奏

①　白新良.康熙朝诸皇子奏折考辨［J］.南开学报，2005（5）：84.

②　秦国经.清代的奏折［J］.清史论丛.北京：中国广播电视出版社，2001：194.

③　王大威.清代奏折制度浅论［J］.黑龙江史志，2010（11）：15.

④　李新宇，许淑杰.不秘而秘——清代密折制度探源［J］.兰台世界，2014（20）：11.

⑤　洪升，蒙青礼.谈谈清代的奏折制度［J］.山东档案，2000（2）：43.

⑥　刘铮云.具题与折奏之间：从"改题为奏"看清代奏折制度的发展［J］.四川大学学报（哲学社会科学版），2017（02）：44.

⑦　陈晓东.清代"奏折代替奏本"考辨［J］.清史研究，2016（2）：147.

⑧　朱金甫.清代题奏本章与奏折文书制度论略［C］.明清档案与历史研究论文集——纪念中国第一历史档案馆成立90周年（中）.北京：中国文史出版社，2015：925–946.

折"①。晁中辰从雍正时期奏折形成的政治背景、统治者的心理出发，探讨雍正时期密折制度形成的条件，包括"雍正应对激烈政治斗争的需要"，"实行密折制度是加强专制主义中央集权的需要"，"密折制度也是对付秘密会社的有力武器"，"推行密折制度与雍正的个性和施政心理也有一定的关系"②。谢健则认为雍正帝推行奏折制度原因有：打击朋党与巩固帝位、整顿吏治、对付秘密会社③。

2.2　各时期奏折制度的区别

赵伯军在《奏折制度的演变及其在清代政治中的作用》中梳理了奏折的创设及其发展过程，在研究过程中分析了康熙、雍正、乾隆帝对奏折制度的规定与改革。王大威分析了奏折制度在顺治、康熙、雍正三个朝代的发展，"顺治朝算是清代奏折的萌发期"，"康熙朝奏折经历了从公开转向密奏的过程"，"清代奏折在雍正朝逐渐走向规范化和制度化"④。可以看出奏折制度一点点地完善与升级。同样，臧廷秋与吴丽华主要从折件人员、折件内容、折件处理几个方面来考察、比较光绪朝与雍正朝奏折制度。通过分析得出"光绪朝是奏折制度的成熟阶段，而雍正朝是奏折制度发展阶段"⑤。苗月宁对比了康熙、雍正朝的奏事权，"康熙时期只是个别布政使、按察使有奏事权，雍正年间扩大奏折权的范围"，"康熙年间折奏权一经获得就会保留终生，并不随官职升降和致仕与否而改变。这种情况，雍正年间有了改变"⑥。郑小悠比较的是康熙与雍正时期奏折的功能，认为"康熙朝的奏折以大臣汇报各地情况为主，主要承担传递信息的功能，对强化皇权有益，对政务的直接作用有限。雍正帝则不甘心作一个单纯的信息接收者，在充分利用奏折'上传'的功能的同时，

---

① 孔未名.清代特有的文书制度　谈朱批奏折缴回与录副制度［J］.档案学通讯，2001（4）：78.

② 晁中辰.雍正朝的密折制度［J］.文史哲，2002（2）：27–28.

③ 谢健.论雍正朝的奏折制度［J］.邢台学院学报，2012，27（3）：62.

④ 王大威.清代奏折制度浅论［J］.黑龙江史志，2010（11）：15–16.

⑤ 臧廷秋，吴丽华.光绪朝与雍正朝奏折制度之比较研究［J］.齐齐哈尔大学学报（哲学社会科学版），2010（06）：24.

⑥ 苗月宁.清代藩臬的奏折权［J］.齐鲁学刊，2011（5）：60–61.

开发它的'下达'功能，对内外政务全方位施加个人影响"①。

2.3　各皇帝对奏折制度的改革

这一部分的研究集中于康熙、雍正、乾隆三代皇帝对奏折制度改革。奏折制度是在这三位皇帝的改革下逐步完善的，但以雍正帝作为研究的主要方向。雍正末期，奏折成为正式的公文文种与雍正对奏折的改革是离不开的。

白新良通过整理和统计进折人员，发现"康熙一朝，尤其是康熙三十年代以后，是奏折这一新的上行文书迅速发展的重要时期"②。刘金晶与方圆圆以雍正对奏折制度所做的改革作为研究的主体，包括"扩大了具奏人和上报内容的范围"，"完善了朱批奏折的缴回制度"，"完备了保密制度"，"发展了录副制度等方面"③。谢建的《雍正帝对奏折制度的改革》同样对这几个方面进行了总结④。而赵彦昌与方园园通过进一步研究发现雍正对奏折制度的改革还包括发展奏折的缮写制度、严格奏折的传递制度、加强奏折的处理制度⑤。刘德源同样探讨了雍正帝对奏折制度的改革，得出的结论与上述学者的研究大致相同⑥。王大威认为雍正帝对奏折的继承和改革包括"首先，回缴朱批奏折"，"其次，加强奏折相关的保密措施"，"第三，扩大上奏官员范围及奏事内容"，"第四，创建奏折录副制度"⑦。雍正帝制定的"缴回"和"录副"制度是对奏折制度的重大改革。孔未名认为"从奏折的产生到'缴回'和'录副'制度的确立，主观上看是统治者为加强皇权统治采取的一些措施，但客观上却给我们后人留下了繁如烟海的历史文化遗产"⑧。雍正在位期间，奏折与传统的上

① 郑小悠.雍正朝奏折制度对督抚权力的影响［J］.历史档案，2014（3）：129.
② 白新良.康熙朝进折人员考略［J］.历史档案，2005（2）：50.
③ 刘金晶，方园园.清代的奏折制度［J］.兰台世界，2006（10）：62.
④ 谢健.论雍正朝的奏折制度［J］.邢台学院学报，2012，27（3）：62–63+66.
⑤ 赵彦昌，方园园.试论雍正对奏折制度的改革［J］.兰台世界，2007（18）：50–51.
⑥ 刘德源.雍正时期奏折制度的改革［J］.兰台世界，2013（14）：130–131.
⑦ 王大威.清代奏折制度浅论［J］.黑龙江史志，2010（11）：16.
⑧ 孔未名.清代特有的文书制度　谈朱批奏折缴回与录副制度［J］.档案学通讯，2001（4）：80.

疏形式——题本并行，但实际作用已大大超过题本。郑小悠认为文书流程的变化"为君主执政能力很弱的晚清埋下了督抚坐大的隐患"①。

　　杨启樵在《雍正帝及其密折制度研究》一书中简单分析了康熙时期的朱批密折，然后重点分析了雍正时期的朱批密折，"从密折的限度、内容、规章、作用等方面来讨论雍正帝在位时对奏折制度的改革与发展"②。傅礼白认为康雍乾三帝"通过扩大具折言事官员的范围，大批地方官可以与皇帝直接联系，一方面方便了皇帝直接指导和控制地方行政，另一方面也削弱了各省督抚的权势，最终使中央和地方的权力一律向皇帝集中"③。虽然康雍乾三帝对奏折制度的研究较多，学者们能够从背后分析奏折制度在当时所具有的政治意义，表明奏折制度不仅是一种文书制度，更是一项加强中央集权的政治制度。

2.4　电奏的出现

　　自电报开通后，产生了新的奏折形式——电奏。关于电奏的研究有淮南师范学院的夏维奇发表的两篇文章，其认为电奏是逐步形成并区别于普通奏折的，主要表现在三个方面，"其一，总署代奏原则"，"其二，事件紧要原则"，"其三，汇奏核复原则"④。而且认为"电奏、电旨的出现大大加快了政情兵事信息的传递，从而极大提高了行政决策与理事效率"⑤。关于电奏的研究仅有夏维奇的两篇文章，期待接下来能有更多的研究问世。

　　奏折制度的起源与发展仍是 21 世纪以来研究的一个重点，而清朝各位皇帝在位期间对奏折制度的改革也是研究的主要方向，其中雍正帝对密折制度的完善是重中之重。奏折制度虽然是一种文书制度，但其背后所展示的政治意义已经成为学术界研究的重要方向。

---

① 郑小悠.雍正朝奏折制度对督抚权力的影响［J］.历史档案，2014（3）：132.
② 杨启樵.雍正帝及其密折制度研究［M］.上海：上海古籍出版社，2003：155–180.
③ 傅礼白.康雍乾时期的奏折制度［J］.文史哲，2002（2）：26.
④ 夏维奇.晚清电报的引入对清代谕旨奏折制度的影响［J］.历史档案，2009（1）：79–81.
⑤ 夏维奇.晚清电旨电奏发展述论［J］.社会科学战线，2009（4）：128.

3　清代奏折的内容

奏折制度随着应用范围的逐渐扩大，奏折的内容也越加广泛，涉及各个领域。奏折作为大臣和皇帝沟通的一种工具，使用情况的不同导致奏折的内容千差万别，因此各位学者对于奏折内容的划分也不尽相同。

关于奏折整体的内容，洪升与蒙青礼将奏折按照功能划分为奏事折（包括雨雪粮价单）、安折、贺折、恩折、贡单、引见履历折、遗折[①]。王素兰发现"一半的奏事折都是涉及雨雪、粮价、收成的，这些与笔者之前所认为的'机密要务'似乎相去甚远。而当时康熙皇帝认为雨雪、粮价、收成等就是机密要务，是关系国计民生的大事"[②]。王悦主要对康雍乾时期奏折制度进行了研究，认为这三朝奏折的主要内容包括"民生民情、编修书籍、镇压起义、澄清吏治、民族政策、对外事务"[③]。秦国经根据档案分类原则，将中国第一历史档案馆所藏的录副奏折和朱批奏折的内容共分为 18 类，"内政、外交、军务、财政、农业、水利、工业、商业贸易、交通运输、工程、文教、法律、民族事务、宗教事务、天文地理、镇压革命运动、帝国主义侵略、综合等十八大类"[④]。

关于某类奏折的内容，另外一些学者对满文奏折的内容进行了分析，郭美兰就明瑞担任伊犁将军时期形成的满文奏折进行了综合的分析，认为其主要内容包括："伊犁地区驻防、塔尔巴哈台换防、屯田筹粮、出兵乌什、官员任命、人口状况、官办牧厂、案件审理、驿站维护、对外交涉、宗教文化、工程建设、伯克任命、矿产开采。"[⑤]斯钦布和对清朝时绥远城将军的满文奏折"按其内容可分为修筑绥远城、内政、军务、财政、法律、文化教育、物

① 洪升，蒙青礼.谈谈清代的奏折制度［J］.山东档案，2000（2）：43–44.

② 王素兰.《康熙朝汉文朱批奏折汇编》研究［D］.华东师范大学，2011：61.

③ 王悦.康雍乾时期奏折制度［D］.哈尔滨师范大学，2012.30–35.

④ 秦国经.清代的奏折［J］.清史论丛，2001：208–213.

⑤ 郭美兰.清代首任伊犁将军明瑞满文奏折综析［J］.满语研究，2008（1）：52–55.

候气象及其他等八大类"①。蒲婧在其硕士论文中对雍正朝有关宁夏的朱批奏折、谕旨进行了总结，认为主要内容可以分为："有关宁夏农业发展的内容、有关宁夏军事建设的内容、有关宁夏赈灾救济的内容、有关宁夏教育发展的内容、有关宁夏民族问题的内容、有关宁夏整顿吏治的内容、有关宁夏雍正时期的边界问题、有关宁夏官员履历档案的内容、有关宁夏文书传递的内容。"②奏折的内容不仅是机密要务，更是包括农业、教育、赈灾等各方面民生问题。不同的划分都具有一定的依据，但秦国经的划分在应用中更具有工具性。

4　清代奏折的处理流程

奏折作为清朝一项重要的公文，有着自己独有的一套处理程序，学者们希望通过还原奏折的处理程序，进一步了解奏折制度的特点与作用等情况。

军机处在康熙朝是专职辅助皇帝批阅奏折的机构。宋希斌与杜晓燕认为"军机处专办奏折之权正是源于康熙朝内阁大学士对奏折批答的参与。因后世内阁大学士多兼任军机大臣，故此项职权被带至军机处，遂成军机处之专职，从而奠定了军机处在中枢决策体系中的地位"③。

臧廷秋认为雍正朝奏折文书运行流程应是："进折人→奏折书写→包装折子→投递奏折→皇帝拆阅和批答折子→奏折发还具奏人→收缴折子。"④并对各个组成部分进行了详细的分析。牛淑贞认为"雍正朝奏折的保密问题是其处理制度的核心内容"⑤。雍正基于巩固自己的统治地位的目的采取了四项奏折保密措施。周海生与宋希斌认为"军机处在奏折的运作过程中发挥了极其重要

①　斯钦布和.清代绥远城将军满文奏折综述［J］.群文天地，2012（9）：130.
②　蒲婧.雍正朝有关宁夏的朱批奏折、谕旨整理与研究［D］.宁夏大学，2017.19-61
③　宋希斌，杜晓燕.康熙朝大学士在奏折批答过程中之作用［J］.山西档案，2012（3）：86.
④　臧廷秋.雍正朝奏折文书运行轨迹［J］.历史档案，2008（4）：110.
⑤　牛淑贞.论雍正朝的奏折政治［J］.阴山学刊（社会科学版），2001（2）：55.

的作用，是整个奏折批答过程中不可或缺的环节，也是清廷中枢决策过程中的至要关键"[1]。批阅奏折作为治国理政的重要工作，光绪帝在亲政前通过习批，逐渐掌握这一技能，李文杰就对光绪帝学习批阅奏折的过程及朱批内容进行了分析。认为光绪帝通过学习的过程熟悉了奏折文书，开阔了政治眼界，增强了治国能力[2]。

刘文华则将视角放在了京内奏折的处理程序，梳理了保存在京内衙门档案中奏折的处理程序。并对内折的处理制度进行了评价，"内折的这一流转处理程序及存案归档制度，使得京内衙门档案中存有不少的奏折原件"[3]。此后在分析进内奏折的处理程序的基础上，引申分析了京内奏折的流转处理过程及存案归档制度对"宫中朱批奏折"和"军机处录副奏折"的来源与构成的影响[4]。内折的处理程序在光绪年间发生了变化，"都由军机处在事后将奏折及光绪帝的处理意见抄送慈禧太后，让她进行事后监督和审查"[5]。李文杰认为这一现象为晚清政局的走向埋下了伏笔。

方华玲针对清代新疆主事官员为在戍废员循例代奏的情况，为清代奏折制度的处理情况补充了新的研究内容[6]。王超同样对新疆地区上奏的一种特殊情况进行了研究，认为"'回疆协办大臣'具奏言事对回疆、中央的沟通和监督牵制回疆参赞大臣起到了重要作用"[7]。奏折处理流程的研究使得奏折制度的施行过程更加清晰。

---

① 周海生，宋希斌.乾隆朝军机处与奏折的处理——以《乾隆朝上谕档》为核心的考察［J］.齐鲁学刊，2007（3）：51.

② 李文杰.光绪帝亲政前的习批奏折探析［J］.近代史研究，2015（6）：60-75.

③ 刘文华.清代京内衙门档案中奏折的形成［J］.历史档案，2014（4）：137.

④ 刘文华.谈京内奏折的处理及朱批、录副奏折的构成问题［J］.清史研究，2014（4）：119-128.

⑤ 李文杰.垂帘听政、训政、归政与晚清的奏折处理［J］.近代史研究，2018（2）：65.

⑥ 方华玲."循例具奏"：清代新疆废员奏折制度研究［J］.石家庄学院学报，2015，17（4）：33-35+74.

⑦ 王超.清代"回疆协办大臣"奏折制度研究［J］.石河子大学学报（哲学社会科学版），2015，29（1）：118.

5　清代奏折与奏折制度的特点

依据不同的内容，从不同的角度探讨奏折的特点，结论也是不同的。王悦认为康雍乾时期的奏折存在以下几个特点：官员等级性、高度保密性、上呈快速性、信息广集性[①]。臧廷秋通过分析雍正朝奏折文书的运行轨迹后，得出"奏折最明显的特点就是有一条'密'线贯穿其中"[②]。赵伯军认为奏折制度与传统的题奏制度相比具有高度的机密性、信息收集的广泛性、至高的权威性，因此"能够取代题本并传承、演变成为一项政治制度"[③]。秦国经将奏折作为一个整体来分析，认为现存的清代奏折具有数量浩大、价值珍贵、奏折内容丰富三个特点[④]。

6　清代奏折及奏折制度的作用

学者们关于奏折及奏折制度作用的研究仍然倾向于分为两部分，分开讨论奏折与奏折制度的作用。

6.1　关于奏折作用的讨论

刘铮云认为"奏折不再只是君臣间的个人通讯，在政事推动上也扮演了一定的角色"[⑤]。将奏折的功能进行了放大，在沟通政务的同时，推动了政事的

---

① 王悦.康雍乾时期奏折制度［D］.哈尔滨师范大学，2012：36–40.

② 臧廷秋.雍正朝奏折文书运行轨迹［J］.历史档案，2008（4）：111.

③ 赵伯军.奏折制度的演变及其在清代政治中的作用［J］.鲁东大学学报（哲学社会科学版），2008（6）：11.

④ 秦国经.清代的奏折［J］.清史论丛，2001：207–208.

⑤ 刘铮云.具题与折奏之间：从"改题为奏"看清代奏折制度的发展［J］.四川大学学报（哲学社会科学版），2017（2）：32.

运行。同时认为"奏折的作用不再限于其与官员间的个人通讯，而是关系民瘼与一切重要事件的通报"①。申红星认为可以通过奏折捐资捐物、推荐武将、进行劝谏②。郑硕在《雍正朝满文朱批奏折再研究》中从政治角度分析了奏折的功能：强化中央集权、掌控地方信息、处理民族事务③。赵彦昌与姚迪在《奏折功能考》一文中讨论了奏折对国家、皇帝、政治等方面的作用。"清帝们正是充分运用这种上符君意、下合臣心、又灵活的文书制度，对其臣僚进行直接指挥和控制，使他们尽职效忠，从而推行其政治主张。"④郭美兰以明瑞奏折为研究对象，分析其独特的研究价值：是"研究明瑞在任时期伊犁地区历史最原始、最直接的第一手材料"，"可以填补历史研究中的某些空白。明瑞奏折是以满文写成的，由于文字的关系，能够直接利用这部分档案研究历史的学者尚属不多"，"帮助深入和细化区域历史的研究。当地政治、经济、军事、文化等许多方面的发展历史，在明瑞折中都能得到反映"⑤。

6.2　关于奏折制度作用的讨论

傅礼白认为奏折制度在信息收集、谘询、协商、沟通、监控、指导命令方面发挥着重要的作用⑥。另外从信息输入与中央决策的角度研究了相关问题，认为"与传统的章奏制度相比，奏折制度蕴涵着更多的科学决策的因素"⑦。孔未名则从奏折制度中的朱批奏折缴回及录副制度的意义来分析，认为"'缴回''录副'制度在康、雍两朝以至于后来清朝的政治生活中起到了加强皇权、促进社会发展的作用"，"其次，朱批奏折缴回及录副制度的产生也为中国文书档案事业发展史上增添了重要的一页"⑧。金鑫从密折荐人的积极与消极作用

①　刘铮云.具题与折奏之间：从"改题为奏"看清代奏折制度的发展［J］.四川大学学报（哲学社会科学版），2017（2）：35.

②　申红星.清朝奏折制度功用探析［J］.兰台世界，2013（28）：155–156.

③　郑硕.雍正朝满文朱批奏折再研究［D］.河北大学，2014：29–39.

④　赵彦昌，姚迪.奏折功能考［J］.山东档案，2009（1）：65.

⑤　郭美兰.清代首任伊犁将军明瑞满文奏折综析［J］.满语研究，2008（1）：56.

⑥　傅礼白.康雍乾时期的奏折制度［J］.文史哲，2002（2）：23–24.

⑦　傅礼白.康雍乾时期的奏折制度［J］.文史哲，2002（2）：25.

⑧　孔未名.清代特有的文书制度　谈朱批奏折缴回与录副制度［J］.档案学通讯，2001（4）：79–80.

谈起，分析其与常规选任制度的冲突与协调。"通过与常规选任制度对比，详细探讨雍正朝密折在荐人方面的具体作用，并进一步论述两者之间的冲突矛盾及协调措施。"①晁中辰从四个方面分析了奏折制度的作用，首先认为雍正推行密折制度最主要的目的通过密折了解下情，使臣下不得有所欺隐。通过密折与大臣酌议革新大政。密折是控制臣下、强化专制皇权的有力武器。密折还具有教育臣下、与臣下联络感情的作用②。赵伯军认为奏折制度提高了清代的行政效率，强化了清代的集权体制③。牛淑贞以雍正朝为例，强调奏折制度在雍正朝发挥了七个方面的积极作用④。

7　清代奏折制度评价

奏折制度是在逐步发展中完善的，而在这个逐渐完善的过程中，发挥其功能的同时，不可避免会存在一些问题，学者们对其评价也不尽相同。总体上来说，奏折制度加强政治统治的作用是被学术界所肯定的。

吕健认为奏折制度"与雍正中后期的军机处相辅相成，将我国封建社会君主专制制度推向了顶峰"⑤。洪升与蒙青礼认为"清代奏折制度的确立，取消了内阁等许多中间环节，加快了宫廷决策效率，同时也使君主专制主义集权，达到了一个新的高度"⑥。谢健对奏折制度给予了高度的评价"清王朝之所以能出现'康乾盛世'，其封建政权又能苟延残喘到 20 世纪初叶，不可否认这在很大程度上得益于'朱批密折制度'的推行"⑦。针对大多数学者认为奏折制度

---

①　金鑫.试论雍正朝密折荐人的作用［D］.吉林大学，2012：6.

②　晁中辰.雍正朝的密折制度［J］.文史哲，2002（2）：29–30.

③　赵伯军.奏折制度的演变及其在清代政治中的作用［J］.鲁东大学学报（哲学社会科学版），2008（6）：11–12.

④　牛淑贞.论雍正朝的奏折政治［J］.阴山学刊，2001（2）：54–58.

⑤　吕健.雍正朝密折度新探［J］.文教资料，2008（14）：83.

⑥　洪升，蒙青礼.谈谈清代的奏折制度［J］.山东档案，2000（2）：44.

⑦　谢健.论雍正朝的奏折制度［J］.邢台学院学报，2012，27（3）：66.

加强了皇权的观点，臧廷秋与周彦认为严密的奏折制度会影响政务的处理效率。"光绪朝奏折制度规定日益严密，这就使奏折成为'繁文缛节'似的章程，其必然影响到政务信息处理的迅捷，其后果也可想而知。"① 白新良认为康熙朝时期的奏折制度存在着不少漏洞和问题②。晃中辰则以雍正的密折制度为例，认为奏折制度有利有弊，分析了其得与失各三个方面。但总体上来说，雍正帝推行奏折制度"利大于弊，得大于失，从总体上来看是成功的"③。关于奏折制度不能过于夸大也不至于过度贬低，晃中辰的研究从得与失两个角度的研究，能够更全面地看待这一制度。

8 总结

21 世纪以来同样有大量关于奏折的研究，通过对上述研究的分析，可以看到这一阶段研究的重点与前一阶段既有共同之处，又有进步之处。21 世纪以来这一阶段的研究重点在于讨论清代奏折制度在各个清代皇帝的改革，从各个时期的统治者的做法谈起，结合历代皇帝的性格特点分析其所采取的不同措施来逐步完善奏折制度。雍正帝在位期间所取得的成就与其施行严密的奏折制度分不开，其施行的朱批奏折缴回及录副制度使更多的奏折能够留存于世，因此对于雍正帝与奏折制度的研究相较于其他皇帝来说更多一些。虽然对奏折研究并未减少，但相对于上一时期各学者争鸣的现象大有减少，很少有正面直接的争论，这也会导致奏折制度研究的停滞。当然人云亦云不只是奏折、奏折制度研究中的问题，在学术研究中这一问题同样普遍存在，学术研究需要学术争鸣。

相较于 21 世纪以前学者们就事论事者居多的问题④。21 世纪以来这一阶

① 臧廷秋，周彦.光绪朝奏折制度考察——以《清德宗实录》为例 [J].理论观察，2012（2）：90.
② 白新良.康熙朝进折人员考略 [J].历史档案，2005（2）：51.
③ 晃中辰.雍正朝的密折制度 [J].文史哲，2002（2）：32.
④ 王剑.近 50 年来清代奏折制度研究综述 [J].中国史研究动态，2004（7）：27.

段的研究虽仍存在这类问题，但也有更多的学者从新的角度对奏折制度及其相关的内容进行研究。从上述研究的分析，可以看到未来的研究趋势。21世纪以来，对有关清代奏折本身的研究仍是学术界研究的重点，包括对奏折制度的起源、作用、特点等的研究，为奏折制度的研究打下了坚实的基础。而过多将研究重点过于放在奏折本身上，就会有一些内容被重复地研究，例如雍正帝对奏折制度的改革措施、奏折的作用等内容。这就会限制奏折制度研究的发展。仍有一些方向需更加深入地研究，如奏折的进呈与传递、奏折的批阅等问题，当前虽然已经有学者对奏折的处理流程进行了研究，但研究成果较少且很少对具体流程进行细化。这一部分应得到更多且细致的研究。将研究的视野放到更宽阔的角度，从更多角度联系奏折制度对于其他制度所起到的作用或影响，应该也成为日后研究的主要内容。如，陈洁"借助专门档案——官员档案研究视角，对雍正奏折进行了新的解读，在一定程度上改变了雍正奏折一贯的文书档案形象，为其增添了一份'人气'——官员档案气息"①。我们也可以发现一些学者专门研究奏折制度，如白新良21世纪以来有5篇奏折主题的论文发表。臧廷秋以《雍正朝奏折研究》作为博士论文题目，之后陆续有4篇奏折论文发表。但更多的学者是仅有一两篇奏折的论文成果，专门研究某一问题才能不断完善自己的结论。另外随着奏折档案的整理出版，结合档案汇编对奏折内容进行分析也应是研究的一个方向。如桑亚戈通过《宫中档乾隆朝奏折》考察清代中叶陕西省河渠水利的时空特征②。这也可以避免研究资料分散的问题，提高研究的效率。21世纪以来有丰硕的奏折制度的研究成果问世，我们期待接下来，随着奏折档案的整理，奏折制度的研究能够更加深入。

① 陈洁.雍正奏折研究新视角—官员档案文本解读［D］.山东大学，2014：56.

② 桑亚戈.从《宫中档乾隆朝奏折》看清代中叶陕西省河渠水利的时空特征［J］.中国历史地理论丛，2001（2）：19-31.

民国时期故宫博物院整理档案的文化影响分析

张会超

摘要：故宫博物院从 1925 年开始整理明清历史档案，在长达二十多年的时间里对于档案积极提供利用，以陈列展览、查阅利用的直接方式和编纂出版的间接方式充分发挥了档案的价值。而对于档案整理的学术探讨和方法完善则既提高了效率又扩大了影响。故宫文物和档案的南迁与西运具有重要的文化意义。这一切文化影响的存在有赖于基础工作的加强，更展现出阶段性和过程性，同时也离不开各方人士的努力与奋斗，对今天乃至未来档案工作的发展有着重要的启发和借鉴作用。

关键词：故宫博物院　档案整理　文献馆　民国时期

近些年来，随着学界对民国时期故宫博物院整理明清档案的研究，这段历史整体上清晰起来，认识到那一时期诸多前辈在档案整理上的投入和取得的成就，也进一步了解到明清档案整理的诸多内容。然而，学无止境，对于故宫博物院的整理档案工作，仍可以不断发掘和认识。档案整理是一项重要的文化工程，有积极的文化影响和社会作用。有鉴于此，本文试从文化影响的角度重新审视民国时期故宫博物院整理档案的过程与历史，并做分析和阐述。

作者简介：张会超，上海师范大学人文传播学院副教授，主要研究方向：中国档案史。基金项目：本文系 2017 年国家社科基金项目《民国时期档案管理思想研究》（17BTQ077）的阶段性研究成果。

1　故宫博物院整理档案中的提供利用

档案整理不仅仅是赋予其秩序化的过程，这项工作的重要任务是"收、管、用"，收集齐全、规范管理和提供利用，其中收集是基础，管理是手段和关键，而利用则是目的。民国时期故宫博物院在收集、整理明清档案的同时，也积极开展明清档案的提供利用，扩大了档案的社会影响和学术利用，充分发挥出了档案的文化作用。

1.1　明清档案的陈列展览

故宫博物院从 1925 年 10 月 10 日举行开院典礼起，就非常重视陈列展览工作，当日曾在养心殿、乐寿堂开辟文献展览室展出清宫档案和其他众多文物。1927 年 10 月又在大高殿进行展览，这是清宫档案又一次面向公众的开放和亮相，受到热烈欢迎。

此后陈列展览成为故宫博物院文献馆的常规工作，在外东路宁寿宫一带开辟陈列室专门展览，后来又增加景山寿皇殿的陈列展览。而且还有临时展览，比如 1931 年 6 月临时开放景福宫，展出了清代文字狱档、太平天国史料，以及康熙与罗马使节关系文书等。

根据故宫博物院文献馆工作报告记载，常规性的陈列展览不仅有固定性的陈列室和经常性的内容，而且还根据需要定期更换或增加。比如 1935 年就将七个陈列室按照主管机关划分，区分为四类，便于管理和展示。

从故宫博物院建院开始，档案及其实物的展览工作发挥了重要的作用。无论是知识分子的参观浏览，还是社会大众的好奇观看，通过展览而一睹为快，这种积极的文化影响在不知不觉中得以发挥出来。

1.2　明清档案的查阅利用

从 1922 年 7 月北京大学国学门研究所开始整理明清历史档案，学界就积极利用明清档案，比如胡适就请北京大学清内阁大库档案整理会代为查找康雍年间曹氏在江南织造局任内各案，陈垣亦请代查清代天主教的案件。而故宫博物院为了进一步规范查阅工作，专门制定了《故宫博物院文献馆阅览档案暂行简章》，并在其工作报告中记录下了借阅情况。

其中，有两个案例值得关注。一是社会调查所陶孟和、汤象龙一行长期在文献馆抄录经济史资料，多达十万余件；二是谢兴尧撰文回忆当年的查档过程。由此可以窥一斑而见全豹：

> 兼士是一个开朗的学者，热心助人，我向他提出请求，他很高兴支持鼓励，经他许可，领到一个出入证，准许到文献馆去查看档案并到图书馆去看书，这给我的研究工作和写作任务，起到了极大的提高作用。
>
> 景山在故宫神武门外，大高殿在景山之内，何刚德《话梦录》说"为皇上祈雨之所"。这时却成为军机处档案储藏室。我去以后，先问规矩，不许带入毛笔墨盒，恐怕疏忽，污染原件，只能使用铅笔纸片。虽然如此，我的机缘很好，里面的主管人员是单士元，士元兄是北大国学门研究所的学生，与我同所同年，当然得到许多照顾。
>
> 我在大高殿跑了一个时期，专门查看道光、咸丰两朝的档案。抄录了不少重要资料，可是关于我的第一目的，要找的太平天国本身的文件、书刊、旗帜、印信等实物，一件也没有发现。可能被军机处人员认为是逆物将它毁掉。不无遗憾、失望。我的朋友也是和我同时研究太平史的伙伴俞大纲，发现了太平天国天德王洪大全的口供，这是一个重要的发现。[①]

粮价作为清代经济史的重要资料，受到了经济史学者的重视。值得一提的是，陶孟和、汤象龙等人从1930年到1937年所组织的对清代财经档案的整理、统计工作，是中国史学界的第一次大规模清代档案整理研究工作，所抄录的档案达10万余件之多。其成果现多收藏于中国社科院经济研究所图书馆，其价值

---

① 谢兴尧.记大高殿和御史衙门［J］.读书 1996（5）: 37–43.

弥足珍贵①。多年时间里，社会调查所组织人力借阅和抄录了大量的清代档案，成为故宫博物院整理档案过程中查阅档案的典范和代表。

2　故宫博物院整理档案时的编纂出版

故宫博物院在整理档案的时候，开展了档案的提供利用，满足学者和社会人士的诸多阅读和研究要求，极大地发挥了档案的多元作用。但这种利用有时空局限性，查档者要么是在北平，要么只能通过信函查阅，能够亲自查阅的人数确实有限，因此如何更大范围地发挥出档案的作用，就需要另辟蹊径。于是故宫博物院从建院之初，就开始编纂出版各种档案史料。从早期的《文献》《掌故丛编》到后来的《文献丛编》《史料旬刊》《清代文字狱档》和《清代汉文黄册联合目录》，故宫博物院从 1924 年到 1947 年，编纂出版史料和目录多达四十多种，这些档案汇编超越时空，满足了不同地域和不同时期的人们的查阅需求。而《晨报周刊》主编"君石"先生则从这些书籍中获得了大量的历史资料：

> 余主编《晨报周刊》时，公余之暇，恒思阅书以寄性；而社中图书室所藏之书尠。其堪供一读者，仅为故宫博物院所出版之《文献丛编》正续集（前集十二册，亦名《掌故丛编》）二十四册，以及其他少数曾、左、胡等文集而已。余乃取《文献丛编》披阅，觉其中所收清朝老档秘奏，有关史料者实非浅鲜，举如雍正时诸王之窃国谋位之秘谕秘奏，以及年羹尧被参，太平天国诸文献等珍贵史料，既详且尽，其佐证史册之功甚伟。自斯乃对于档案文献益生兴趣，每当暇时则趋赴国立北平图书馆，或太庙中之故宫博物院图书分馆，搜求有关明清两朝档案之著述。②

---

① 王砚峰．清代道光至宣统间粮价资料概述——以中国社科院经济所图书馆藏为中心［J］．中国经济史研究，2007（2）：102–108.

② 君石．明清两朝档案考略［J］．新东方，1941（5）：110–120.

　　档案史料的读者群不仅有从事各学科研究工作的学者，而且有上述君石等知识分子，甚至还有中学生等群体，可谓多方位满足了各个阶层的读者的阅读需求，极大地扩大清宫档案的影响。多年以后，朱家溍先生还对当年翻阅学习《掌故丛编》有着深刻的印象：

　　　　我记得还买到了故宫编印的《掌故丛编》。当时我已经是中学生，能够阅读这样的期刊了。其中"圣祖谕旨"那一栏目，第一次使我知道皇帝的谕旨中也有生动的家常白话，内容都是康熙亲征噶尔丹时期从漠北寄回北京的谕旨。书中还有乾隆时英吉利国王派使臣马戛尔尼来聘的档案。这些史料能够让中学生感兴趣的原因，我后来分析，可能因为当时我国在世界上居于弱国的地位，而这两部史料所记录的都是我国强盛时期的口气和语言。尤其康熙到漠北狼居胥山，看到明代永乐皇帝立的碑，康熙表示了对前朝皇帝的敬仰。对这一节史实，印象极深。中学生的文化程度当然谈不上研究历史，但对历史上我国曾经立碑的地区已经不再属于我国版图这一点，我是很敏感的。所以发行这种期刊，不仅可供史学家研究之用，而且对于一般读者确实起到了增强爱国思想的作用。①

3　故宫博物院整理档案中的学术探讨

　　作为一项文化工程，故宫博物院整理档案并积极提供利用，以直接和间接的方式满足多方人士的各种阅读需求，极大地发挥出了文化影响和作用。整理档案本身就是一项文化工作，所以这项工作及其传播也具有积极的促进作用。具体来讲可以表现在三大方面：一是撰文论述档案整理中的各种问题和建议，不断完善整理的方法和策略；二是积极参加学术会议，通过会议交流来展示学术探讨和社会影响；三是邀请专家学者到馆讲学，开阔眼界，增加知识，学以致用，无形中扩大了档案管理的社会影响和文化作用。

---

　　① 朱家溍.故宫退食录［M］.北京：北京出版社，1999：754.

　　根据拙著《民国时期明清档案整理研究》，在民国时期参与明清档案整理的各位前辈撰写了大量的论著，故宫博物院以单士元、单士魁、方甦生和张德泽等人为代表，在各种期刊和报纸上发表了多篇学术文章，从不同角度论述档案整理中的问题与对策。1934年《中国近代经济史研究集刊》第2卷第2期出版，上面刊发了四篇有关档案整理及其内容的文章。单士元撰写了《故宫博物院文献馆所藏档案的分析》一文，系统阐述了故宫博物院所藏的档案及其内容；而沈兼士在1935年《文献特刊》上发表了《文献馆整理档案报告》，全面介绍了当时整理档案的具体过程和详细内容；1936年《文献论丛》则刊发了方甦生的《清代档案分类问题》和张德泽的《军机处及其档案》；另外1936年《故宫博物院年刊》刊登了张德泽的《整理档案办法的初步研究》，等等。这些文章均是文献馆工作人员在整理档案过程中的副产品，反映出他们对档案整理的学术探讨，从而扩大了档案管理的文化影响。

　　1936年7月，中国博物馆协会在青岛山东大学召开了第一届年会，文献馆沈兼士馆长率同人方甦生、单士元、张德泽和方凤翔参加。从方先生的日记中可以了解当时学术讨论的状况：

　　　　（七月）二十日上午九时图书馆博物馆两会联合年会开幕典礼……（下午）四时至六时，博物馆协会宣读论文。兼士先生主席。甦生读清代档案分类问题，单士元君读清代档案释名发凡，张德泽君读军机处及其档案，方凤翔君读清内阁黄册之介绍。①

　　除了出去参加学术活动外，文献馆还采取了"请进来"的办法，请著名的专家学者到馆演讲。从二十世纪三十年代请孟森、蒋廷黻、姚从吾诸位先生演讲，到四十年代请王重民先生演讲，既增长了知识，又开阔了视野，使文献馆人员对学术动态和业界发展有了进一步的了解。以王重民先生为例，讲述了美国国立档案馆的情况，使众人了解国外同行们的状况：

---

　　① 　方甦生.出席中国博物馆协会第一届年会日记［J］.文献论丛，1936.

今天承沈兼士先生邀我来说几句话，非常感谢。可是我对于博物院是外行，对于文献馆更是外行，所以不敢讲什么话，只把我离开华盛顿以前，参观美国国立档案馆的一点概念，向大家作个简单的报告。话又说回来，就因为我是外行，恐怕参观时不能看得清楚，则报告也很难抓着要点。好在诸位都是专家，听了我报告的一分，不难悟到十分。①

4 故宫博物院档案南迁的文化影响

1933 年 2 月，故宫博物院根据时局的情况做出决定，经请示获准后就开始了南迁，由此拉开了长达十多年的文物迁移，在世界文化史和文物史上都值得大书特书。如果没有故宫人的努力付出，就不会有文物的安全辗转和妥善保存。其中故宫博物院文献馆档案一并南迁，从北平到上海，再到南京，经过颠沛流离，又到了乐山和峨眉两处。抗战以后集结到南京，但因为解放战争的爆发，所以文献馆的部分档案又转移到了台湾。

当初南迁的是 3773 箱，1935 年 5 月提老满文档 8 箱运回北平，1936 年 2 月由北平还回老满文档案 1 箱，所以西迁之际文献馆共有 3766 箱。其中西迁 2038 箱，陷落南京的则有 1728 箱。二十世纪五六十年代，保存在南京的故宫博物院文献馆明清档案陆续运回到北京，不过具体数量统计却前后矛盾，有待于进一步统计和探讨。而运至台湾的为 204 箱，大约二万八千九百多件，至今仍保存在台北故宫博物院。

故宫文物和档案的南迁和西运过程中，一方面故宫博物院各位前辈兢兢业业、认真工作，确保了文物与档案的安全和有序；另一方面也在社会上有重大影响，受到媒体和社会广泛关注。

另外，解放战争时期，国民党将故宫博物院的文物和档案精选后运送台湾保存，不仅使文物和档案天各一方，而且在利用上也颇多不便。在今天两岸的文物和档案的合作活动应该多多举办，以期实现"1+1>2"的愿望和目标。

---

① 王重民．述美国国立档案馆［J］．文献论丛，1948.

随着互联网技术的普及，建议相关部门进一步协商，在档案数字化基础上实现档案的网络"团圆"，两岸保存的清代档案的数字整合可以发挥出更加明显的效果和突出的作用。

5　故宫博物院整理档案文化影响的分析和认识

民国时期故宫博物院整理档案首先在于赋予它们秩序化，其次在于确保它们安全和有序，另外则是要尽力发挥出这些历史档案的多元价值。虽然由于有政局不稳、战争的影响，但故宫博物院的诸多前辈尽心竭力，努力工作，从而促使故宫博物院整理档案的文化影响力不断发挥出来。如何全面认识这种文化影响力的发挥，还需要结合具体的实践过程与时代背景等多方面因素来综合考虑。

第一，民国时期故宫博物院整理档案的文化影响是多元一体的。具体而言，立足于档案整理这一实践活动，彰显出多方面的影响力。无论是陈列展览还是提供利用，亦或是编纂出版，都需要建立在档案秩序化的基础之上，而学术探讨和档案迁移，更是针对档案管理而讲的，所以如果没有档案的整理、分类和编目，就无法发挥其文化影响力。而整理以前的状态根据描述可见一斑：

> 当时故宫文献馆内的档案库房残破失修，院屋荒凉；库内档案尘封灰积，凌乱堆放。被霉烂虫蛀的档案何止成千上万。储放这些档案的柜、架、箱、匣，都是沿用清代旧物，陈旧破烂，东倒西歪，杂乱不堪，真是一片败落凄凉景象。[1]

至于档案的分类，为什么如此重要，从张德泽先生的论述中就可以知道，

---

[1]　朱金甫.故宫明清档案部所藏档案的过去和现在[J]中国第一历史档案馆编.明清档案论文选编.北京：档案出版社，1985.

如果还是按照以前的整理和分类方法，那么档案的有序化就更加困难：

> 以往整理档案之方法，大都为形式之分类，再进亦不过就一种形式之
> 档案，区别年代而已，欲参考利用，颇感不便，近年来，虽注意到分类问
> 题，而所分者，仍属机关分类法（见方甦生氏《整理档案方法的初步研究》，
> 文中之内阁档案分类表，及拙著《军机处及其档案》文中之军机处档案分
> 类表）。然各机关档案，如作普遍的内容分类，自为事实上所不可能，因
> 对于整理编目上，有许多困难之点，现在拟按内容分类者，为一种程式之
> 档案，（限于簿册之类，其折件单片等，不便分类，则可编制主题索引，
> 以便检查。）既可供学者之参考引用，于整理编目上，亦无何等不便也。①

由此可见，整理档案这一实践活动对于文化影响力发挥的重要性，也正
是如此，民国时期故宫博物院整理档案的文化影响力是多元一体的，文化影
响力是多方面的，但前提条件和建立基础却是档案整理这一重要的活动，两
者紧密联系、相互促进，形成了独特的关系。

第二，民国时期故宫博物院整理档案的文化影响是不断体现出来的。随
着故宫博物院的建立和规范化，档案整理日益精进，各项工作逐渐走上正轨，
这样立足于档案整理这一实践活动的文化影响才得以逐渐发挥出来。对于故
宫博物院的档案整理来说，1934 年 7 月"普遍整理"原则的确立是一个明显
的分界线，以往多是零星性的，从次有了新的原则和思路，重视分类和编目，
这样才能逐渐显示出档案的多元影响力：

> 往者本馆亦尝编次若干有关清史之重要材料问诸多世矣，大抵皆零星
> 摭拾，故多挂一漏万，其弊要在不待基本工作——普遍整理之完成，而急
> 求表现，有以致之，欲速则不达，此之谓也。本馆有见于是，自此次改组
> 后，即决定办法，以全力注重普遍之整理。分北平现存史料军机处之照会、

---

① 张德泽.军机处所藏清册之分类［J］.国立北平故宫博物院文献馆编.故宫博物院十九周年纪念
文献专刊，1944：15-16.

函电，内阁大库之黄册、档册，内务府之各种档案，为若干组，同时整理。先因名以立类，再即类以编目。①

而编纂出版既可以扩大档案内容的影响，又可以超越时空供其他地方的人和后来者阅读，但这项工作同样也需要循序渐进，否则欲速则不达：

> 档案为极珍贵之史料，已无待繁言：且清史至今尚未成书，将来修正《清史稿》，亦舍档案莫属，故保存之问题尚焉！今之谈保存档案者，大体皆主张如何分类，如何庋藏。余独主张速将分藏之档案，全数用五号铅字排印，或用珂罗版影印缩本，编订成册，以便各地方家之利用。否则一旦遇灾，将如《永乐大典》已成历史上凭吊之品，追感莫及矣！②

但这种观点遭到专家的反对，文献馆方甦生就明确认为这样做是不可能的，档案的编印只能是选择性地编辑出版③。而《史料旬刊》的出版则起到了积极的补充作用：

> 本院文献馆所藏各种档案，多属有清一代之重要史料，其中凡可以单行成书或类聚多数文件加以系统整理者，已就其性质类别分别编印《文献丛编》及《丛书》行世。惟是贮藏浩繁，整理需时，倘仅恃《丛编》《丛书》两种刊物发表，惟恐时日稽迟，数量微少，不足以餍海内学者之渴望，兹特加出《史料旬刊》一种，以辅《丛编》之不及。④

第三，民国时期故宫博物院整理档案的文化影响需要依靠多方人士来发挥。除了故宫博物院文献馆的工作人员，还有相关利用者，甚至还有普通的

---

①　国立北平故宫博物院文献馆工作报告·弁言［J］．文献丛编（第二十辑），1934年10月．

②　君石．明清两朝档案考略［J］．新东方，1941（5）：118.

③　李财富．中国档案学史论［M］．合肥：安徽大学出版社，2005：38.

④　发刊前记［J］．史料旬刊，1930—1931.

民众。以查档为例，梁方仲帮罗尔纲查找到所需的《九命奇冤》档案就是一个例子：

> 方仲不仅指点了我，他还牢牢地把这问题记在心里。那时社会调查所在故宫博物院和北京大学文科研究所两处所藏清代档案发掘经济史料，每天有几十个人员长期工作，方仲与汤象龙教授领导这个工作，他们也亲自来发掘。大约两年之后，有一天，我正在北大文科研究所考古室量拓本，突然，方仲急遽地把门推开，满脸喜色，原来他已在文科研究所明清史料室档案里给我找到了两件《九命奇冤》凶犯穿腮七的档案了！……当时我把两件档案在《史学》上刊出。几十年来，研究到《九命奇冤》的人们，都引以为据，这是梁方仲教授在浩如烟海的档案中搜查出来的，请毋忘他的辛劳。①

另外，由于故宫博物院整理档案的突出地位和明显效果，所以在当时就受到社会和政府的广泛关注，1934 年 11 月中央党史史料编纂委员会派人到北平考察，希望可以从明清档案整理中获得帮助和支持：

> 其档案中足最供党史会纂修党史之用者，殆为军机处档案中之晚清时代一部分，盖军机处之职权，至晚清而益大，俨然为执政之府，对于革命党人之缉捕压迫，其命令之发布与情报之传送，皆以此为重心，苟能将其留存档案，综覈整理，于晚清党人活动之旧迹，必大有发现，现文献馆已发现徐锡麟秋瑾等史料，则端倪已见，此后继续进行，所获更多。党史会在可能范围内尤应商请文献馆借调是项有关革命史料之档案，加以全部钞录或整理，则于党史之纂修，裨益尤多，此为同人一得之见也。②

第四，民国时期故宫博物院整理档案的文化影响历久弥新，今天仍有重

---

① 罗尔纲.忆梁方仲教授［J］.中国经济史研究，1989（1）：10—12.
② 高良佐等.北京文化机关明清档案考察记［J］.建国月刊，1935 年 12 卷第 2—3 期连载.

要的借鉴和参考作用。从 1925 年到 1949 年，故宫博物院对明清历史档案的整理持续了二十四年，对于整理明清档案，以故宫博物院的成就最为突出，影响也最大。而且这种影响力不仅在当时呈现出来，即使到今天，也依然有重要的参考和借鉴作用。

> 及三十一年不佞来权院务，莅任之初，即视察南三所及其他各处档案，始悉已整理者不过十之三四，山积尘封，久之恐益霉蠹，不堪收拾，颇思广募人手，克期观成。嗣检阅文献馆整理档案规则，又念此役繁重，其步骤程序较之各官署清理案卷方法难易迥殊，倘非析讲熟谙殆难集事。故又计及若能广遴粗通文义而年盛质敏者，以馆员为导师，开班训练，一面督令分组工作，宽予时日，或可处理裕如。然以经费不充，仅就甄考入选者酌派四五人分馆学习，协同工作。惟年来馆员中富有经验而以干练著者，只有数人，设无继起者，孰承其乏？或者异日整理文献，终以训练班为必趋涂径耶？要亦视当局于财力上之张弛为何如耳。①

由上述祝书元的《文献专刊序言》可知，专业人员的缺乏导致整理工作效率低下，所以从 1925 年到 1942 年，整理的档案还不到一半，固然有时局不稳和战争爆发的影响，但政府投入的不足和人员的匮乏才是重要的原因。基础性工作若做不好，那么立足于基础工作的文化影响也就受到制约了。这种教训今天仍有重要的借鉴意义。张德泽在总结多年经验基础之上，认为整理档案需要有莫大的兴趣和丰富的知识，这样的观点今天也有启发和帮助：

> 凡从事一种专门工作，必须有此专门之常识，方能作到好处，整理档案亦然，所谓整理档案常识者，约可分为三端，今分述之：一、整理档案之原则；二、档案之认识；三、档案原藏机关之认识；四、史实之考究。上述一二两点，对于整理档案稍有经验者，不必有任何之训练，自能逐渐

---

① 祝书元. 文献专刊序 [J]. 故宫博物院十九周年纪念文献专刊，1944：1061.

明了，从事既久，于三四两点，亦可渐知端倪。再能随时参考官书，当可晓其梗概。此种常识，不但于整理编目，大有帮助，于研究编辑上，亦极有裨益也。整理档案，虽是一种学术工作，然既不如金石之能把玩，更不如书画之可鉴赏。且因数字庞大，多望而生畏，且有无从下手之感。揆其原因，盖以不感兴趣故也。[①]

　　总之，民国时期故宫博物院对明清档案进行了长期的整理，并以陈列展览和查阅利用的方式直接提供利用，还以编纂出版的形式间接提供利用，而整理过程中的学术探讨和方法完善扩大了档案管理的社会影响和文化意义。故宫文物和档案的南迁与西运更有重要的文化色彩，这些都是文化影响的突出表现，显示出整理工作的基础性、文化影响的阶段性与过程性，对今天乃至未来也有重要的借鉴意义。

---

① 　张德泽. 整理档案问题［J］. 文献专刊，1945：1183–1194.

近代文书改革与行政效率研究述评

李章程

摘要：文书行政是中国传统中央集权政治运作的重要特征，近代以降，"千古未有之变局"迫使中国走上近代化道路，文书行政随之面临着时代的转型与再造。围绕"近代文书改革与行政效率"这一主题，拙文从近代行政效率研究、文书（与）行政研究、文书程式与行政效率、文书人员与行政效率、电报公文与行政效率五个方面进行了学术研究的梳理与回顾，指出研究领域的不均衡、研究成果的碎片化和不充分问题，俾能为近代文书档案史研究与"档案强国论"提供参照与借鉴。

关键词：近代　文书改革　行政效率　综述

日本著名学者富谷至在《文书行政的汉帝国》一书中下了这样一个结论"彻底化的文书行政成就了中国历史上持续时间最长、强盛至极的古代中央集权国家——汉帝国"①，事实上，放眼数千年，"以文书御天下是传统中国政治运作的重要特点之一"②，是中国古代官僚政治体制的基本特征，是王朝统治有效运作的重要工具。因此，自古以来，文书就有强大的政治功能与行政效能。此方面亦涌现出来有较大学术价值与创新精神的成果，如《汉代官文书制度》、《政绩考察与信息渠道——以宋代为重心》、《文书·政令·信息沟

作者简介：李章程，湖州师范学院历史系教授。主要研究方向：历史文书档案研究。基金项目：2018年国家社科基金项目"近代文书档案改革与行政效率的互动研究（18BTQ096）"的研究成果

① 〔日〕富谷至.文书行政的汉帝国［M］.刘恒武、孔李波译，南京：江苏人民出版社，2013：绪言.

② 李全德.从堂帖到省札——略论唐宋时期宰相处理政务的文书之演变［J］.北京大学学报（哲学社会科学版），2012（2）：106.

通》（上、下）、《唐代中书门下体制研究——公文形态、政务运行与制度变迁》、《通信与帝国控制：奏折制度的发展》、《奏折制度》、《清代军机处职权的来源及其演变——以公文运转程度与政局变动为核心的考察》、《中国档案事业史》、《历史文书学》、《中国档案史研究史》等。然近代以降，"千古未有之变局"迫使中国走上近代化道路，文书行政亦随之面临时代的转型与再造。对之进行学理上的梳理与回顾，不惟有助于了解中国档案史研究的新进展，还能揭示存在的问题，以进一步明确今后努力的方向。

1 近代文书改革与行政效率研究概况

1.1 近代行政效率研究

近代行政效率的研究主要涉及三个方面：一是行政效率的内涵；二是近代行政效率运动；三是近代行政效率运动与近代档案学。

1.1.1 行政效率内涵

行政效率本是政治学、行政学借鉴管理学与机械学"效率"一词所引申而来的，它是近代西方政治学领域甚为重要的一个概念。民国时期学者介绍与引入中国以来，对它一直有着不同程度、不同层次、不同视角的解读。

萧文哲先生就认为，行政效率"不外施政所获结果与所付代价之衡比也"，即"政府机关以一定之时间空间及一定之人力财力物力，执行国家政策的作业对其所获'有效劳'之衡比"[1]。萧氏明显参考与借鉴了西方近代工业机械与政治行政上关于效率的界定，并附有多种计算方法。

傅荣校总结了衡量行政效率的两种标准，即南京国民政府的行政效率可以从"质"和"量"两个角度来称量：质的方面，权力使用效果与关系协调的效果；量的方面，投入与产出比，功能与费用比[2]。

---

① 萧文哲. 行政效率研究 [M]. 上海：商务印书馆，1942：5-6.

② 傅荣校. 南京国民政府前期（1928—1937年）行政机制与行政能力研究 [D]. 杭州：浙江大学，2005.

尹树国认为，就中国传统的行政效率而言，行政效率就是"国家行政以高行政素质的皇帝、重视官员才能的用人制度、清晰而又交错的行政机构设置、严密而利于执行的行政法规带动整个社会朝向繁荣、稳定发展"，概言之，"成功就是效率"①。这一概括也显然参照了当代中外行政学界关于（行政）效率基本特征的提炼，并结合中国传统政治的基本特征加以整合再造。

1.1.2　行政效率运动

这方面，主要集中于两个层面：一是行政效率运动本身的介绍与分析；二是行政效率运动与近代档案学。

（1）关于行政效率运动

这方面有一些成果，主要涉及南京国民政府行政效率运动的宏观介绍、分析与评价；不同群体（人物）与行政效率运动关联性探讨。李玥的硕士论文《民国时期行政效率理论与运动研究》则对之进行了较为系统的回顾与总结。

表 1　　　　　　　　　行政效率运动研究代表性成果

著者	题目	文献来源	发表时间
傅荣校	三十年代国民政府行政效率运动与行政效率研究会	浙江档案	2005 年第 1 期
孙宏云	行政效率研究会与抗战前的行政效率运动	史学月刊	2005 年第 2 期
李玥	民国时期行政效率理论与运动研究	湖南大学硕士论文	2008 年
任鹏	论知识分子对 1930 年代行政效率运动的反应——以县政改革为中心的讨论	辽宁师范大学硕士论文	2009 年
蒋国	留学生与 20 世纪 30 年代国民政府行政效率运动	徐州师范大学学报（哲学社会科学版）	2012 年第 2 期
蒋国杰	甘乃光与 20 世纪 30 年代行政效率运动	西南农业大学学报（社会科学版）	2012 年第 8 期
黄雪垠	1930 年代南京国民政府行政效率运动研究	学术探索	2015 年第 8 期

---

① 尹树国．盛衰之界——康雍乾时期国家行政效率研究［M］．合肥：黄山书社，2008：6.

（2）行政效率运动与近代档案学

这是目前研究成果较多的领域，但基本是从近代中国档案学诞生的角度来阐述的。因学界在此方面有不少综述或专项成果，故仅例举部分。专著方面，代表性成果有《中国档案事业史》（周雪恒，1994）、《中国档案学史论》（李财富，2005）、《中国档案事业发展的社会文化探源》（吴荣政，2008）、《化腐朽为神奇：中国档案学评析》（胡鸿杰，2010）、《档案学概论》（丁海斌等，2013）等。论文方面，基本上是讨论"行政效率运动"如何促进近代档案学的形成，偏向宏观。代表性成果如下：

表 2　　　　　　　行政效率运动与近代档案代表性成果

著者	题目	期刊	时间
方鲁	"行政效率运动"与中国档案学	档案学通讯	2001 年第 5 期
徐辛西	"行政效率运动"对中国近代档案学产生的影响	山西档案	2006 年第 4 期
高燕	"行政效率运动"与中国近代档案学	安徽大学硕士学位论文	2013
葛春蕾	《行政效率》杂志与中国近代档案学的发展	安徽大学硕士学位论文	2016

1.2　文书（与）行政研究

1.2.1　民国时期的研究

学界对近代文书行政的研究集中于南京国民政府时期行政效率运动前后，除档案学三十本经典著作外，尚有部分行政学著作中论及文书行政思想、主张或建议，聚焦于文书处理。代表性行政学专著有：李浴日的《行政的科学管理研究》、李楚狂的《行政管理之理论与实际》、萧文哲的《行政效率研究》、甘乃光的《中国行政新论》、郑尧桦的《增进行政效率之方法》、陈之迈的《中国政府》（第二册）、张金鉴的《行政学提要》等[1]。更为具体的、细致的探讨，

---

[1]　具体可参见李章程.论民国行政学研究对近代中国档案学形成的促进作用［J］.档案学通讯，2017（6）：26–30.

当为《行政效率》《行政研究》上所刊登的文书档案类文章，聚焦于公文革新、档案管理、文书档案连锁等。鉴于不同文本所言数量的差异（不少今人著作提及《行政效率》刊登公文档案 60 多篇），故有必要将《行政效率》所刊文书档案论文汇总如下，以供勘校与利用。

表3　　　　　　　　《行政效率》所刊文书档案改革文章

篇名	刊期
行政院议决档案整理处附设于本会内	1934 年第 3 期
财政部档案管理调查报告（附表）	1935 年第 2 卷第 9 /10 期
档案管理与整理	1935 年第 2 卷第 9/ 10 期
档案排列的几个方法（上）	1935 年第 2 卷第 6 期
档案排列的几个方式（下）	1935 年第 2 卷第 8 期
档案整理处的任务及其初步工作	1935 年第 2 卷第 9 /10 期
档案整理方案（附表）	1935 年第 2 卷第 9/10 期
对龙兆佛先生讨论文书档案连锁办法的意见之解释（附表）	1935 年第 2 卷第 4 期
对于案卷目录卡编排的意见（附表）	1935 年第 2 卷第 9/10 期
法国国立档案学校沿革	1935 年第 2 卷第 7 期
福建省第七区行政督察专员公署公文处理概况	1935 年第 3 卷第 1 期
改革档案管理刍议	1934 年第 11 期
改革公文程式的一点意见	1935 年第 3 卷第 6 期
改善公文用具之我见	1935 年第 3 卷第 2 期
公文程式之革新与试验	1935 年第 2 卷第 5 期
公文登记	1934 年第 3 期
公文改革底商榷	1934 年第 3 期
公文政治徒耗时日	1934 年第 9 期
关于公文——小官章，另行写，书明月日	1934 年第 8 期
海军部档案室概况	1935 年第 2 卷第 9 /10 期
行文之整一化	1934 年第 2 期

续表

篇名	刊期
湖北省府文书定期用新名义	1934 年第 4 期
江苏省民政厅节省例行公文手续之办法	1934 年第 1 期
闽省政府议定整理档案办法	1935 年第 3 卷第 1 期
本会及档案处并入行政院	1935 年第 2 卷第 12 期
省府合署办公后行政院指示行文办法	1934 年第 5/6 期
鲁省实行处理公文简捷办法	1935 年第 2 卷第 1 期
各省要求派员到内部实习档案连锁法	1934 年第 12 期
鲁省府规定公文便捷手续	1934 年第 12 期
国府通令改善公文处理办法	1934 年第 11 期
察省府合署后公文处理情况	1935 年第 2 卷第 3 期
行政机关处理公文手续之改善	1934 年第 9 期
行政院档案管理调查报告	1935 年第 2 卷第 9/10 期
行政院各部会档案管理概况	1934 年第 8 期
行政院各部会档案管理概况（续）	1934 年第 10 期
行政院各部会档案管理概况（续）（附表图）	1934 年第 11/12 期
行政院及所属各部会档案整理处办事细则	1935 年第 2 卷第 9/10 期
行政院及所属各部会档案整理处组织条例	1935 年第 2 卷第 9/10 期
记内政部档案整理员考试	1935 年 第 2 卷第 3 期
建设委员会档案管理调查报告	1935 年第 2 卷第 9/10 期
江宁自治实验县政府档案室参观记	1935 年第 2 卷第 3 期
江苏各县文书改革之建议	1935 年第 2 卷第 6 期
江阴公安局公文之改革	1935 年第 2 卷第 11 期
交通部档案管理调查报告	1935 年第 2 卷第 9/10 期
教育部档案管理调查报告	1935 年第 2 卷第 9/10 期
禁烟委员会档案管理调查报告	1935 年第 2 卷第 9/10 期
军政部兵工署档案管理调查报告	1935 年第 2 卷第 9/10 期

续表

篇名	刊期
军政部总务厅档案管理调查报告	1935 年第 2 卷第 9 /10 期
蒙藏委员会档案管理调查报告	1935 年第 2 卷第 9 /10 期
南京市财政局档案管理调查报告	1935 年第 3 卷第 6 期,
内政部档案管理调查报告	1935 年第 2 卷第 9 /10 期
内政部档案管理调查报告	1935 年 第 2 卷第 8 期
批与指令之程式的改良	1935 年第 3 卷第 2 期
侨务委员会档案管理调查报告	1935 年第 2 卷第 9 /10 期
全国经济委员会档案管理调查报告	1935 年第 2 卷第 9 /10 期
实业部档案管理调查报告	1935 年第 2 卷第 9 /10 期
市政府档案调查报告	1935 年第 2 卷第 9 /10 期
讨论王文山先生整理档案办法	1935 年第 2 卷第 12 期
铁道部档案管理调查报告	1935 年第 2 卷第 9 /10 期
外交部档案管理调查报告	1935 年第 2 卷第 9 /10 期
外交文书之研究	1935 年第 2 卷第 1 期
文书处理的研究	1934 年第 9 期
文书档案几种处理实例之商榷	1935 年第 2 卷第 4 期
文书档案连锁办法之商榷	1935 年第 2 卷第 4 期
文书档案连锁办法之试验:内政部初期试验之报告	1934 年第 10 期
文书档案连锁办法之讨论（续）	1934 年第 11 期
文书档案连锁试验中之公文用纸改革	1935 年第 2 卷第 1 期
文书改革讨论中的六个问题	1935 年第 3 卷第 1 期
县政府的公文处理	1935 年第 2 卷第 3 期
现行档案制度与其改善方策	1935 年第 2 卷第 9 /10 期
新著介绍和批评:县政府档案处理法	1935 年第 3 卷第 2 期
一个改革"签呈"的试验	1935 年第 3 卷第 3 期
英国整理档案简史	1934 年第 11 期

篇名	刊期
邮政总局档案管理调查报告	1935 年第 2 卷第 9/10 期
邮政总局现行档案管理办法说明书述评	1935 年第 3 卷第 5 期
再论整理档案办法并答张定华君	1935 年第 2 卷第 12 期
振务委员会档案管理调查报告	1935 年第 2 卷第 9/10 期
整理档案办法	1935 年第 2 卷第 9/10 期
整理档案问题之意见	1934 年第 4 期
中央各机关公文处理概况	1935 年第 2 卷第 2 期
中央各机关公文处理概况（续）	1935 年第 2 卷第 4 期

1.2.2　今人研究

（1）较为系统性的代表性成果

袁晓川的博士论文《政治秩序与行政效能：南京国民政府时期公文制度研究》从清末民初公文制度的转型、南京国民政府公文程式的演化、新式公文的推广、公文处理程序的优化几方面详细剖析了南京国民政府时期的公文制度[①]；李章程的《民国时期的公文改革与行政效率（1912—1949）》从公文机构、公文制度、公文处理、公文人员四方面总结了民国不同历史时期文书行政的努力[②]。

（2）公文流转与制度权力关系方面

李文杰从奏折处理方式的角度，论述晚清的垂帘听政、训政、归政、皇帝亲政制度的基本内涵，并试着从清代制度的内在线索对晚清政局的变化进行理解[③]。此外，他还对光绪帝亲政前的习批奏折进行了剖析，得出"不论皇帝爱民、改革等主观意图如何，绝大部分的国事批答，仍依赖旧的官僚体系的经验进行运作"的结论[④]。

---

① 袁晓川.政治秩序与行政效能：南京国民政府时期公文制度研究［D］.济南：山东大学，2016.
② 李章程.民国时期的公文改革与行政效率（1912—1949）［M］.北京：中国社会科学出版社，2016.
③ 李文杰.垂帘听政、训政、归政与晚清的奏折处理［J］.近代史研究，2018（2）：45-67+160.
④ 李文杰.光绪帝亲政前的习批奏折探析［J］.近代史研究，2015（6）：60-75.

（3）文书制度的成效方面

周俊红、袁晓川、沈蕾等基于稽察保密、标点符号、盖印、编号、记时等方面来探究民国时期文书行政的成效[①]；吴宇凡、樊英杰、陈国威等则从个案研究的角度阐释了公文革新与行政效能的关联[②]。

（4）文书传递（传播）运行方面

郑明浩以晚清中朝两国间经由天津海关与朝鲜使臣、统理交涉通商事务衙门、驻津大员间收发传达的往来外交文书为考察起点，分析了这种文书运行体制所体现的"既相互矛盾又带有双重性的'两截体制'外交关系"的特征[③]；周俊红分析了近代中国的公文传递方式由相对简单到多元化，最终又从多元化趋于简单化的两次转变[④]；李章程总结得出民国时期的公文传播具有宣传说服与政治教化、修辞行为与政治灌输、符号意义与政治认同等政治功能[⑤]。

（5）不同政权的文书行政方面

胡明波在其博士论文《建国前中国共产党文书工作的现代化进程研究》中，从静态与动态两个维度探讨了新中国成立前中共文书工作的现代化历程，并对中共文书种类的现代化、文书体式的现代化、文书语用的现代化进行了分析[⑥]。另外，涉及不同时段中共文书工作（包括不同边区）某一层面的还有

[①]　周俊红、阎晓雪.民国前后公文稽察制度和保密制度探析［J］.河北北方学院学报，2008（1）：32-34+41；袁晓川.南京国民政府推行公文标点符号的过程及其成效［J］.档案学通讯，2014（1）：47-51；沈蕾.民国时期的公文编号和记时［J］.档案学通讯，2014（4）：43-46；沈蕾、刘琪.民国时期公文的盖印和署名［J］.档案学通讯，2015（6）：91-94.

[②]　陈国威.抗战时期国民政府侨务委员会公文行政探析［J］.五邑大学学报（社会科学版），2017，19（4）：41-45+91；吴宇凡、陈国琛与战后初期台湾文书改革［J］.档案学通讯，2015（3）：99-104；樊英杰.公文革新与基层政治——公文制度在民国荣县的实践［J］.法律史评论，2017，10（00）：27-43.

[③]　郑明浩.试析晚清时期中朝间公文的传达体系——以天津海关为中心［J］.延边教育学院学报，2013，27（5）：16-20.

[④]　周俊红、于淼.近代中国公文传递方式的变迁及其原因［J］.历史教学（高校版），2008（18）：18-23.

[⑤]　李章程.公文传播与政治权威——以民国为考察对象［J］.档案学通讯，2014（5）：100-104.

[⑥]　胡明波.建国前中国共产党文书工作的现代化进程研究［D］.南京：南京师范大学，2014.

刘迎红、宋健、黄进华、苗体君等人的论文①。韩雪松则对伪满时期的公文的文体、印信制度、文书制度等进行了概括与总结，是目前为数极少的关于伪满文书行政的成果②。

此外，一些硕士论文对近代不同历史时期（政权）的文书处理及制度进行了探究。王舒雅阐述了宗教对太平天国公文内容、语言、制度、文风、传播的影响，分析了太平天国政权利用宗教对公文文种和格式的改造③。林瑜洁叙述了洋务运动时期总理衙门办文系统的机构设置与职官架构，探讨了外交公文人员的选拔、兼差任职、升迁、培养、外交文书的处理制度，并对外交公文的综合运转所体现的新特征进行了分析④。沈悦就南京国民政府对美外交文书（1937—1945）进行了阐述，总结出全面抗战时期国民政府对美外交文书的运转模式和运转特点，即信息获取和外交决策模式、常规与特殊运转方式双线交叉灵活进行和扁平化文书运转方式凸显的运转特点⑤。云南大学刘凯在其硕士学位论文《民国公文规范化进程研究》中指出公文规范有静态规范（文种、用纸、盖印等）和动态规范（处理、流转、人员等）两种，叙述并总结了南京临时政府、北洋政府、南京国民政府三个历史时期公文规范的表现，并得出"民国时期公文规范化开始由'人治'向'法治'转变"的结论⑥。

1.3 近代文书程式与行政效率

近代公文程式的研究成果是较为丰富的，在民国时期介绍公文程式的专

① 刘迎红.抗战时期中共文书档案工作特点浅析［J］.黑龙江档案，2018（5）：56-57；刘迎红.抗战时期抗日根据地文书档案工作特点的动因分析［J］.黑龙江档案，2017（6）：26-27；黄进华.抗战时期中共纪念文书考察——以东北纪念文书为中心［J］.档案学通讯，2017（1）：41-44；薛涛、刘迎红.抗日战争时期中共文书档案工作历史贡献评述［J］.兰台世界，2016（3）：21-23；苗体君、窦春芳.瞿秋白与中共的文书档案工作［J］.南通大学学报（社会科学版），2009，25（3）：89-92.

② 韩雪松.伪满省级公署公文文体与文书制度研究［J］.档案学通讯，2015（3）：95-99；韩雪松.伪满政府公文文体研究［J］.西南交通大学学报（社会科学版），2016，17（3）：121-125.

③ 王舒雅.宗教视野下的太平天国公文［D］.南京：南京师范大学，2011.

④ 林瑜洁.洋务运动时期外交公文研究［D］.南京：南京师范大学，2014.

⑤ 沈悦.南京国民政府对美外交文书研究（1937—1945）［D］.南京：南京师范大学，2015.

⑥ 刘凯.民国时期公文规范化进程研究［D］.昆明：云南大学，2015.

著就多达数百种①，除许同莘的《公牍学史》和徐望之的《公牍通论》外，多为对当时政府公文程式的文本解读，属于知识普及性的成果，涉及公文文种、公文格式等方面的内容。今人的代表性研究成果主要有：

1.3.1　公文文种方面

王铭的《文种钩沉》是代表之作，该书有相当部分内容对晚清民国时期的谕、照会、呈、详、禀、报告、饬、公函、通告等进行钩沉，考其大端，述其由来，勘其用途②。丁海斌使用计量语言学和文本分析的方法，梳理、阐释"文凭"一词在清晚期古今词义的嬗变③。沈蕾、杨霞、侯吉永等对近代公文文种的流变及其规律进行了阐述④。在外交文书方面，主要涉及鸦片战争后照会用途的变迁。代表性成果有：郭卫东以照会为考察对象，条分缕析，详细分析了鸦片战争后"照会"等近代外交公文范式的形成过程⑤；侯吉永也阐述了鸦片战争后外交文书从"谕/禀"范式转换为"照会"范式的转变，伴随而至的是称谓、措辞及话语模式围绕平等理念的全面刷新⑥。在文种及其所负载的历史信息方面，也有部分考辨成果，王开玺以大量的史料为基础，对辛酉政变前后的两道谕旨进行了考证⑦；侯吉永对民国时期的任命状文书进行了考辨⑧。

1.3.2　公文程式方面

沈蕾的《民国时期公文程式研究》为代表，该书共七章，对民国时期公文的文种、署名、盖印、编号、纸式及书写等进行了详细的界定与阐述⑨。沈

---

①　参见袁晓川.民国时期"公文程式"类图书的出版实践［J］.编辑之友，2017（9）：103-108.

②　王铭.文种钩沉［M］.北京：中国档案出版社，2007.

③　丁海斌、康胜利.清晚期"文凭"一词嬗变研究［J］.档案，2016（1）：14-19.

④　沈蕾.民国时期公文文种演变评析［J］.档案学研究，2010（2）：89-92；杨霞.近代以来我国公文文种流变考述［J］.档案与建设，2019（03）：29-32；侯吉永.简述民国平行公文的演变兼论文种演进的规律［J］.浙江档案，2013（8）：44-47.

⑤　郭卫东."照会"与中国外交文书近代范式的初构［J］.历史研究，2000（3）：92-102+190-191.

⑥　侯吉永.简论鸦片战争后清廷外交文书的转型［J］.档案，2014（1）：17-20.

⑦　王开玺.辛酉政变前后两道谕旨考论［J］.历史研究，2012（4）：156-165.

⑧　侯吉永.民国时期的任命状文书考述［J］.档案学通讯，2013（3）：41-44.

⑨　沈蕾.民国时期公文程式研究［M］.上海：上海世界图书出版公司，2014.

蕾、袁晓川等对公文程式的内涵进行了解读①；侯吉永以现代化的视角，对民国公文的文种体系、结构程式、语言程式的变革进行了解读，对阻滞民国公文近代化的因素进行了分析②，还对民国公文的署名盖印、称谓格式、缮写程式、装叙结构、旧式套语、纸式结构等进行了论述③；王芹对民国公文程式演变的内在规律进行了总结，即文种数量"简—繁—简"、文种用途"合—分—合"、反映制度变迁、遵循历史规律④；蒋卫荣、郭添泉以民国各时期的《公文程式（令）》为考察中心，剖析这些变化过程中所体现的文书档案工作的创新与演进⑤。

1.4　文书人员与行政效率

数千年的文书档案变迁历程见证了历代文书人员的心血、智慧与成就，作为我国档案事业的主体之一，迄今与之相关的专题研究仍然十分欠缺（关于古代的幕友、师爷研究相对较多）。

钱志伟考证了近代秘书职名的由来⑥，马晓刚从秘书学的视野出发，探讨了近代幕府的变化与幕友的专业化⑦。

---

① 沈蕾.民国时期的"公文程式"考辨[J].北京档案，2010（2）：12-13.袁晓川.民国时期"公文程式"解读[J].档案学通讯，2013（2）：43-46.

② 侯吉永.中国公文程式的现代化转型研究（1912—1949）[J].档案学通讯，2014（3）：60-62；

③ 侯吉永.南京临时政府档案中的公文纸式及程式变革述论[J].山西档案，2009（3）：13-16；侯吉永.北洋政府时期公文的署名盖印之争[J].山西档案，2010（5）：32-35；侯吉永.试述民国公文称谓格式的演变[J].档案与建设，2011（11）：11-13；侯吉永.试论民国公文缮写程式的演进[J].档案学通讯，2012（1）：46-49；侯吉永.漫谈民国公文装叙结构的演进[J].档案，2012（6）：15-19；侯吉永.简论民国公文的旧式套语及其简化进程[J].档案与建设，2013（6）：11-15；侯吉永.论民国公文纸面结构的演进[J].档案，2013（5）：18-24.

④ 王芹.民国公文程式演变的内在规律[J].秘书，2009（12）：18-20.

⑤ 蒋卫荣、郭添泉.民国时期文书与档案工作的创新与演进——以各时期《公文程式（令）》的考察为中心[J].档案学通讯，2009（6）：87-90.

⑥ 钱志伟.中国近代"秘书"职名的由来（二）——日本明治维新对中国近代"秘书"职名的影响[J].秘书，2017（6）：25-28；钱志伟.中国近代"秘书"职名的由来（一）——对杨剑宇先生《论古代秘书的界定》的补正[J].秘书，2017（5）：23-26.

⑦ 马晓刚.秘书学视野下的清代幕友制[M].银川：宁夏人民出版社，2012.

书吏方面，杨呈胜认为，晚清书吏专权出现了新的特点，即人数扩张、地位提高、职位商品化[①]；黄伟、马伏秋认为，清末新政中，晚清政府对档案管理人员的改革，主要以废除书吏、设置书记员等为主要举措[②]。

幕友的影响力方面，白雪松、李秋生探讨了李鸿章幕友对其洋务思想的影响[③]；冯磊等分析了晚清督抚幕僚对政局的影响[④]；裴燕生等从梁敦彦、王光焕等晚清名幕的个案研究入手，探究其基本活动与幕友生涯[⑤]；眭达明、眭立所著的《清朝三大幕》（江西人民出版社，2015），介绍了汪辉祖、赵烈文、左宗棠从幕的经历，并由此展示腐朽的官场、频仍的战乱与由盛转衰的帝国等较宏大的社会场景。眭达明还在《秘书》杂志发表了介绍曾国藩、曾国荃的秘书班，以及晚清秘书薛福成的系列文章[⑥]；王勇从考辨角度探究了张之洞"废幕友改委文案"，指出：晚清督抚使用属吏入幕府充当文案，已经是当时的一种用人通例。张之洞幕府只是沿用这一成例而已，并无所谓改制问题[⑦]。2012—2013 年，团结出版社出版了近代政坛幕府丛书，侧重故事性、介绍性，包括《曾国藩和他的幕僚们》（马东玉著，2012）、《李鸿章和他的幕僚们》（欧阳跃峰著，2013）、《袁世凯和他的幕僚们》（金竹山著，2013）、《阎锡山和他的幕僚们》（雒春普著，2012）。

---

① 杨呈胜.清代书吏的历史流变［J］.东华大学学报（社会科学版），2005（4）：5-9.

② 黄伟、马伏秋.论清末新政中的档案管理人员改革——以书吏为中心考察［J］.档案学通讯，2014（3）：96-101.

③ 白雪松、李秋生.李鸿章幕友对其洋务思想的影响［J］.廊坊师范学院学报（社会科学版），2010，26（4）：58-61；白雪松、李秋生.李鸿章的幕友与他的"外须和戎"思想［J］.唐山师范学院学报，2010，32（3）：79-81+112.

④ 冯磊、张帆.秘书的影响力——晚清督抚幕僚对政局的影响［J］.中国报业，2011（12）：57-58.

⑤ 裴燕生.清外务部尚书梁敦彦的幕友生涯及《梁敦彦履历》勘误［J］.档案学通讯，2008（1）：86-89；王兴国.晚清湖南知名"绍兴师爷"王光焕［J］湖南科技学院学报，2018，39（2）：68-73；王学斌.晚清"师爷政治"之鉴［J］.领导科学，2015（30）：54-56；何信恩.近现代政要身边的绍兴师爷［J］.文史精华，2006（3）：55-61.

⑥ 眭达明.曾国藩的秘书班子和人数——《曾国藩和他的秘书们》代序［J］.秘书，2017（9）：44-46；眭达明.曾国荃的秘书和参谋不好当［J］.领导文萃，2013（24）：64-67；眭达明.从秘书到杰出外交家——晚清"使才"薛福成［J］.秘书，2009（7）：16-18.

⑦ 王勇.张之洞"废幕友改委文案"说辨析［J］.贵州大学学报（社会科学版），2008（1）：70-75.

　　晚清提塘方面，刘文鹏、李章程分别探讨了清代提塘的职能与运行状况、提塘与公文传递①。

　　太平天国文书人员方面，朱从兵从大量史料校勘与考证出发，探究了太平天国文书人员的组成、人数、配置、来源、地位、作用，以及高层文书人员的命运②。

　　民国文书人员方面，王芹讨论了民国时期文书档案人员的任用、考绩、待遇和培育③；李章程探讨了民国数十年间文书档案人员的称谓、选用、员额、职掌等④。

1.5　电报公文与行政效率

　　十九世纪七八十年代以来，电报自西徂东，开启了中国通讯近代化之路，它是对传统驿递公文方式的冲击与革新。这方面研究主要涉及近代中国的电报建设、电报对政治的影响、电报与社会变迁、电报公文处理、电报人员等。

1.5.1　近代中国的电报建设方面

　　李雪的《晚清西方电报技术向中国的转移》梳理了近代中国电报事业的发生和发展的过程，涉及大北电报公司、津沪电报、中国电报总局等⑤；韩晶的《晚清中国电报局研究》总结了中国电报局这一官督商办企业在晚清 30 多年中的发展历程⑥；夏维奇、王东等人的研究涉及晚清台湾、广州、川藏、新疆、

---

　　① 刘文鹏 . 清代提塘考［J］. 清史研究，2007（4）: 87-91；李章程 . 清代提塘与公文传递［J］. 档案学通讯，2015（3）: 91-95.

　　② 朱从兵 . 太平天国文书制度再研究［M］. 合肥：合肥工业大学出版社，2010；朱从兵、张蕾 . 太平天国前期高层文书人员的命运［J］. 史学月刊，2008（8）: 56-65；朱从兵、张蕾 . 太平天国前期高层官员配置文书人员问题新探——从一则史料的标点谈起［J］. 广西师范大学学报（哲学社会科学版），2007（5）: 113-116；朱从兵 . 太平天国文书人员初探［J］. 广西师范大学学报（哲学社会科学版），1997（4）: 80-86.

　　③ 王芹 . 民国时期档案法规研究［M］. 合肥：合肥工业大学出版社，2010: 136-147.

　　④ 李章程 . 公文传播与政治权威——以民国为考察对象［J］. 档案学通讯，2014（5）: 100-104.

　　⑤ 李雪 . 晚清西方电报技术向中国的转移［M］. 济南：山东教育出版社，2013.

　　⑥ 韩晶 . 晚清中国电报局研究［D］. 上海：上海师范大学，2010.

等地的电报事业历程①。

1.5.2　近代电报对政治的影响

史斌的《电报通信与清末民初的政治变局》分析了电报在清末甲午战争、庚子之变、清末政治危机和民初政治斗争这四段历史进程的介入与影响，总结出电报技术作为政治统治者的话语工具，已经植根于社会土壤当中，承载了超越技术本身的外在价值②。周永明的《中国网络政治的历史考察：电报与清末时政》则从多元学科交叉的角度，探讨了电报与公众舆论、公众参与、民族主义动员中的作用③。此外，夏维奇、史斌等人的论文还从政治生态、近代技术与政治等方面进行了探讨④；谢本书、侯吉永、邓燕等探讨了北洋军阀时期的电报战及其政治表达⑤。

1.5.3　近代电报与社会变迁

夏维奇的《晚清电报建设与社会变迁——以有线电报为考察中心》介绍了有线电报在晚清"拒—迎"之间的变迁过程，并依此探究了科技对于近代中国历史转型的影响⑥；孙藜的《晚清电报及其传播观念（1860—1911）》从传

①　夏维奇 . "缓慢"抑或"迅速"——论民国北京政府时期的电报发展［J］. 历史教学（下半月刊），2015（12）：16-23；伍媛媛 . 晚清时期台湾电报的创办［J］. 中国档案，2018（1）：82-83；曾繁花 . 晚清广州邮政电报肇兴刍论［J］. 重庆邮电大学学报（社会科学版），2016，28（5）：96-101+140；王东 . 甲午战前中朝关系与朝鲜电报线的建设［J］. 史学月刊，2016（6）：51-60；郭海燕 . 李鸿章与近代中朝军事通讯网的建立——以架设朝鲜半岛电报线为中心的研究［J］. 聊城大学学报（社会科学版），2015（6）：69-79；王东 . 边疆危机与清末新疆电报线的建设［J］. 西域研究，2014（1）：62-68.

②　史斌 . 电报通信与清末民初的政治变局［M］. 北京：中国社会科学出版社，2012.

③　周永明 . 中国网络政治的历史考察：电报与清末时政［M］. 北京：商务印书馆，2013.

④　夏维奇 . 从电报建设重心之转移看南京国民政府与现代性追求［J］. 复旦学报（社会科学版），2018，60（1）：81-88；夏维奇 . "政治之利器"：通电与近代中国政治生态的变迁［J］. 历史教学（下半月刊），2014（9）：39-46；史斌 . 论电报通讯与庚子"西巡"——近代中国技术影响政治一例［J］. 科学技术哲学研究，2011，28（3）：102-106.

⑤　谢本书 . 护法时期孙中山与唐继尧的"电报战"［J］. 学术探索，2014（5）：81-85；邓燕 . 电报与北洋时期的政治表达：以国是问题为中心［D］. 武汉：华中师范大学，2013；侯吉永 . 吴佩孚得心应手的"通电"战［J］. 文史天地，2010（11）：28-33.

⑥　夏维奇 . 晚清电报建设与社会变迁——以有线电报为考察中心［M］. 北京：人民出版社，2012.

播学的角度分析了电报的引入对于不同群体传播与实践的影响①。此外，夏维奇、白珩瑶等人还就电报对近代文化、社会生活、舆论、新闻事业等方面的变迁进行了探讨②。

1.5.4　近代电报人员

夏维奇在《保国与保民：抗战时期工薪阶层薪酬之调整——以电报员工为考察中心》一文中，探讨了抗日战争时期，电报员工薪酬不断调整的过程③；史斌在《基于盛宣怀档案的晚清电报洋员研究》一文中，基于盛宣怀档案原始文本，对晚清电报洋员的职掌、政治参与进行了总结，并就电报洋员的多重身份、科技水平、体现的华洋关系与文化碰撞等进行了分析④。

1.5.5　近代电报公文处理

夏维奇和侯吉永分别探讨了晚清电报的引入对于谕旨奏折和公文现代化的影响⑤；夏维奇还总结了晚清电旨电奏的来龙去脉、电报的保密制度⑥；张福通对民国电报日期代用字进行了考察⑦；田素美、高晓波以甘肃档案馆藏资料为分析对象，探究了民国时期电报公文的处理⑧。

①　孙藜.晚清电报及其传播观念（1860—1911）[M].上海：上海书店出版社，2007.

②　夏维奇.电报的引入与近代中国文化变迁[J].学术研究，2017（9）：120-131+178；白珩瑶.媒介发展与社会变革——以电报在近代中西社会的发展为视界[J].新闻研究导刊，2017，8（7）：59-60；乔贺，唐亚明.电报技术对晚清新闻事业的影响[J].编辑之友，2017（1）：92-95；马晓刚.论近代幕府演变中报纸电报的舆论引导作用[J].人民论坛，2014（32）：173-175；夏维奇.近代交际电报的演进与国人生活方式的转型[J].学术研究，2014（5）：90-96+160.

③　夏维奇.保国与保民：抗战时期工薪阶层薪酬之调整——以电报员工为考察中心[J].历史教学（下半月刊），2017（6）：24-33+23.

④　史斌.基于盛宣怀档案的晚清电报洋员研究[J].自然辩证法通讯，2013，35（4）：39-44+126.

⑤　夏维奇.晚清电报的引入对清代谕旨奏折制度的影响[J].历史档案，2009（1）：79-84+110；侯吉永.晚清电报的引入之于公文现代化的意义[J].历史档案，2010（4）：81-87.

⑥　夏维奇.晚清电旨电奏发展述论[J].社会科学战线，2009（4）：124-129.

⑦　张福通.民国时期电报日期代用字考察[J].浙江万里学院学报，2007（6）：22-24.

⑧　田素美，高晓波.论民国时期电报公文的收发处理——以甘肃省档案馆所藏民国电报为例[J].档案，2011（2）：36-39.

2　研究的不足

从上述不完全的统计数据来看，近代文书改革与行政效率的研究，虽吸收了行政学、公文档案学、历史学的理论，强调跨学科之间的贯通研究，但仍存在几个问题。

2.1　研究领域的不平衡问题

这表现为两个方面：第一，目前将近代文书行政作为研究对象的，史学界、档案学界、文学界均有所涉及，但侧重点并不一样。史学界虽然也强调历史文书的重大史料价值，尤重其第一手原生信息，但侧重于两个层面：一是重视历史文书（档案）的资料属性，撷取相应内容来评析历史人物与历史事件；二是重视历史文书（档案）的整理，建立专题数据库，以飨学界。文书研究虽向为档案学界所重视，但多为文本的概括或介绍，在文书信息所体现的更深层次的政治行政制度方面难以鞭辟入里，这与档案学界具有史学背景或从事档案史的研究队伍较为欠缺有直接关系。文学界对近代文书的探究，多侧重于语言风格、写作结构等方面，南师大文学院在这方面的研究呈现出越来越强劲的态势，相关硕博士论文研究成果陆续发表，且研究领域不断拓展。第二，从 2007—2018 年来立项的国字号项目来看，又呈现出较大的不平衡。

表 4　　　　2007—2018 年历史文书类国家社科立项课题

年份	立项课题名称	一级学科
2007	日本外交文书所载有关蒙古史史料及其整理研究	民族问题研究
2008	晚清电报与社会变迁研究——以有线电报建设为考察中心	中国历史
2011	清至民国婺源县村落契约文书辑录	中国历史
2012	文书制度与北宋中枢政务运行	中国历史
	清至民国徽州合同文书的辑释与研究（1664–1949）	法学
	清代至民国清水江流域林业契约文书研究	中国历史

年份	立项课题名称	一级学科
2013	《武义南宋徐谓礼文书》与宋代政务运行机制研究	中国历史
2014	民国山西民间契约文书搜集、整理与研究	中国历史
	近代民间契约文书方俗字词研究	语言学
	新民主主义革命时期中国共产党文书档案工作研究	图书馆、情报与文献学
2015	电报与中国现代国家成长研究（1860–1949）	中国历史
	清至民国时期长芦盐务契约文书的整理与研究	中国历史
2016	清季中央政府的文书流转、政务运作与制度变迁研究	中国历史
	太行山文书所见抗战时期文献整理与研究	中国历史
	中国文书及文书工作的近代转型研究	图书馆、情报与文献学
2017	民国婚俗文书文献整理与研究	图书馆、情报与文献学
2018	广西东部契约文书搜集、整理与研究	中国历史
	汉语史视阈下楼兰汉文简纸文书词汇研究	语言学
	近代文书档案改革与行政效率的互动研究（1860—1949）	图书馆、情报与文献学
	明清华北乡村经济研究及清华馆藏民间文书数据库建设	中国历史

从上表近 10 年来的统计可以看出，在文书（公文）类的 20 项课题里，中国历史有 12 项，占 60%；图书馆、情报与文献学有 4 项，占 20%；语言学有 2 项，占 10%；民族学与法学各有一项，分别占 5%。结合之前的学术成果梳理概况，尽管在这三个主要学科中，关于近代文书行政的研究，历史学的著作数量并不占优势，但在宏大的、深入的研究方面，始终占据龙头地位。

2.2　研究成果的碎片化问题

胡元德指出，近代公文研究"系统性不强"①，整体性、系统性成果甚少，碎片化特征明显。事实上，从 1840 年中国社会巨变至 1949 年这百年间文书行政的横向关联研究、纵向连贯研究确实出现了断裂、断层，缺乏系统性，无法从一个大跨度的历史时期和更全面的视域来理解近代文书改革与行政效

---

① 胡元德 . 近代公文研究述评［J］. 秘书，2018（1）: 3–10.

率，以及近代档案学。从历史分期来看，关于南京国民政府时期的研究始终占据主导地位，这跟近代档案学的产生和发展有关，其余几个历史阶段的研究基础不成体系。就共时性维度而言，晚清时期，既有清王朝的专制统治，又曾出现太平天国农民政权，双方皆有不同程度的文书改革；民国时期，既有南京国民政府政权，又有中国共产党领导的新民主主义政权，还有伪满洲国政权。不同阶级、不同政权所领导的文书改革与行政效率的特征、经验是迥异的，但目前具有共时性维度考察视角的成果仅仅是零星出现而已。

2.3　研究成果的不充分问题

近代文书的研究是一个点面结合的有机体系，从某种程度上说，文书行政就是它的逻辑起点，包括核心概念、理论指导、研究方法、研究内容等。就核心概念来说，虽然档案学界对于南京国民政府时期的行政效率运动研究较多，但几乎都是从近代档案学的诞生角度旁及的，重点在于后者，这就导致了何谓"行政效率"这一问题至今仍未理顺、理清，甚至生搬硬套西方行政学和管理学的术语来解释，结果是能移植却不能再造，收效甚微。而且，由此衍生的近代文书和文书工作在哪些方面能提升行政效率、提升的程度如何等自然也没有一个清晰的判断尺度。就理论指导与研究方法来讲，每个学科皆有自身的一套原理与研究路径，且差异较大，如何就共同的研究取向来融合贯通理论指导与研究方法，从而构造成一个有效的整体性框架路径，仍然在探索的过程中。就研究内容而论，待深入探究的问题还有很多，譬如文书档案人员的研究仍然是一个空白的领域。"一部档案学的历史，也可以看作档案工作者的成长史和生活史。"[①]但迄今对于近代文书人员的称谓、职掌、甄选等仍然没有系统的、完整的、具体的探究，也就无法科学地解读这个群体的历史地位、角色与作用。对此，苏全有也曾指出"近代档案史对于档案管理者的研究较少涉足"[②]。

综上所言，近代文书改革与行政效率的研究既有各相关领域成果的不断

---

① 胡鸿杰.化腐朽为神奇——中国档案学评析［M］.上海：世界图书出版公司，2010：67.

② 苏全有、王海波.对中国近代档案史研究的回顾与反思［J］.历史档案，2012（1）：136–144.

涌现，又有领域隔阂、碎片化和不充分等问题。专题资料库的筹建、学术共同体的建设、《中国档案研究》等为代表的学术集（期）刊交流平台的发展、"学术走进档案馆"① 等或许能为今后中国档案史的研究带来新的变化、收获新的成果。当然，因为本人才疏学浅，既恐挂一漏万，又惧归纳不尽全面与合理，尚请方家多予指正。

---

① 覃兆刿. 让我们走得更近……［C］// 赵彦昌主编. 中国档案研究（第二辑），沈阳：辽宁大学出版社，2016：3-9.

基于文献计量的我国档案文献编纂问题研究述评

任　越

摘要：档案文献编纂学及其实践工作是我国档案学科领域长期持续关注的问题。本文运用 CiteSpaceV 知识图谱绘制与文献计量工具对三十年来我国档案文献编纂问题的研究脉络进行梳理，归纳总结了该问题在我国档案学界研究的进展情况，在分析研究存在不足的同时，指出今后我国在档案文献编纂问题的研究空间与发展趋势。

关键词：档案文献编纂　文献计量　知识图谱　研究进展

"档案文献编纂"问题是我国档案学基础理论与档案实践问题研究的重要组成部分。多年来，来自档案学界的专家与档案实践领域的工作者围绕该问题展开了一系列研究，并取得了丰硕的研究成果。笔者认为运用学术评价普遍使用的知识图谱绘制工具对三十年来我国在档案文献编纂问题的研究成果进行述评，一方面全面梳理该问题研究的演进脉络，有助于相关学者展开针对性的学术研究；另一方面发现该问题研究存在的不足，展望今后问题研究的方向。

1　数据来源及知识图谱绘制工具

笔者以"档案文献编纂"作为关键词在"中国期刊全文数据库""中国优

作者简介：任越，黑龙江大学信息管理学院档案学专业教授，博士。主要研究方向：档案文化、档案价值与档案信息资源规划。 本文为黑龙江省档案局科技项目计划《黑龙江省档案文化产业发展模式研究》（项目编号：HDK2018-33）阶段性研究成果。

秀博士、硕士论文全文数据库"以"篇名"作为检索项进行检索（检索时间：
2018 年 11 月 21 日），共查检出与检索词直接相关的文献 318 篇，经过对文章
内容筛查，共检索出 302 篇学术文献。从查检出的学术文献的发表时间来看，
我国专门针对档案文献编纂问题研究的文献最早发表于 1985 年，由我国档案
文献编纂学界知名学者曹喜琛和韩宝华两位先生撰写，主要探讨了我国档案
文献编纂学学科建设的问题。除学术文献外，笔者以"文献编纂"作为检索
词检索国家社科基金项目数据库，检出 1 项与本选题相关的科研项目，以"文
献编纂"作为检索词检索中国期刊全文数据库，以"支持基金"作为检索项
进行检索，共检出 3 项与课题相关的各级科研立项，其中包括此前检出的国
家社科基金项目。曹喜琛、刘耿生、赵爱国、胡鸿杰等学者相继出版的《档
案文献编纂学》虽为教材，但内容涵盖我国档案文献编纂工作的方方面面，
学术价值较高；梁继红教授出版的《中国档案编纂学史》则从档案编纂工作及
其学术研究史方面进行了系统的梳理。

　　鉴于科研课题与专业著述在数量上较少，难以进行全面的述评，所以笔
者选择对在"中国期刊全文数据库""中国优秀博士、硕士论文全文数据库"
检出的 286 篇文献进行述评。文献计量与知识图谱绘制的工具则选择用来分
析和可视共引网络的信息可视化软件 CiteSpaceV。CiteSpaceV 分析工具可用于
探测和分析学科前沿的变化趋势，为知识领域动态演进的可视化研究提供分
析平台，它能够在绘制的知识图谱上显示一个学科在一定时期中形成若干前
沿研究领域的演进历程。

2　文献检索结果与知识图谱的数据分析

2.1　检索出文献数量与作者发文量统计

　　在绘制知识图谱前，笔者认为有必要对三十多年来我国关于档案文献编
纂问题的学术成果情况进行汇总与梳理，理清学术成果演进脉络，便于知识
图谱的绘制与结果分析。

表 1				CNKI 数据库检出文献量与发文时间统计				
年度	1985 年	1986 年	1987 年	1988 年	1989 年	1990 年	1991 年	1992 年	1993 年
发文量	2	2	6	4	7	3	5	5	3
年度	1994 年	1995 年	1996 年	1997 年	1998 年	1999 年	2000 年	2001 年	2002 年
发文量	13	5	5	11	4	3	11	5	11
年度	2003 年	2004 年	2005 年	2006 年	2007 年	2008 年	2009 年	2010 年	2011 年
发文量	7	4	8	9	22	18	9	13	12
年度	2012 年	2013 年	2014 年	2015 年	2016 年	2017 年	2018 年		
发文量	20	20	14	10	15	8	8		

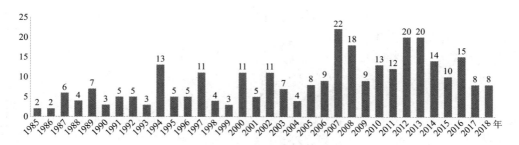

图 1　CNKI 数据库检出文献数量与发文时间柱状图

从表 1 与图 1 检出文献的统计结果来看，我国关于档案文献编纂问题研究的论文最早发表于 1985 年，此后整条曲线图呈现出波浪形的演进轨迹，最近十年来围绕该问题的研究成果逐渐增多。1994 年出现了该问题研究的第一个高潮，《档案学通讯》与《档案学研究》两种期刊共刊发了 8 篇高水平文献，主要围绕前十年我国对该问题研究的进展情况进行回顾与展望，并对档案文献编纂学与档案文献编纂实践的个别问题展开讨论。此后，该问题的研究始终处于相对均衡的发展轨迹。直至 2007 年，该问题在学界的研究逐渐增多，通过笔者对已发表文献详细信息的梳理，文章逐渐增多的原因一方面由于刊载此问题成果的期刊增多，另一方面档案实践工作者发表该问题的学术成果增多。此后十年，该问题的研究成果始终保持年均两位数的发表速度。从文献发表的数量来看，专门针对档案文献编纂问题研究成果数量并不多，学术成果增长的速度不快，但成果数量有逐渐增多的趋势。笔者认为档案文献编纂学本身就是我国档案学科体系中相对小众，且研究难度较大的学科，一方面研究者必须具有较好的史学、文献学、编辑出版学的理论功底，另一方面还要具有相对丰富与成熟的档案文献编纂经验，由此才能形成较高水准的学术成果。因此相关学术成果不多，高水平研究成果更少，这一观点在文献发表作者的统计数据中得到充分的印证。

表 2   文献作者单位类型统计表

机构类型	高校师生	高校档案馆	综合档案馆	企事业单位	政府机构	其他
单位数量	132	68	16	15	9	3

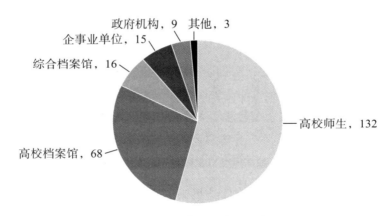

图 2 文献作者单位类型分布图

表 3   高发文量作者统计及其活跃周期表

发表论文数	作者姓名	活跃周期
12	曹喜琛	1985—1989
8	韩宝华	1989—1992 1996—1997
7	丁华东	2000—2002，2008
5	刘耿生	1987，2007
4	赵爱国	1987—1990

发表论文数	作者姓名	活跃周期
4	于元元	2007，2014，2015
4	张关雄	1986，1987，2000，2001
4	王永煜	1989—1994
4	董中印	2005—2006，2013
3	李财富	1994—1995
3	陈愚	2004—2005
3	徐绍敏	1991，2001
3	王云庆	2013—2015

从图 2、表 2 的数据结果来看，围绕档案文献编纂问题发表的学术成果的作者有 85% 来自高校档案学专业师生和档案馆工作人员，来自综合档案馆与企事业单位的作者仅占 10.8%，这就说明开展档案文献编纂工作最频繁的综合档案管理机构与企事业档案管理机构的学术成果更少，反而不经常参与档案文献编纂工作的高校师生发表学术成果更多，这就决定了我国档案文献编纂问题理论研究要远远大于实践研究，宏观指导问题研究大于微观具体问题研究。表 3 数据主要梳理了三十多年来档案文献编纂问题高发文量作者统计及成果活跃周期。从表 3 数据结果来看，曹喜琛、韩宝华两位先生发文量最多，但成果活跃时间相对较早。其部分成果至今仍为学界高频被引论文。其他作者发文量相对比较平均，除于元元、董中印、王云庆三位老师最近三年有相关学术成果外，其他作者的学术成果活跃时间较早，学术影响力难免有限。据笔者对未列入高发文量作者统计的成果分析来看，虽然最近十年相关成果数量较多，但发表 2 篇以上学术成果的作者不多，多数为 1 篇，且发表在高水平期刊上的文献更少。

2.2　知识图谱的绘制与分析

在 CiteSpaceV 的数据分析界面，将来源文献时区跨度设为 1985—2016 年，单个时间分区为 3 年，主题聚类词来源为标题、摘要、系索词与标示符，阈值选择各时区的 30 个高频被引或高频现节点，选择最小生成树算法和合并网络视图。最小生成树是指所有生成树中，根据各节点之间的距离建立不同的连通网络，最后选择的总线路距离最短的连通网络。利用 Samoylenko 等用最小生成树算法对 1985—2016 年中国知网所检文献之间的引用数据进行分析，成功绘制了基于最小生成树的期刊引用关系知识图谱（如图 3 所示），并列出 20 个高频关键词及其核心度（如表 4 所示）。根据知识图谱的分析，笔者将文献关键词分布划分为四个区，分别代表目前国内档案学界对该问题研究的四个方向。

表 4　　　　　　　　　　　　高频关键词表

高频关键词	高频核心度	最早出现年份	关键词
105	0.39	1985	文献编纂
87	0.60	1985	编纂工作
87	0.74	1985	档案文献
62	0.37	1985	档案文献编纂学
58	0.30	2000	档案文献编纂
33	0.17	1985	档案史料
30	0.19	1990	档案信息
18	0.05	2000	编纂
13	0.01	1985	档案编研工作
13	0.13	1985	档案工作
13	0.21	2005	档案
12	0.11	1985	史料编纂
12	0.03	1985	编史修志
11	0.13	1985	开放历史档案
11	0.04	1990	古代档案
10	0.09	1990	档案利用
10	0.03	1995	编研工作
9	0.07	1985	档案系
9	0.02	1990	中国档案文献
9	0.02	1990	韩宝华

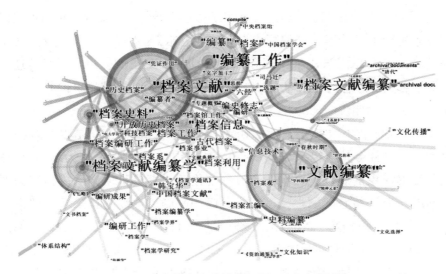

图3 我国档案文献编纂问题研究知识图谱

　　一区：关于档案文献编纂学史和档案文献编纂学科建设问题的研究。档案文献编纂学科是我国档案学科体系中重要组成部分，其中档案文献编纂学史又是其中分量最大、研究领域较广、成果水平较高的部分。档案文献编纂工作自古代社会延续至今，涌现出众多编纂学家，积累了大量的编纂学术思想。通过关键词高频汇聚度分析来看，档案文献编纂学（0.37）、档案文献编纂（0.30）、编纂思想（0.06）、档案编纂学（0.05）为高频关键词。该区学术成果主要包括两个部分：其一，档案文献编纂学科建设与发展对策问题研究，该部分成果延续时间较长，所涉研究问题较多、较杂，研究学者较多，如曹喜琛（1985，2000）①、韩宝华（1989，1992）②、李财富（1994）③、丁华东（2000）④、

　　① 曹喜琛，韩宝华.关于档案文献编纂学建设的若干问题——读《档案学理论与历史初探》之管见［J］.档案，1985（2）：16-17+21；曹喜琛.中国档案文献编纂学的创建——中国档案文献编纂学学科建设的回顾与前瞻［J］.档案学通讯，2000（4）：8-11.

　　② 韩宝华.论档案文献编纂学学科体系的建构原则：兼与赵爱国、卢思君同志商榷［J］.档案学通讯，1989（4）：44-47；韩宝华.回顾与展望：发展中的档案文献编纂学［J］.档案学通讯，1992（6）：20-24.

　　③ 李财富.再论档案文献编纂学体系结构［J］.档案学研究，1994（1）：23-25.

　　④ 丁华东.十年来档案文献编纂学学科发展的几点蠡测［J］.档案学研究，2000（4）：8-10.

胡鸿杰（2003）^①等；其二，档案文献编纂思想史研究，主要研究我国古代档案文献编纂思想史、档案文献编纂成果，如《七略》《六经》等，以及古代文献编纂学者的编纂思想与成果梳理和评价。其中研究孔子、刘向、司马迁、章学诚等学者编纂思想的成果较多，如赵爱国（1994）^②、覃兆刿（1998）^③、李晓菊（2004）^④、梁继红（2007）^⑤等。

二区：关于档案文献编纂对象研究。档案文献编纂工作是以综合档案馆保存和残存于社会其他组织与个人手中的历史文献与现代文书为编纂对象的，对这些编纂对象的属性、真伪、开放程度论证与编纂价值问题成为档案文献编纂问题研究的核心问题之一。通过关键词高频汇聚度分析来看，档案文献（0.74）、开放历史档案（0.13）、档案史料（0.17）、史料编纂（0.11）、中国档案文献（0.02）等关键词共同组成了二区的关键词群。该区学术成果主要围绕档案文献编纂实体问题研究展开，包括历史文献调查、历史档案鉴辨与档案文献编纂价值鉴定等问题，代表学者主要有蒋卫荣（1992）^⑥、覃兆刿（1998）^⑦、成富周（2005）^⑧、李明娟（2016）^⑨等。此外，还有一系列观点与表述包含在三区关于档案文献编纂工作问题研究之中，笔者在此不再赘述。

三区：关于档案文献编纂实践工作的研究。档案文献编纂工作是我国档案管理实践的传统工作环节，也是基于档案信息内容管理的重要组成部分，该区学术成果主要围绕档案文献编纂工作程序、方法与社会评价展开，很多学者从宏观和微观层面阐释了档案文献编纂工作的价值与功能，并对档案文献编纂工作的工作流程，如选题、加工、出版与社会推广等问题提出了切实可

---

① 胡鸿杰.档案文献编纂学评析［J］.档案学通讯，2003（2）：38-41.
② 赵爱国.明清档案文献编纂评述［J］.档案学通讯，1994（1）：52-55.
③ 覃兆刿.胡适档案文献观刍议［J］.近代史研究，1998（2）：154-168.
④ 李晓菊.宋代档案文献编纂研究［J］.档案学通讯，2004（6）：57-60.
⑤ 梁继红.陈垣先生与明清档案文献整理［J］.文献，2012（2）：188-196.
⑥ 蒋卫荣.我国古代档案文献编纂工作漫谈［J］.中国档案，1992（5）：33-35.
⑦ 覃兆刿.我国档案工作早期学欧美及其意义［J］.档案学研究，1998（2）：5-8.
⑧ 成富周.从《抚豫宣化录》看档案文献编纂工作［J］.档案管理，2005（3）：53-54.
⑨ 李明娟.《校雠通义》中的档案文献编纂思想探析［J］.档案时空，2016（6）：14-17.

行的实施策略。通过关键词高频汇聚度与知识图谱绘制分析来看，编纂工作（0.60）、编研成果（0.08）、编纂（0.05）、编研工作（0.03）、选题（0.01）、文字加工（0.01）等均属于该区高频关键词。该区中学者研究较多的问题包括不同类型档案文献编纂方法、档案文献编纂成果选题与知识产权保护、档案文献编纂工作技巧与运作机理等实践问题，其中多数成果的发表时间为近十年，表现出我国学者对档案文献编纂实践问题愈加重视，并能够结合档案文献编纂实例，归纳总结具有指导意义的学术观点与工作方法，代表性学者主要有徐绍敏（1992）①、韩宝华（1997）②、丁华东（2002）③、黄广琴（2002）④、吴建华（2002）⑤、王新才（2006）⑥等。

　　四区：关于当下我国档案文献编纂工作转型研究。虽然我国拥有雄厚的史料编纂基础与丰富的编纂成果，但现代信息技术对传统档案文献编纂工作的影响是显而易见的，信息文化背景下档案文献编纂工作面临着工作理念、思路、程序与方法转型等迫切需要解决的问题。从关键词高频汇聚度与知识图谱绘制分析来看，文化传播（0.06）、信息技术（0.05）、数字出版（0.01）、网络化（0.01）等均属于该区高频关键词。该区学术成果主要围绕现代信息技术影响下我国档案文献编纂工作出现的变化、面临的挑战与工作转型思路展开。一方面从宏观的视角，结合广义的信息技术融入与社会文化推广的社会背景，提出档案文献编纂工作技术转型与文化转型的思路，指出今后我国档案文献编纂工作的主要着眼点，代表性学者有李文以（2008）⑦、丁华东（2008）⑧、胡鸿杰（2010）⑨、曾

　　①　徐绍敏．文书档案和科技档案文献编纂比较研究［J］．杭州大学学报（哲学社会科学版），1991（3）：86–93.

　　②　韩宝华．论档案文献编纂工作的理论基础［J］．档案学研究，1997（3）：12–16.

　　③　丁华东．档案文献编纂的著作行为和著作权利探析［J］．档案学通讯，2002（6）：54–58.

　　④　黄广琴．档案文献编纂选题的优化［J］．档案管理，2002（2）：17–18.

　　⑤　吴建华．从档案文献编纂的窘境说开［J］．山西档案，2002（6）：31–32.

　　⑥　王新才，杨薇薇．档案文献编纂：影响和塑造主流文化的一种途径［J］．图书情报知识，2006（3）：36–39.

　　⑦　李文以．基于现代信息技术条件的档案文献编纂模式探微［J］．档案学通讯，2008（5）：55–58.

　　⑧　丁华东．社会记忆建构：档案文献编纂社会功能的新阐释［J］．北京档案，2008（4）：38.

　　⑨　胡鸿杰．档案文献编纂学新说［J］．档案学通讯，2010（2）：74–77.

莉陈（2010）[①]；另一方面从微观视角，结合信息化、数字化、网络化等专门技术，提出档案文献编纂工作开展的具体策略，代表性学者有董中印（2013）[②]、邓曼（2007）[③]、杨霞（2015）[④]、毛业博（2016）[⑤] 等。该区主要研究成果较新，多数为最近十年内发表，因此关键词汇聚度不高，知识图谱相对简单，但该区研究关注的问题将是未来几年内档案学界持续热议的问题。

3 我国档案文献编纂问题研究的不足与未来发展空间

3.1 研究存在的不足

通过对三十年来我国档案文献编纂问题论文高频关键词的汇聚度与知识图谱的分析，笔者认为目前我国档案学界对档案文献编纂问题的研究存在着以下四个方面的不足：

3.1.1 从该问题的整体研究状况来看，当前我国专门研究档案文献编纂相关问题的学者不多，持续性、系列性研究成果较少。从表 2 可以看出，三十年来，专门从事该问题研究的学者不足二百人，而且高校师生及其档案馆工作人员在全部发文作者中占绝大多数。高校师生主要从事档案学高等教育、科研与研习工作，很少真正参与档案文献编纂工作，高校档案馆因档案资源有限，开展档案文献编纂工作机会不多，而真正长期从事档案文献编纂工作的档案从业人员的发文数量与频率并不高。同时，70% 以上的作者仅发表过 1 篇文章，高发文量作者不多，且很多持续性成果年代较早，对现实档案文献编纂工作难以起到指导作用。从承担学术课题方面来看，国家级和省级以上

① 曾莉陈 . 大众文化传播视野下的档案文献编纂理念研究［J］. 北京档案，2010（8）：17–18.
② 董中印 . 网络环境下档案文献编纂的相关法律问题［J］. 池州师专学报，2006（6）：31–32+38.
③ 邓曼 . 传统与现代：我国当代档案文献编纂的发展趋势研究［D］. 安徽大学，2007.
④ 杨霞 . 数字出版语境中档案文献编纂的新变革［J］. 档案与建设，2015（4）：24–28.
⑤ 毛业博 . 基于信息技术变革的档案工作发展审视——互联网环境下的档案文献编纂工作研究［J］. 兰台世界，2016（9）：16–18.

相关科研项目较少，档案行业内承担国家级档案文献整理与编纂的课题不多，反而史学学科、历史文献学科相关学者却承担此类课题。由此，笔者认为国内档案文献编纂问题研究人才储备不足，研究人员对档案文献编纂实务工作参与度不够，对学术问题的敏感度与把握能力有待提高。

3.1.2 学术研究过多偏重档案文献编纂学与古代档案文献编纂学史的研究。从对查检出相关文献的主题内容分析来看，档案文献编纂学科剖析、我国古代档案文献编纂史、古代档案文献编纂学者思想等问题研究约占整体发文数量的 74.5%。虽然我国有相对成熟的档案文献编纂学理论和丰富的编纂思想史，档案文献编纂学科建设相对具有学科代表性，但长时间囿于此类问题的研究，将会引发两种结果。其一，大部分作者对编纂学史与学者编纂思想的研究存在大量重复性研究，这一点已经在当前国内档案学界频繁出现，如至少有 3 位不同时期的作者对孔子的编纂思想做过梳理与阐释，结果基本思路与观点趋同；又如至少 4 位不同时期的作者对我国宋代时期档案文献编纂工作进行过梳理，结果同样趋同。其二，学理性与叙史性成果居多会分散学界对档案文献编纂实务工作的关注，不仅不容易发现新的学术增长点，还限制了该学科研究的纵向扩展。该问题的出现也与档案实践工作者发文数量不多有关。

3.1.3 针对档案文献编纂实务操作的学术成果不多，标志性成果较少。档案文献编纂工作程序相对复杂，工作量大，不同类型编纂成果与选题的编纂方法不同，古代档案文献编纂学家的编纂思想多是从档案编纂实务工作出发总结出的规律，而目前国内在该问题的研究上重理论，轻实务已成为普遍现象。虽然部分作者对档案文献编纂选题、文字加工与鉴辨等问题做过完整性的梳理，但成文时间较早，无法配合目前档案文献编纂工作的开展，而结合当前档案文献编纂工作背景与条件，如信息技术、数据库技术、网络编研、数字出版等问题的研究成果相对较少，且选题大多是一次性选题，缺少对前沿性问题持续跟进、系统研究的文章。此外，也有学者从文化功能、社会文化传播、文献资源开发等方面开展了一些研究，但研究成果宏观指导性较强，缺乏实际操作的论证，且标志性成果不多。

3.1.4 多数成果来自档案学科内或档案实践领域，跨学科、交叉学科研究成果较少。档案文献编纂是一项需要由多个学科门类共同参与的工作，其中需要由档案学科为编纂工作提供系统的、有序化的档案资源支持，由历史学科提供档案鉴辨与历史史实梳理工作，由编辑出版学科提供档案文字编排与后续装帧出版服务，等等。因此，档案文献编纂学科研究不是档案学科自家的问题，更需要其他学科知识与实践的支持，而且还需要档案学者引入其他相关学科的知识，以跨学科的视角分析档案文献编纂学科发展与档案文献编纂工作内容的设计。目前，这种跨学科、交叉学科研究在我国档案文献编纂问题研究中比较鲜见，这在一定程度上限制了学者对该问题研究的思路与视角。

3.2　未来研究的空间与发展趋势

3.2.1　新技术环境下档案文献编纂工作转型研究

　　档案文献编纂是我国由古至今延续传承的一项重要的文献梳理与编纂加工的工作。受传统档案文献观念影响，档案文献编纂必须遵循古训古制，以纸质文献为基础开展档案文献编纂选择、材料择取与编辑加工等工作。但随着现代信息技术的普及和文化产品宣传方式与策略的变革，传统档案文献编纂工作的观念、思路与形式受到了极大的冲击。由此，围绕新技术环境下档案文献编纂工作转型问题自然成为近一阶段该领域的研究重点与热点问题。从文献梳理与知识图谱绘制来看，最近几年陆续有一些学者围绕上述背景展开了一些研究，且研究深度与广度逐渐加强。未来学界对该问题的研究可以从以下三个方面展开：其一，信息技术背景下传统档案文献编纂工作程序的变革研究，如档案文献编辑加工的技术标准与软硬件参数要求、数字环境下编纂文献的查找、附设资料与信息的链接与评价等。其二，新媒体环境下档案文献编纂产品的社会推广问题研究，档案文献编纂成果需要及时向社会公众开放，而新媒体的出现缩短了档案文献编纂成果与公众之间的距离，且使档案文献编纂工作思路从编纂大部头文献史料转变为以新媒体推广为主的主题式文献片段编纂，这种编纂成果社会推广的方式需要由学界和实践领域工作者共同论证与实施。其三，档案文献编纂成果出版与展示技术问题。数字出版已在国内外出版行业迅速普及，数字出版对档案文献编纂成果的出版以及编纂成果的数字展示、网络编纂等问题将会成为档案文献编纂工作未来将要完成和解决的主要任务。

3.2.2　档案文献编纂学科理论的深度挖掘与向外拓展

正如前文所述，三十多年的档案文献编纂学的研究已为学者勾勒了一幅相对完整与全面的档案文献编纂学科的框架蓝图，并做好了充分的理论准备与成果支撑。未来学界对档案文献编纂学的研究可以对学科理论的深度与覆盖面进行拓展与挖掘。针对古代档案文献编纂学理论研究方面，国内对古代档案文献史料与编纂学者思想的研究已十分全面，这个方向的研究将可以从不同编纂学者思想比较、阶段性档案文献编纂学史梳理、古代档案文献编纂理论范式等问题展开。现代档案文献编纂学理论的研究可以从以下两个方面展开：其一，档案文献编纂工作的文化属性与文化功能研究。丁华东教授认为："档案文献编纂作为一种开发档案文化信息资源的活动，……无论从编纂过程还是从编纂成果看，档案文献编纂在文化建设方面都表现出很强的直接性，作为文化建设的一个组成部分，独立地发挥着积累、缔构和传播人类文化的作用，具有独立的文化功能。"[①] 档案文献编纂工作是社会档案文化观念养成与普及的关键环节，对档案文献编纂工作中包含的文化选择、文化传播、传统文化传承等方面的研究需要学界对其进行展开。其二，国外档案文献编纂学理论与实践问题研究。由于国外档案文献开放程度较高，档案数字化、著录与检索的覆盖面较广，其中档案文献编纂与出版的诸多环节与我国档案文献编纂工作存在较大差异。据笔者对国外文献的梳理，国外档案文献编纂工作主要表现在档案文献史料梳理与后期编辑加工，由于主要利用对象以历史学家为主，所以档案编纂形式以史学研究的需要为基础进行。很多国外历史学家利用已公布或由档案馆提供的档案史料对西方国家历史进行编纂。对国外档案文献编纂工作的关注与研究一直在国内档案学界处于空白的状态。未来国内学者需要对国外档案文献编纂工作服务与参与史学研究、档案文献编纂方法、史料摘取与分析等方面的问题开展比较与实证性研究。

---

① 丁华东.档案文献编纂的文化功能及其发挥［J］.档案学通讯，2001（5）：18-21.

3.2.3　倡导档案文献编纂学交叉学科研究

交叉学科研究是当下国内外人文社会科学研究所提倡的一种综合性和创新性的研究方法。正如前文所述，档案文献编纂学就是一门集多门学科于一体的复杂性学科，档案文献编纂工作是一项需要多门学科共同参与的综合性工作。融入多学科的理论与观点，能够更好地拓展档案文献编纂学科的学科范畴，引入多类型相关学科实务工作技术与方法，能够进一步弥补档案文献编纂实务工作的不足。未来档案文献编纂学研究要在进一步巩固学科基础前提下，适当结合以下三个学科开展交叉学科问题研究：其一，历史学科。档案文献编纂的对象主要以历史档案与文献为主，而其最直接的受益者就是专门从事史学研究的学者。目前，历史学科参与档案文献编研的学者较多，大部分都是以自身学科为基础开展相关史料文献的收集、整理、编纂与研究，我国档案学者主动参与史料文献编纂的情况比较少见，而国外已成为常态。由此，档案学者结合史学研究热点、焦点与空白点，开展相关档案史料整理与编纂，此项研究应该成为一种常态。其二，编辑出版学科。档案文献编纂者利用档案学科理论与方法对档案进行收集与整理，那么编辑与加工则需要结合编辑出版学科的知识。不同于一般书籍编辑出版流程，档案文献编纂需由档案管理机构直接参与编纂，因此，从编纂成果选题、档案史料加工、版面设计、书刊发行等问题均需要档案文献编纂人员关注和全过程研习。档案文献编纂学结合编辑出版学将重点关注档案编纂成果从选题策划到成果发行全过程程序的设计与技术环节要求。其三，传播学科。档案文献编纂成果最终要面向公众，如何借助现有媒体通道将编纂成果传播给社会公众是今后档案文献编纂学研究所要解决的首要问题，这就必须要借鉴传播学中关于传播媒介选择、受众媒介与喜好选择、新媒体手段应用等方面的观点。特别是前文提到的网络媒体技术为档案文献编纂成果带来巨大的传播空间，如何用好网络媒体提升档案文献编纂成果受众度，档案文献编纂工作又如何消化网络媒体技术带来的红利，都需要从两个学科的视角给出确切的答案。

档案文献编纂学是我国档案学基础理论体系中的传统学科，更是优势学科。三十多年的学科积累与发展促生了当下丰富多样的学术成果。回顾过去是为了更好地规划未来，档案文献编纂问题的研究需要学者们用深邃的学术视角去描述更深奥的研究对象，在辽阔的学术视野中去阐释更广袤的学科问题。

档案管理

沈阳市档案馆藏红色档案的整理、开发与利用

周媛媛

摘要：沈阳地区红色档案是记录中国共产党在沈阳活动历史的原始记录，是沈阳地区红色历史和红色文化得以传承的珍贵记忆。多年来，沈阳重要红色档案经过广泛征集、系统整理，已形成一系列基础性成果，为沈阳地区深化红色文化研究、开展"四史"教育提供了可靠的历史素材。本文对沈阳重要红色档案的整理与开发情况进行探讨，对全媒体技术环境下的红色档案应用实践进行分析，以期能够全面梳理沈阳红色档案资源，为其更好发挥红色档案多重价值、推动沈阳地区红色历史研究及服务我市中心工作建言献策。

关键词：红色档案　整理　开发利用　建议

档案资源是一座城市最独特的文化资源。从记录红色历史的角度来讲，红色档案是中国共产党在各个阶段历史和文化得以记录的原始形态，真实记录了党领导沈阳人民抵御外敌、寻求解放、投身新民主主义革命和社会主义建设的全过程。不仅包括沈阳人民在日军侵华过程中所遭受的屈辱，更记录了在中国共产党领导下的沈阳人民奋起反抗、驱逐列强、百舸争流、建设家乡的辉煌历史。

我国实行集中式档案管理体制，档案工作按照"统一领导，分级管理"

作者简介：周媛媛，沈阳市档案馆（沈阳市文史研究馆）副研究馆员、主任科员，主要研究方向：历史档案整理与编研。

的组织原则，中国共产党在沈阳所形成的重要红色档案主要由市级综合性国家档案馆（即沈阳市档案馆）保管。市档案馆履行"为党管档，为国守史，为民服务"的政治使命，始终将"两个维护"作为首要任务，维护党和国家的历史真实面貌。

1 沈阳地区的红色档案资源的留存情况

沈阳地区的红色档案资源，从严格意义上讲，新民主主义革命时期及新中国成立后社会主义建设时期，在中国共产党领导下的沈阳人民政权、机构、军队、团体、企事业单位所形成的档案都应涵盖其中。为使探讨更具针对性，本文仅对沈阳市档案馆所保管的重要红色档案进行重点探讨，其留存情况与以下几个方面历史因素与客观现实状况有关：

1.1 与中共地方组织在沈阳的建立和发展进程有关

1925 年 9 月，中国共产党在沈阳的第一个地方组织——中共奉天支部成立，沈阳地区才正式形成反帝反封建斗争的坚强领导核心。此前，从 1921 年中共一大作出在全国发展党组织工作的决策到 1922 年皇姑屯修车厂成立秘密党小组、1923—1924 年陈为人在沈阳开展革命活动、1925 年组建皇姑屯铁路修车厂党支部等党的早期活动，都因军阀镇压和敌我矛盾尖锐没能形成持续性、规模性影响，也没能留下可供日后查考的原始记录材料。中共奉天支部成立后，沈阳地区党建工作取得显著成绩，领导奉天制麻株式会社、奉天纺纱厂、奉天英美烟草公司、满蒙毛织株式会社、中俄烟草公司等开展了数次罢工斗争。由于革命斗争的需要，上级党组织对沈阳的党组织负责人调动频繁，在一定程度上影响了这一时期沈阳地区党的档案资料的积累与保存。其后，沈阳反帝反封建斗争发展曲折，党的基层组织屡遭破坏。1927 年 10 月中共满洲省委临委成立前，沈阳的基层党组织基本处于分散状态。1928 年 12 月，中共满洲省委被敌破坏，省委书记陈为人被捕，沈阳地区党组织受到极大影响，所形成的档案更无留存。虽在 1929 年 6 月刘少奇出任中共满洲省委书记后，党组织得到短期迅速恢复和发展，但随着 1930 年 3 月后党中央对满洲省委的改组及其后"左倾"革命方针的错误影响，党在沈阳的力量日益薄弱，发展艰难。1931 年 4 月中共满洲省委常委兼任奉天市委书记后，沈阳的基层组织得到一定程度的恢复和发展，但其后爆发的九一八事变又破坏了其间形成的档案资料。九一八事变后，东北沦陷，中共满洲省委屡遭破坏，后北迁哈尔滨。沈阳地区在抗日战争的十四年期间由中共奉天市委改组而成的中共奉天特委领导，其对东北抗日义勇军、辽宁民众自卫军等抗日队伍发出号召，经过艰辛的努力和创造性的工作，实现了对沈阳及整个南满地区抗日义勇军的领导。此后党领导沈阳人民和抗日武装力量在日伪统治中心坚持斗争，直到 1945 年日本投降、沈阳光复。此十四年间，沈阳地区党组织虽发展壮大，但因战争原因，档案资料大多未能幸存。沈阳解放后，中共沈阳市委因苏联与国民党政府签订的《中苏友好同盟条约》进行战略转移，进而通过地下斗争开展工作直至 1948 年 11 月沈阳解放。在此期间，我党沈阳市委领导人民与国民党反动派开展斗争，留存有相当数量的革命历史档案，如 1945 年沈阳第一次解放时期各界代表大会的会议材料，沈阳秘密市委工作总结，组织人员登记表，地工人员登记表，沈阳解放前后地下党群保护资料统计表，秘密党员教育大纲，东北局工作总结，沈阳市学运材料，中央、东北局、中共辽东省委、辽宁省委、辽宁省政府、二地委、沈阳市东南郊分委关于组织机构、建党、整顿组织、物资管理、支前组织及关于发动群众、减租斗争、反奸清算、制止内战、开展和平运动的指示等。新中国成立后，沈阳党政机关相继恢复正常运作，按照规范的档案制度陆续形成并积累下大量档案资料。党组织早期散失和被破坏的档案也经档案部门、党史部门等的抢救性征集，以当事人回忆录、口述档案等形式得到了一定程度的弥补。二十世纪五六十年代中共沈阳市委曾专门成立中共沈阳市地方党史编写小组，通过采访亲历者或委托亲历者所在的单位、地区党组织进行调查，集中呈现了东北抗日义勇军、抗日联军的亲历者或知情人的抗战经历，形成了党在沈阳建立和发展历史的较为完整的记录。

1.2 与党政机关档案管理制度的形成与确立有关

1959 年 1 月，中共中央发布《关于统一管理党政档案工作的通知》，确立了我国集中统一管理档案的原则与体制，结束了党、政机关档案各自为政的管理状态。此前，早期成立的党的机关并未制定规范的档案管理制度。1923 年，党的第三次全国代表大会建立秘书制，规定由秘书负责党的机关档案管理。1926 年 7 月，党的四届三中全会增设中央秘书处，在秘书处内设置专职文件保管部门负责管理档案，并初步制定了党的机关档案管理制度，其后各省委也相继效仿。在此阶段，沈阳地区并未成立相应建制与规模的党组织，因而未有在此制度下形成并积累的档案。1931 年后，党中央为适应地下斗争需要，制定《文件处置办法》，规范档案管理制度，并成立专门机构先后两次开展了红军历史档案资料专项征集工作。1935 年 12 月，中共中央政治局瓦窑堡会议恢复中央秘书处建制，在秘书处内设立材料科负责中央书记处和有关部委档案的集中管理。1941 年，材料科制定《党务材料管理法》，对档案开展规范化分类、立卷编目等工作，并同步建立了档案接收、移交、借阅等制度。在此期间，沈阳地区因处于日伪沦陷区，党的档案未能真正意义上按照以上规定进行规范化管理，所形成的档案也未有成熟条件得以规模性整理与保存。解放战争开始后，中共中央开始对各根据地档案进行疏散转移。1947 年 4 月，刘少奇、朱德联名印发《对于处理文件之决定》，对革命根据地所有档案进行分类整理，形成了系统的中共中央档案。这一时期的沈阳由于长期处在革命斗争和战争之中，档案管理制度不健全，档案保管分散，档案留存状况未能尽如人意。新中国成立初期，在借鉴苏联档案管理经验的基础上，我国初步建立起党政机关档案管理制度。1955 年 1 月，中共中央印发《中国共产党中央和省（市）级机关文书处理工作和档案工作暂行条例》，包括沈阳在内的党的机关档案进入常态化、规范化管理阶段。

1.3 与沈阳市档案专门保管机构的设置与沿革有关

沈阳市档案馆是沈阳地区保管党的档案的专门机构。1959 年 2 月，中共沈阳市委根据中共中央和中共辽宁省委关于统一管理党政档案工作的指示精神及沈阳党政机构日益增多的档案状况，批准成立沈阳市档案管理处，增设档案馆筹备科负责市档案馆创建工作。筹建内容之一就是将中共沈阳市委等单位作为试点开展档案接收工作，接收市委所接管的革命历史档案、旧政权档案和已形成的党的档案。1960年5月，中共沈阳市委、市人民委员会批准成立沈阳市档案馆。1961年5月1日，沈阳市档案馆正式开馆，履行"为党管档"职责。沈阳市档案馆建馆至今60多年来，为党的档案管理工作做出了巨大贡献。开馆初期就利用馆藏档案编制1946—1948年国民党统治时期《敌伪档案材料介绍》作为内容材料用以资政参考。1963年，市档案馆根据中共中央1956年批准的《党的机关档案材料保管期限表》，参照省委办公厅编制的《市委机关档案材料保管期限表》，结合沈阳市党的机关工作任务、职权范围、文件特点等具体情况，编制我市《党的档案材料保管期限一览表》，进一步推动了沈阳地区党的档案的规范化管理。1966年"文革"开始后，市档案馆在逆境中坚决贯彻中央、国务院关于确保档案材料安全的规定，及时、妥善地将馆藏档案转移到市委机关战备后库保存。1971年，根据省市革委会战备工作指示精神和相关要求，市档案馆对馆藏市委、市人民委员会新中国成立后17年的定期档案开展了大规模鉴定销毁工作。1978年党的十一届三中全会后，市档案馆恢复常态工作，至今已陆续形成中国共产党沈阳市委员会全宗，中国共产党沈阳市委员会、沈阳市革命委员会联合全宗、中共沈阳市南市、北市、北关区委员会全宗、中共沈阳市东、南、西、北郊区委员会全宗指南、沈阳县党群部门全宗等近20个党委及有关部门全宗。

2 沈阳重要红色档案的整理情况

沈阳市档案馆作为集中统一保管全市党政档案的基地，同时也承担对档案的整理及信息开发利用职能。在市档案馆馆藏500余个全宗、60余万卷档案以及数量众多的图书资料、报纸期刊、照片档案、声像档案和口述档案中，党政机关档案作为档案馆核心数据资源，最先完成了纸质档案的数字化加工转换工作，建立了相应的基础数据库，应用数据库建设也陆续提上日程。

基础数据库建设。自 2010 年起，市档案馆全面启动馆藏档案数字化工程，现已完成馆藏档案目录数字化工作，共著录馆藏重要及利用频繁的档案 24 万卷、1014 万条。截至 2019 年底，共完成馆藏 31.77 万卷、2.2 万件全文数字化工作，形成原文数据 4178 万页，形成了具有相当规模的基础档案数据库，其中馆藏党委机关档案基础数据库（包括目录数据库、全文数据库）建设目前已全部完成。

应用数据库建设。在基础数据库基础上，市档案馆近年通过对档案数据资源的同步系统梳理，以项目和专项工作带动专题应用数据库建设。自 2017 年起，已陆续建立了众多专题应用档案数据库，其中包括抗战历史文化名城专题数据库、东北抗日义勇军（东北抗日联军）亲历者回忆录档案数据库等。其中具有代表性的是，市档案馆利用现有的 128291 件革命历史档案，建成了涵盖馆藏 51 个全宗的单机版革命历史档案专题数据库。

在档案数据库建设过程中，经初步梳理，沈阳红色档案可以按照以下主题、专题继续进行深入挖掘与整理。

2.1　反映沈阳抗战背景的档案资料

有关皇姑屯事件的档案资料。这部分档案主要涉及：皇姑屯事件发生前国内形势及日本在沈阳筹谋情况的档案资料，反映张作霖生平履历的档案资料，皇姑屯事件前后反映张作霖息争退出京师、在三洞桥被炸遇难、奉天当局秘不发丧的档案资料，宣布张作霖去世消息的档案资料，反映张作霖丧礼情况的留影、公文，张氏帅府丧礼筹办处编印的反映张作霖丧礼情况的汇编——《张大元帅哀挽录》，反映张作霖周年祭奠、奉安仪式的档案资料，反映日方掩饰栽赃及奉天当局调查情况的档案资料，反映社会各界揭示皇姑屯事件真相及张学良子承父业、东北易帜的档案资料等。

有关九一八事变前日本在奉天的侵略活动档案。这部分档案主要为民国时期沈阳县公署档案。这部分档案真实记录了九一八事变前，日本在奉天地区的侵略活动，包括掠夺土地矿产资源，欺压、杀戮中国人，非法设置警察机构破坏中国主权，频繁进行军事演习，以"游历"等名义大肆收集中国情报，发行伪钞破坏金融秩序，以及有计划地开展移民活动等，以铁的事实揭露了九一八事变就是日本蓄谋已久的侵略行径。

2.2　反映东北抗日义勇军和东北抗日联军的档案资料

市档案馆馆藏 D1 号中国共产党沈阳市委员会全宗内有一定数量有关东北抗日义勇军和东北抗日联军的档案。这部分档案是 1960—1968 年间由中共沈阳市地方党史编写小组和中共沈阳市委党史研究室分别编纂而成的，其内容主要包括：有关抗日义勇军第十五路军活动情况的档案资料、有关抗日义勇军攻打沈阳和抗日救国会情况的档案资料、有关抗日义勇军进攻机场的情况的档案资料、有关苏家屯区抗日义勇军斗争情况和党在义勇军中的工作情况的档案资料、有关新城子地区抗日义勇军活动情况的档案资料、有关辽中地区抗日义勇军情况的档案资料、抗日义勇军活动回忆录、东北抗日联军活动回忆录、东北抗日联军烈士材料等。

2.3　反映抗战结束后审判、改造日本战犯的档案

此部分档案主要涉及 1946 年 2 月 1 日国民政府在沈阳设立了东北行辕日本战犯拘留所、1946 年 4 月被国民党沈阳市政府接收改组成立沈阳市地方法院、1946 年 7 月至 1948 年 1 月军事法庭开庭审判日本战犯、1946—1947 年日本战犯被国民政府主席东北行辕审判战犯军事法庭判处死刑、有期徒刑等事件，基本内容包括：

有关日本战犯罪行的档案。该部分档案为判决书正本，据档案内容所示，涉及数名日本战犯资料及其对中国人民滥施酷刑、杀人、抢劫、破坏财产等罪行，如伪满陆军步兵第十七团第三营营长木村龟登在其伪营长任内大肆淫威，用成股线香遍体烧烤、逼迫中方甲长交巨款的罪行等内容。

有关国民政府主席东北行辕军事法庭审判战犯情况的档案。如馆藏历史档案 L25 号沈阳市地方法院全宗第 15 卷及国民政府主席东北行辕审判战犯军事法庭羁押战犯人数统计表等。

有关日本战犯名单以及与东北有关战犯名单的档案。如馆藏历史档案 L1 号沈阳市政府全宗中有国民政府所发第十、十三、十四批日本战犯名单以及与东北有关战犯名单表等。

新中国对日本战犯改造档案。沈阳市档案馆馆藏档案有最后一批被释放的三名日本战犯斋藤美夫、富永顺太郎、成野宏于 1964 年 3 月 6 日——11 日到沈阳等地参观的档案共六件，如沈阳市红十字会"关于安排日本三名战犯释放后来沈参观活动的意见"、"日本战犯在沈阳活动情况简报"（共五期）等。

2.4　反映新民主主义革命时期的革命历史档案

有关中共满洲省委和中共奉天市委、特委抗战活动的档案。此部分档案收录于沈阳市档案馆馆藏 D1 号中国共产党沈阳市委员会全宗中，皆为中华人民共和国成立后形成、收集并整理而成。反映中共满洲省委组织和活动情况的档案主要以回忆录形式，记录中共满洲省委在抗战时期组织活动情况。

有关沈阳解放时期民主政府及地下党群工作的档案。这一段历史在沈阳市档案馆馆藏 D1 号中国共产党沈阳市委员会全宗、D55 中共沈阳市委党史研究室等全宗中得以记录。反映沈阳民主政府工作情况的档案是中共沈阳市委党史研究室于不同时期形成并整理而成的，记录了解放战争时期沈阳民主政府的工作情况。

有关沈阳地区土改情况的档案。此部分档案是中共沈阳市委农村工作委员会等机构于 1946—1949 年间形成的沈阳地区土改情况的记录，如中共辽宁省委会秘书处关于土改及 1948 年春耕生产指示、土改工作总结报告表、土改后群众生产情况等内容。

有关辽沈战役和接收沈阳的档案资料。反映辽沈战役情况的档案主要是中共沈阳市委党史研究室整理的 1948 年形成的相关档案，主要包括 1948 年沈阳解放前后大事记、毛泽东关于辽沈战役的作战方针等；反映沈阳接收情况的档案主要是馆藏 D1 号中国共产党沈阳市委员会全宗、Z1 号沈阳市人民政府全宗中收藏整理的 1948 年—1949 年沈阳接收过程中各方面相关记录。

2.5　反映新中国成立后社会主义建设的档案

这部分档案主要是中华人民共和国成立后，沈阳人民在党的领导下进行社会主义建设的过程中在各领域所形成的档案，其主要内容包括：

有关沈阳历次党代会及党组织建设情况的档案。此部分档案包括符合进馆年限的历次中国共产党沈阳市代表大会的档案资料。

有关抗美援朝情况的档案此部分档案主要反映沈阳各行各业支援抗美援朝、保家卫国期间所形成的各种记录，如：中共沈阳市委会宣传部关于抗美援朝战争函等。

有关新中国成立初期稳固社会主义制度的档案。此部分档案主要反映1950至1952年间为巩固新生人民政权，沈阳市开展镇压反革命运动和"三反""五反"斗争的材料。

有关社会主义计划经济建设发展的档案资料。这部分档案主要涉及以下几个主题：反映社会主义改造情况的档案资料、反映沈阳计划经济建设总体情况的档案资料、反映沈阳重点工程建设情况的档案资料、反映沈阳劳模精神的档案资料。

有关社会主义市场经济建设发展的档案资料。这部分档案主要涉及以下几个主题：反映沈阳改革开放及深化改革的档案资料、反映经济体制改革和经济战略调整的档案资料、反映老工业基地调整改造和全面振兴的档案资料。

有关新时代中国特色社会主义建设发展的档案资料。这部分档案主要涉及以下几个主题：反映落实习近平生态文明思想的档案资料、反映沈阳城市发展印记和历史万象的档案资料、反映新中国成立70周年沈阳城市建设成果研究的档案资料、反映改革开放40周年建设成果研究的档案资料、反映建党100周年建设成果研究的档案资料。

3　沈阳重要红色档案的开发利用情况

多年来，沈阳市档案馆陆续接到了大量来自党政机关和社会各界对沈阳红色档案的查档需求，通过服务用户形成了相当数量的档案利用成果，同时也通过自身开展工作履行了档案部门"为党管档"职能，形成了一系列深受好评的档案编研成果。

3.1 社会各界对沈阳红色档案开发利用情况

3.1.1 党史、文史研究部门

中共沈阳市委、区委党史研究室。近年来，中共沈阳市委党史研究室、各区县（市）党史研究室多方查档、查找征集史料，梳理出我党在沈阳建设发展的历史，编辑出版了一系列包括抗战史在内的党史研究成果。其中有代表性的包括：《中国共产党沈阳历史》《中国共产党沈阳简史》以及中国共产党沈阳市各区县历史。中共沈阳市委党史研究室还围绕抗战主题出版了《中共满洲省委革命活动图片册：纪念中共满洲省委成立 70 周年》等多部抗战专题著述。

政协沈阳市委文史资料研究委员会。二十世纪八九十年代，政协沈阳市委文史资料研究委员会依其职能，搜集中共近代史、现代史及革命史资料并编辑《沈阳文史资料》二十余辑，收录了大量以抗战历史和抗战文化为主题撰写的文章。1982—1983 年还根据中共中央和中央军委关于征集党史、军事资料的指示，组织许多革命老同志撰写革命回忆录，出版了《革命回忆录专辑》《革命史料专辑》等。

3.1.2 文博机构

九一八历史博物馆。九一八历史博物馆是国内外唯一一座全面反映九一八事变历史的博物馆、国家一级博物馆、全国爱国主义教育基地、首批国家级抗战纪念设施、中央国家机关爱国主义教育基地。自建馆后形成并积累了大量反映抗战历史文化的研究成果，其近五年的成果中具有代表性的有：《中国抗日战争全景录·辽宁卷》《东北抗战图志》《勿忘九一八——"九一八事变"史实图集》等。

3.1.3 科研机构

省、市社科联。近年来，围绕打造沈阳抗战历史文化名城，辽宁省社科联、沈阳市社科联积极搭建平台，批设抗战历史文化研究基地（中心），并持续组织抗战课题学术活动，受到了瞩目关注，形成了包括辽海讲坛、辽海·沈阳讲坛、辽海讲坛·帅府讲堂、《东北抗战的历史地位研究》、《沈阳审判日本战犯的故事》等一系列活动成果。

辽宁省社会科学院。辽宁省社科院作为我省社会科学学术研究中心、科研活动中心，拥有一批在党史研究方面有突出贡献和一定影响的专家学者，形成了《中共满洲省委简史》《东北抗日义勇军——辽宁卷》等大量研究成果。

3.1.4　学术团体与新闻媒体

近些年，辽沈地区众多学术团体在党史研究方面成果频出。中国近现代史史料学会副会长王建学在讲述抗战故事、宣传抗战文化中有很多精彩论述和讲座；辽沈地区新闻媒体推出过一系列深入人心的抗战历史文化题材系列报道，这些媒体报道使辽沈地区的党史和抗战文化真正成为"活化"的历史文化丰碑。

3.2　档案部门对沈阳红色档案开发利用情况

3.2.1　编辑出版红色档案汇编

近年得益于国家档案局重点档案保护与开发项目，沈阳市档案馆"抗战三部曲"——《九一八事变前日本在奉天的侵略活动档案汇编》《日本的侵略与沈城的抗争档案汇编》《黑土地上的红色记忆——东北抗日义勇军抗日联军亲历者口述档案汇编》编纂成书，其中部分内容充分反映了中国共产党在东北抗日战斗中的中流砥柱作用。2021年，市档案馆还将1945—1953年历史档案列入主要筛选对象，从地工、军事、农业、工商业、接管、抗美援朝等六个主要方面，选出二百余件档案，完成《建党100周年之沈阳解放档案汇编》编撰工作，以期能全面反映新中国成立前后，在沈阳解放和抗美援朝期间我党在沈阳的基本工作情况。

3.2.2　联合媒体发表主题内容报道

进入新媒体时代，红色档案宣介工作得到进一步推动。开展党史材料编研工作，通过挖掘档案所蕴含的深刻历史意义与现实意义，讲好档案背后的故事；通过嫁接外部资源推动编研成果提档升级，推进档案编研成果的多形式发布，开展与《辽沈晚报》《沈阳晚报》等媒体"以史实说话，用档案发言"专栏供稿工作，同步利用多方媒体，如新闻发布会、传统媒体以及自媒体等，构建适应时代要求的档案编研成果宣传展示平台。2021年，以建党一百周年为契机，市档案馆与市委宣传部等部门联合主办"红色百年　兰台印记——

沈阳献礼建党百年档案史料展"，将沈阳百年来传承的红船精神、抗战精神、劳模精神、雷锋精神、改革精神、抗疫精神等，以档案资料的形式予以展现，展示沈阳自强不息的城市印记、厚积薄发的发展万象。

3.2.3　搭建红色档案文化服务平台

目前，沈阳市档案馆积极开展以"印象沈阳"档案文化服务门户平台建设为核心的文化工程，多个已经开展以及即将接续的子项目都与红色文化建设有密切关系。该平台将红色文化纳入档案文化重要建设内容，开展红色档案资源建设，稳步推进以抗战历史文化名城建设、建党一百周年为主题的全媒体矩阵建设，扩大内容覆盖面，加强垂直领域平台内容建设，形成我市红色文化资源的"思想库"。平台遵循"内容为王"原则，通过抗战歌曲等音频数据库及视听系统、抗战影视纪录片等音频数据库及视听系统、抗战专题展览线上展示系统、抗战文化专著等电子书系统等板块，全方位、立体化展示沈阳抗战历史及抗战文化。旨在助力沈阳创建抗战历史文化名城，全面宣传沈阳抗战历史文化，在梳理沈阳抗战历史文化资源、充分挖掘沈阳抗战历史文化的基础上打造一个全视角、立体式的新媒体展示平台。

3.2.4　打造红色档案资料陈列中心

制定文化强市战略，丰富红色文化生活、发展红色文化生态、组织多样化红色文化产业链，整合全市红色历史文化资源是必行的一步。沈阳红色档案资料陈列中心将功能定位于集收、藏、展、用、管五位一体，通过实体陈列、多媒体展示、全息影像再现等形式，全面展示我市红色档案资料，如音视频资料；馆藏档案资料；有关本地域的红色历史文化研究方面的书籍；国内有关抗战十四年研究的书籍、资料；有关抗战十四年方面召开的座谈、论坛等会议材料、文章等；有关抗战人物方面的材料；有关红色历史遗址遗迹方面的材料；有关本地域抗战战事方面的资料；有关实物；国外有关资料等。

3.2.5　设计《沈阳抗战文化旅游指南》

长久以来，关于沈阳十四年抗战史实、沈阳抗战历史文化名城等方面已陆续形成了大量的红色历史文化研究成果，这些研究成果大都处于静置状态，难以与旅游、商业的实体运营产生碰撞、实现效益，也难以将其研究创意及研究成果进行商业化转换，不能及时、有效地实现其研究价值和研究意义。

有鉴于此，创意设计《沈阳抗战文化旅游指南》将现有沈阳抗战历史文化研究成果串珠成链，将沈阳抗战历史中涌现的典型人物、典型事例、重大遗址进行系统梳理，向全社会完整展示沈阳抗战历史文化。地图、旅行线路、文化内容的三位一体，突出沈阳各区县的抗战文化特点，兼具多媒体资源，为社会各界提供一本有效、有趣、有内涵的抗战旅行手册。

3.2.6　持续举办红色文化主题论坛和研讨会

近年来，为更好发挥国家爱国主义教育基地作用，在更大社会范围内扩大档案资源社会效能，加强沈阳抗地区文化交流，2018 年沈阳市档案馆牵头成立了沈阳市抗战历史文化研究联盟，并与中国近现代史史料学学会共同创办了沈阳档案史料研究中心。2019 年 8 月，辽宁省社会科学学术活动基地——抗战文化研究学术活动基地落户沈阳市档案馆。2020 年 7 月，市档案馆申报的"沈阳市近现代档案史料研究中心"入选沈阳市社科联"沈阳市哲学社会科学研究基地"名单，为推动沈阳地区史料搜集与研究成果交流创造了优越的条件。2018—2019 年，沈阳市档案馆连续两年组织召开了抗战历史文化研究论坛，获得丰厚的交流成果和社会效益。2019 年组织召开首届全国市级文史研究馆专题论坛，邀请广州市、西安市、昆明市、成都市文史馆及辽沈地区抗战文史专家，以"弘扬伟大抗战精神　深化抗战文化研究"为主题进行抗战文化的研究与交流；2020 年与市委宣传部联合组织召开"第二届推进沈阳打造抗战历史文化名城论坛"，邀请辽沈地区抗战文史专家、沈阳抗战历史文化联盟成员、各区县（市）区委宣传部及档案馆等单位和个人参会。两次论坛的召开，不仅为辽沈地区相关文博机构和抗战文化研究学者提供了交流与合作的平台，还发挥了档案部门的职能优势，积累了大量具有一定水准和代表性的理论研究成果。

4　沈阳重要红色档案利用现状分析与开发建议

目前，全国正如火如荼开展"四史"学习教育，沈阳市亦在"十四五"时期在继承与创新中进一步释放红色文化潜力、增强红色文化活力、展示红色文化魅力，打造红色文化核心竞争力，将推动文化强市建设提上日程。

根据沈阳重要红色档案的现实情况，结合档案及档案工作实际，分析与建议如下。

4.1　红色档案开发程度不足，需加强顶层规划与支持

加快档案馆藏红色档案资源的开发力度，通过市财政专项资金支持，形成形式多样的编研成果，如汇编、展览及影视作品等。建议实施开展"沈阳记忆"大型档案文献编研工程，如"沈阳城市建设百年记忆工程"，反映1923年沈阳市开始设立市政至2023年的百年城市建设发展史；"档案文献中的沈阳记忆工程"，每年出一本档案与解读，以反映自新中国成立以来沈阳经济社会发展的重要事件；"历史影像中的沈阳记忆工程"，以照片、视频等形式反映沈阳经济社会历史。

4.2　红色档案研读深度不足，需深入挖掘档案背后故事

"以史实说话，用档案发言"，讲好沈阳"四史"背后的故事。通过新闻发布会等形式，讲好档案故事。大力推进"印象沈阳"档案文化全媒体服务平台建设，依托"印象沈阳"档案文化品牌，利用传统媒体与自媒体等，广泛宣传沈阳的红色历史，服务文化强市。

4.3　红色档案整合力度不足，需聚力打造综合管理基地

加快档案体制、机制转变，从人、财、物等多方面予以倾斜，将档案馆打造成沈阳红色档案资源的保管、开发、利用基地，切实发挥好档案馆爱国主义教育功能，积极探索将红色档案文化与文商旅有机融合，将沈阳市档案馆打造成为了解沈阳红色历史档案资源的重要窗口门户，更好发挥红色档案资源的多重价值，服务我市"一枢纽四中心"建设。

档案数字化

档案工作发展的新向度：从档案数字化、数字档案馆到档案数字人文

龙家庆　王玉珏　李子林

摘要：数字人文是数字技术与人文社会研究的交叉点，不仅推动了档案学理论探讨和业务实践，还引发对传统档案工作的反思。通过对档案数字化、数字档案馆、档案数字人文项目三个核心概念展开辨析，梳理出三者在协作理念与呈现方式、研究主体与工作场域、资源管理与开发程度等方面的异同点。重点总结了三者事物发展特点及关联分析，从而为今后数字人文背景下的档案工作提供发展取向。

关键词：数字人文　档案数字化　数字档案馆　档案工作

引言

当前图书情报领域较为公认的数字人文（Digital Humanities，简称 DH）研究起源于 1949 年意大利罗伯托·布萨（Roberto Busa）在《托马斯著作索引》

作者简介：龙家庆，中国人民大学信息资源管理学院档案学硕士研究生，主要研究方向：档案学基础理论。王玉珏，武汉大学信息管理学院副教授，法国国立宪章学院（école nationale des Chartes）博士，国际档案理事会新入职档案工作者项目（ICA New Professionals Programme）执行委员。李子林，中国人民大学信息资源管理学院博士生，主要研究方向：档案学基础理论、档案信息服务。基金项目：本文系 2018 年武汉大学人文社会科学自主科研青年项目"我国档案馆数字人文服务理论与路径研究（项目编号：2018QN043）"阶段性研究成果。

（*Index Thomisticus*）中描述的数字人文蓝图①。对于数字人文内涵的理解，从宏观上来说，它不仅是使用计算机进行量化分析的一种人文研究方法，也愈发强调数字技术环境中的人文研究，即将人文问题与数字技术、媒介研究结合起来，讨论复杂数字环境下人文知识生产、发展的状态和问题②；从微观上来说，则是针对具体的人文学科，如历史学、地理学、语言学、图书情报等，运用数字量化分析、数据可视化、语义关联等技术，在数字人文研究中心或工作坊支持下开展的人文社科类项目。总的来看，数字人文是指"围绕人文社会科学领域特定研究对象知识本体的数字化保存和应用所进行的相关信息资源采集、加工、组织、服务、研究、教育等活动总称"③。

近年来，档案与数字人文研究之间的关系更加紧密。诸如档案管理与数字人文关系探讨④、数字人文对档案学理论与实践的影响⑤、数字人文背景下档案信息资源开发模式⑥、面向数字人文的馆藏资源可视化分析⑦等研究主题逐渐出现。尽管研究数量与探讨层次尚待提高，但数字人文理念对档案学研究产生着深刻而广泛的影响。不可否认，档案领域与数字人文领域的关联研究也存在值得商榷之处，譬如，如何辨析档案数字人文项目和档案数字化的区别，档案数字人文项目与数字档案馆建设存在何种关联，数字人文是档案研究的"工具"还是"途径"，档案馆员在数字人文研究中应当扮演何种角色等问题都亟待解决。同时，在"热研究"浪潮下，需要"冷思考"考量。即厘清数字人文与相关档案研究概念的区别，抓住数字人文与档案领域本质属性的关

---

① Roberto Busa.The annals of humanities computing：the index thomisticus［J］.Computer&the Humanities，1980，14（2）：83–90.

② Stewart Varner, Patricia Hswe. Special Report：Digital Humanities in Libraries［R/OL］.（2016–05–20）［2019–06–17］.http：//americanlibraries–magazine.org/2016/01/04/special–report–digital–humanities–libraries/.

③ 赵生辉，朱学芳.我国高校数字人文中心建设初探［J］.图书情报工作，2014（6）：64–69+100.

④ 李子林，王玉珏，龙家庆.数字人文与档案工作的关系探讨［J］.浙江档案，2018（7）：13–16.

⑤ 陈嘉男."数位人文"对档案理论与实践的影响［D］北京：中国人民大学，2016.

⑥ 朱令俊.基于数字人文的档案信息资源开发模式构建和实施研究［J］.浙江档案，2018（12）：21–23.

⑦ 张卫东，左娜.面向数字人文的馆藏资源可视化研究［J］.情报理论与实践，2018（9）：102–107.

联，归纳出数字人文背景下档案工作与传统档案工作的异同点。基于以上思考，本文将重点探讨档案数字化、数字档案馆建设与档案数字人文项目的相同之处和差异所在，从而为今后研究提供方向，在前两者的基础上推动档案数字人文项目的开展。

1　核心概念的界定

1.1　档案数字化

档案数字化是信息化时代下档案工作应对信息技术、数字技术发展的必然之举。20世纪后期，我国开展档案数字化研究，国家层面先后出台一系列政策、标准，指导和推进档案数字化工作。2005年，国家档案局发布《纸质档案数字化技术标准》（DA/T 31–2005），2011年又印发《全国档案事业发展"十二五"规划》，明确提出"加快推进传统载体档案数字化"。档案数字化是开发和利用档案信息资源的基础和前提，也是档案信息化发展战略推进的首要前提。所谓数字化，是指利用计算机处理技术，把声、光、电、磁等信号转换成数字信号，或把语音、文字、图像等信息转变为数字编码，用于快速传输与准确处理的一种综合性技术[①]。档案数字化是指"利用数据库技术、数据压缩技术、高速扫描技术等技术手段，将纸质文件、声像文件等传统介质的文件和已归档保存的电子档案，系统组织成具有有序结构的档案数字信息库"[②]。也有学者提出"档案数字化是指利用计算机等技术手段将经过鉴选、原本存储于传统载体上的档案信息进行数字化转换并加以存储、保护、检索利用的系统工程"[③]。基于档案数字化的定义，可总结出相关特点：第一，档案数字化以计算机技术为依托，是技术应用于档案管理工作的体现。第二，档案数字化的对象是档案本身，涉及档案目录、档案内容。第三，档案数字化本

---

① 王学平.浅议我国档案数字化建设实践与发展策略［J］.档案学通讯，2011（6）：54–57.

② 冯惠玲，张辑哲.档案学概论（第二版）［M］.北京：中国人民大学出版社，2006：127.

③ 屠跃明，翟瑶.档案数字化的元数据研究［J］.兰台世界，2012（14）：60–61.

质上是将非数字形式的档案转化为数字信息的过程，关键在于档案内容信息载体形式的变化。

1.2　数字档案馆

数字档案馆是数字时代档案馆业务发展创新的重要手段和方式。数字档案馆是建立在现代信息技术普遍应用背景下，利用数字化手段，以综合档案信息资源为处理核心，对数字档案信息资源进行收集、管理，通过高速宽带通信网络设施相连接和提供利用，实现资源共享的超大规模、分布式数字信息系统①。2010 年国家档案局发布《数字档案馆建设指南》中，将其定义为：各级各类档案馆为适应信息社会日益增长的对档案信息资源管理、利用需求，运用现代信息技术对数字档案信息进行采集、加工、存储、管理，并通过各种网络平台提供公共档案信息服务和共享利用的档案信息集成管理系统。从传统档案馆向数字档案馆的转变经历三个发展阶段：以档案馆工作自动化为核心内容的初始阶段、面向单个档案馆进行资源开发和提供利用服务的个体数字档案馆阶段，围绕整个行业或跨行业对档案信息资源进行深度开发和整合的联合档案馆阶段②。第二个阶段的核心任务，在于馆藏档案数字化并上网，形成以数字化档案信息资源为馆藏内容，以计算机为管理手段，以网络传递为服务方式的一种新型档案馆。进入第三阶段，数字档案馆建设不再以档案数字化和数据库建设为核心，工作重心逐渐转向分布式和异构化数字档案信息的集成服务系统建设。总的来说，数字档案馆应满足以下需求：第一，数字信息的共享利用。无论数字档案馆是否依托实体档案馆建设，数字信息的共享利用都是数字档案馆的最终目的。第二，数字信息的长期保存。数字信息的长期保存是传统档案馆在数字环境下档案长期保存业务的新发展。第三，数字信息的科学管理。该需求的实现以现代计算机技术和信息技术的发展为基础，以数字档案信息为对象开展的。

---

① 　毕建新 . 数字档案馆的信息服务［J］. 中国档案，2003（3）：20–21.

② 　刘明 . 数字档案馆信息服务模式研究［J］. 档案学通讯，2007（5）：13–17.

1.3　档案数字人文项目

档案数字人文项目作为数字人文项目的类型之一，近年来受到了国内外数字人文界、档案界学者的关注。在正确认识档案数字人文项目之前，需要厘清档案工作与数字人文之间的关系。档案是数字人文研究的重要对象和资源，数字人文与档案工作内容交叉重叠，档案馆也将成为继图书馆、博物馆后开展数字人文项目的重要阵地①。首先，档案工作的对象——"档案文献"本身就是数字人文研究的重要对象和资源。美国东北大学开展的女作家档案（The Women Writers Archive）、荷兰国家档案馆的档案时光机（Tijd voor de archieven）等经典数字人文项目均将文本分析的来源转向档案，运用组织、编码和数字化处理技术，实现对档案资源的挖掘、检索和可视化呈现。其次，档案工作的内容——"档案业务"与数字人文存在交叉重合。当前，GIS 地理信息系统建设、历史文物 3D 建模、历史方志文集的可视化呈现、主题标签应用与分析等是数字人文项目活动的重要组成部分。这与档案业务活动中纸质档案数字化、档案资源著录、档案元数据方案制定、档案信息可视化检索等存在交叉与重合。第三，档案工作的阵地——"档案馆"是数字人文研究开展的重要平台。档案馆馆藏资源丰富，为涉及历史数据库、家谱数据库建设的数字人文项目提供充足的研究和参考资料。第四，档案工作的主体——"档案工作者"是数字人文研究团队的重要成员。档案工作者具备扎实的档案业务技能和史学研究知识，为数字人文项目实施提供工具性辅助。档案工作者与数字保存专家合作并致力于数字人文项目中数字文本内容和元数据的长期保存和有效获取工作。

档案数字人文项目，即档案、档案馆参与其中的数字人文项目，涉及历史记录、数字记忆、名人手稿、方志文书、文献遗产等领域，又可称为"档案相关数字人文项目""档案领域数字人文项目"。通过对当前国内外开展的档案数字人文项目进行梳理，可将其划分为三种类型：以档案资源为开发核心的数字人文项目、档案机构主导的数字人文项目和档案相关的数字人文项目。

---

① 李子林，王玉珏，龙家庆 . 数字人文与档案工作的关系探讨［J］. 浙江档案，2018（7）：13–16.

以档案资源开发为核心的数字人文项目是当前涉档数字人文项目中最具典型性、最凸显档案价值属性的项目，此类数字人文项目的核心特点在于：以档案作为项目的研究对象，立足档案的内容进行分析、挖掘和开发，形成高附加值的数字档案资源，为人文研究服务。所谓档案机构主导的数字人文项目即以档案馆、特藏中心等档案机构主导开展的数字人文项目。档案相关的数字人文项目是当前开展的数字人文项目中最为普遍的类型。档案相关的数字人文项目是一个宽泛的表述，具体涉及以下几种类型：一是档案是数字人文研究、组织、开发的资源之一，与图书等其他文献资源一起为数字人文研究服务；二是档案工作者或档案机构作为参与方加入数字人文项目之中，提供专业的档案视角咨询与知识；三是档案作为辅助型工具或参考性资源加入数字人文项目的研究成果之中，完善研究成果的功能。

另外，项目制是全球数字人文研究开展的基本形式，特定领域信息资源的整合应用必须通过项目方式得以体现。当前，开展档案数字人文项目的实践方式主要包括三种类型：第一，建立数字人文研究中心，统筹开展数字人文研究；二是整合各类数字档案资源，强化档案资源间的关系，为人文研究提供高附加值的档案资料；三是运用数字人文技术开展档案内容研究，建构社会记忆，再现历史场景①。鉴于此，可总结得出：档案数字化不能等同于档案数字人文项目，前者仅仅是基于计算机技术的档案信息载体变更，后者更强调以数字化档案资源为管理、整合、开发利用对象的研究和应用活动。

2　三者的异同之处

档案数字化是数字档案馆的业务流程、环节、程序，档案数字人文项目是数字时代人文研究的结合点，并最终纳入数字人文整个系统。档案数字化是资源建设，是基础；数字档案馆是服务的转型与构建；数字人文是对资源的

---

① 李子林，王玉珏，龙家庆.档案与数字人文的"和"与"合"—国外开展档案数字人文项目的实践［N］.中国档案报（总第3284期），2018–10–17（3）.

深度挖掘，档案数字人文项目是"多维立体"的。

2.1 相通之处

2.1.1 三者都是档案工作顺应社会需要创新发展的结果

通过对比三者缘起，可知三者都是档案工作在新时期应对信息变革和安全风险的反应，主要研究数字时代档案资源开发问题（见图1）。在数字信息科技支持下，人类社会信息传播速度变得更快、跨越时空的范围更广、馆际用户的参与互动性更强，档案工作须及时应对瞬息万变的信息革命。档案数字化弥补了档案原件、孤本难以长久保存的弱势，数字档案馆则提升了档案服务活力，而档案数字化项目则抓住数字记忆时代特点，顺应公众文化需求，呈现更为亲民、贴近生活的优质服务。一方面，信息社会发展需要档案资源作为文化认同支撑。档案因其具有原始记录、凭证、情感触发及记忆认同等价值，在国家、群体、个人文化认同中发挥重要作用，因而三者的发展更迭需要与时俱进地为社会服务，并且有自身主要研究内容。另一方面，档案资源开发促进了社会发展，并且成为数字人文研究的热点。世界各国数字人文项目中以历史记忆和档案管理为主题的数字档案项目数量庞大，影响深远。例如，档案文献研究和历史研究、数字人文工具开发、语言与文化研究共同组成美国高校数字人文项目四大显著热点区域①。国内数字人文研究对象则主要集中在古籍、文学、艺术、档案等人文领域，尤其以古籍整理保护、档案孤本整合，以及古代诗文类文学作品为主题的数字人文项目最受关注②。

---

① 林泽斐，欧石燕.美国高校数字人文研究项目研究内容解析［J］.图书情报工作，2017（11）：52–58.

② 蔡迎春.特色资源建设中的数字人文应用进展研究——基于国内数字人文相关项目及实践案例［J］.图书馆建设，2018（7）：18–24+30.

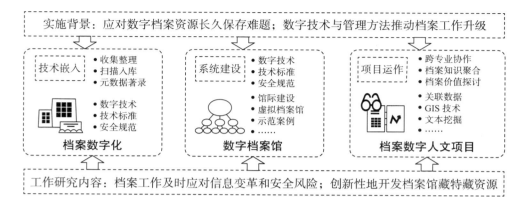

图 1　数字时代三者工作研究的主要内容

2.1.2　三者都是档案工作与数字技术相结合的体现

技术嵌入是三者工作的主要内容，是档案工作在不同阶段与数字技术互动的表现，但其技术运用程度与嵌入方式却"同中存异"：第一，档案数字化将非数字形式转化为数字形式信息。包括纸质档案目录录入计算机、档案材料数字化扫描、双层 PDF 格式著录、光符识别技术等。档案数字化，可以OCR 扫描、双层 PDF 格式著录，是基于文本内容的图像化转录，数字化的程度还处于较低级阶段，无法实现对档案内容数据的抽取和识别，对后期档案利用工作的高质量开展设置了资源障碍。第二，数字档案馆建设涉及实体档案和虚拟馆藏建设。除了档案实体数字化集成外，还包括多媒体技术、海量存储技术、图像与视频数据检索技术、交互界面 VR/AR 设计、数字密钥技术和数字化信息传播技术等。第三，档案数字人文项目的技术运用则偏向于知识聚合、档案数据呈现服务等。包括可视化分析、词频统计、关联数据、档案原稿挖掘、规范控制、书目匹配等，此外还尝试 GIS 历史地理系统、档案可视化展示、基于 OPT 数据模型的城乡记忆展示、Gephi、Alveo Virtual Laboratory、Pelagios / Recogito2 等分析工具。在数字技术互动过程中，三者应用的程序与算法存在交叠，但均以档案资源开发和档案事业服务为目标，强调与数字技术深入融合的目标。

2.1.3　三者都促进了档案与其他领域的跨界融合发展

档案工作的实践性不断对档案工作者的知识结构和综合技能提出新的要

求。相应的，作为培养档案专业人才的档案学科也需要积极进行调整。档案学作为一门社会科学，能够在社会变革与发展的驱动下吸纳不同学科的经验、技术与方法。三者的更迭进步体现出档案领域与其他领域的跨界合作、共同发展的大趋势。第一，三者始终将档案作为研究对象，运用相关领域的技术手段进行挖掘和探索。档案文献、古籍善本、地方志书、少数民族文书等宝贵的国家历史文化遗产在信息技术、数据库技术、数字技术的加持和应用下焕发新的生命力，凸显档案的人文关怀。第二，三者的技术方法和服务方式促进档案学与图书馆学、信息学、传播学等相关学科的互动与交流。例如数字档案馆建设和数字人文研究均强调"以用户为中心、以资源内容为王"，实现档案信息传播的数字化、可视化、交互化。第三，三者利用其他领域的技术方法、思维理念和人员合作，实现档案服务的提质增值。数字时代为档案领域的发展提供了独特的跨地理空间、跨历史时间、跨学科系统的文化认知视野。例如乔治梅森大学在对转录多媒体档案开源软件 Scripto 升级基础上，与发布开放链接数据系统相兼容，以协助档案馆等文化遗产保存机构保存自身的转录数据，实现"重拾早期美国记忆"（Transcribing and Linking Early American Records with Scripto and Omeka Sand）[①]。这为档案事业发展提供了新思路，为档案业务合作提供新启示。

2.2 差异所在

2.2.1 协作理念和呈现方式

档案数字化强调档案材料的可读性、存储性和耐久性，是档案管理环节及流程的关键性优化；数字档案馆重视档案服务系统工程建设，从系统角度把握档案服务的可视化、高效化、智能化；而档案数字人文项目则突出研究方法与研究技术的融合，与前两者存在差异。从协作理念看，档案数字人文项目是数字人文兴起背景下的产物，是跨学科、跨领域的综合体。其协作过程不仅关注数据科学计量，还关注公共文化资源繁荣、社会记忆建构、情感归

---

① Announcing New 2017 ODH Grant Award［EB/OL］.（2017–08–02）［2019–06–21］.http://www.neh.gov/divisions/odh/grant–news/announcing–new–2017–odh–grant–awards

属触发等 ①，协作理念强调以人为本、跨界交流、精细服务。档案数字人文项目是基于庞大高度集成的数字化档案资料，通过计算机对内容进行深入挖掘，在不同文本中展开关联，形成多维档案数据可视化及知识诠释。值得注意的是，数字档案馆建设可以为档案数字人文项目提供丰富馆藏资源与基础设施。再者，三者的呈现方式存在交叠且略有不同。档案数字化是一种技术凭借，也是一项流程，此项业务纳入数字档案馆建设核心流程之一。但它仅是档案数字人文项目技术的其中之一，此外还包括了数据采集、数据清洗、数据集成与融合、OCR、文本编码、数据库、NOSQL、机器学习及云存储等技术 ②，在"数据提取——数字处理——可视化映射——多样化展示"流程再造下，呈现方式更为立体化、质感化，隐性知识显性化、抽象知识具体化。

2.2.2　研究主体和工作场域

根据数字档案资源整合程度及内容要素识别情况，三者涉及的业务工作规模不同且存在差异（详见表 1）。整体来说，档案数字化工作较为单一，以数字技术为主，是档案馆进行档案整理的核心业务。其开展方式主要是在馆人员学习数字技术和外包第三方企业。第二，数字档案馆则是以实体档案馆为阵地，虚拟档案馆建设并驾齐驱。仍然是以档案馆工作人员为主，吸纳业务环节专业人员，以期建成功能完善的数字档案馆。如形成独具特色的科研成果数据库、图像档案库、纪念日数据库等，实现以档案信息知识为基础的智能人机交互平台。第三，档案数字人文项目在数字人文技术与理念的支撑下，开放度与参与性得以提升，尤其是其工作的灵活性更为机动。这类项目开展场域可以是档案馆、档案院系、数字人文中心，甚至是其他各类文化机构，如古籍语言研究所、图书馆、博物馆、文化社区等。例如，台湾大学的数位人文研究中心为学者提供明清档案、古契书、台湾老照片、植物标本等丰富的数据资源。台湾"中研院"人文社会科学研究中心，搭建了台湾政治经济结构变迁仓储库、学术研究调查数据库、中华文明时空架构基础、台湾历史

---

① 龙家庆，王玉珏，李子林.融合与建构：数字人文研究与档案工作的关联及路径探索［J］.档案与建设，2018（12）：4-7+12.

② 欧阳剑.大数据视域下人文学科的数字人文研究［J］.图书馆杂志，2018（10）：61-69.

文化脉络图库，以及美国国会典藏（中国相关地图查询系统）、清代粮价数据库等，将大量的档案原始资料作为项目开展的凭借，从而形成多个颇具特色的档案数字人文项目。

表 1　　　　　　　　　三者研究主体及工作场域差异比较

比较对象	研究主体		工作场域	
	主导	参与	场所	合作开发及规模
档案数字化	档案业务员	数字化企业	档案馆或第三方外包工厂	主要以数字化企业为主，兼顾档案业务员技术学习
数字档案馆	档案业务员	外包技术员	实体或虚拟档案馆	网络设计、软件开发、档案建筑等数字档案要素建构
档案数字人文项目	档案业务员或其他人文研究者	图书馆、博物馆、科研院校	档案馆或其他文化机构	形式多样，规模不一；依托项目组、工作坊、数字人文中心

2.2.3　资源管理与开发程度

从资源组织和整合利用层面来看，档案数字化是基础性、技术性工作，是后两者发展的前提；数字档案馆是综合性、复杂性的研究，涉及系统搭建、长期保存；档案数字人文项目的内核是档案作为数字时代人文研究开展的工具。简言，在实践上三者呈现"技术方法→平台系统→多维立体"的进阶。首先，档案数字化只是技术层面的表现，是数字档案馆建设中运用的手段、一个环节、基本技术操作。其次，资源整合与业务平台搭建是数字档案馆发展的关键，也是数字资源重建的一个侧重点，它是数字人文研究驱动下档案馆数字资源建设的重要内容，也是开展服务创新的基础。再次，档案数字人文项目在档案特藏资源集成、统一、规范之上，纳入不同学科和专业人员，提高项目成果的受众面与参与度。

整体来说，档案数字化项目建设显得更为主动，凭借档案独特优势较其他文化资源更有生命力，是人文研究导向的数字资源基础。哈佛大学借助其强大学术实力与资金支持，搭建专门学术平台"数字实验室"，参与国际数字人文中心建设，开设 57 个数字人文科研小组和项目，其中档案和特藏类请求工具是重点项目。项目负责人来自图书馆、档案馆、博物馆和学校各个院系，项目向数字人文兴趣者开放，为其提供实践和学习的机会①。另外，档案数字人文项目开展的切入点在于资源和服务两个方面：基于资源建设是为了更好地整合并组织档案资源，并针对各行人文学者需求提供资源数据库；数字人文服务不仅能有效克服档案分散和孤立存储带来的资源识别难题，而且突出量化分析的准确性，这是"唯技术流"无法取代的，而且有利于展示档案资源不同于其他文献资源的独特价值。

3　三者的相互关系

在三个核心概念界定过程中，可知三者均为数字化时代发展的产物。三者围绕档案工作，凭借信息技术、互联网平台、一体化窗口等接口，呈现出一脉相承、互为促进的关系，在不同阶段及能力框架下提供优质档案服务。

3.1　档案数字化是信息时代档案保存利用服务工作的坚实基础

档案数字化是档案信息化建设的重要内容，是适应现代化档案工作需要的产物。首先，从档案数字化建设必要性来看，办公自动化与档案利用升级推动数字化进程的加速。随着计算机网络技术突飞猛进，档案工作实体管理逐渐向信息化方向转变。其次，从档案工作基本现状来看，电子档案是工作对象的主要来源，档案数字化成为重要业务。数字化对象包括了原有馆藏纸质档案数字化和原生电子档案，据国家档案局数据显示（截至 2018 年 9 月）全国馆藏电子档案 162.9 万 GB，其中文书类电子档案 84.2 万 GB，数码照片 26.3 万 GB，数字录音、录像 52.5 万 GB，馆藏档案数字化副本 1659.0 万 GB②。再次，从社会发展需要来看，档案数字化能提高档案利用效率。在"单

① Harvard Library Lab. Featured Projects ［EB/OL］. ［2019–06–22］.https：//osc.hul.harvard.edu/liblab/.
② 国际档案局政策法规司 .2017 年度全国档案行政管理部门和档案馆基本情况摘要（二）［EB/OL］.（2018–09–10）［2019–06–21］. http：//www.saac.gov.cn/daj/zhdt/201809/5f431e512259458895a2186c9ef66ae6.shtml

套制"逐渐取代"双套制"的热议中，可见数字化档案载体既方便获取，又能达到长期永久保存、维护档案本质属性的目的。最后，从档案数字化发展态势来看，组织活力与形式异彩纷呈。《全国档案事业发展"十三五"规划纲要》中明确提出"持续推进数字档案馆建设。积极响应数字中国建设，加快推进信息技术与档案工作深度融合。到 2020 年，……全国省级、地市级和县级国家综合档案馆馆藏永久档案数字化的比例，分别达到 30%~60%、40%~75% 和 25%~50%"[1]。同时，实施档案数字化外包业务提高了档案工作效率。在第三方专业提供商达成合作的基础上，探索了外包档案文化产品开发、社交媒体平台外包服务等，为优化档案信息传播提供了新技术和方法。

3.2　数字档案馆是档案馆顺应数字时代发展的创新举措

数字档案馆是以档案数字化建设为基础，而档案数字化又是数字档案馆的主要业务。整体上，数字档案馆概念及内容更为广阔，馆藏资源的数字化程度更为深刻，并且为档案数字化应用提供多元化途径。其一，从数字档案馆概念演变来看，数字档案馆借助信息技术运用对数字档案及其他相关档案数字资源进行整合、存储及长期保存，是提供利用的档案信息集成管理体系[2]。其二，从应用进程来看，数字档案馆建设是顺应数字时代发展的综合体。如果说档案数字化是档案工作技术化革新，那么数字档案馆则是融合技术、媒体、人员及服务的综合平台，并且追求以 IT 或 DT 等互联网思维实现档案数字化与档案信息传播的深度衔接。其三，从近年实践进展来看，数字档案馆建设被纳入规划议程。自 2000 年"深圳市数字档案馆工程的研究与开发"项目顺利实施，杭州、上海、青岛各地纷纷参与数字档案馆建设，响应数字中国战略。2018 年 10 月，《机关档案管理规定》宣传贯彻暨数字档案室建设推进会在江苏南京召开，会议介绍"十三五"期间南京档案信息化工作亮点，即"突出数字档案馆工程重点，打牢档案数字信息资源建设基础，搭建档案

---

① 全国档案事业发展"十三五"规划纲要［J］.中国档案，2016（5）：14–17.

② 刘越男，杨建梁.从机构、系统到体系：数字档案馆的概念发展［J］.档案学通讯，2015（4）：50–55.

数字资源共享平台"①。其四，从档案馆建设趋势来看，智慧档案馆以感知互联的思维升级数字档案馆建设。我国青岛档案馆于 2013 年率先提出并将其列入该年度财政投资计划，至今青岛市智慧档案馆已成为典范。杨来青认为"云计算、云存储、大数据为智慧档案馆的海量信息资源提供了更强的数据计算能力和存储能力、服务能力"②，突破数字档案馆以技术应用为核心。此外，智慧档案馆建设以用户调研为依据、创新合作模式、强调服务智慧城市整体，这既是数字档案馆的革新要求，又符合数字人文项目理念。

3.3　档案数字人文项目是数字与人文互动背景下档案价值的深度挖掘

档案数字人文项目是以档案资源为研究对象，其由各专业领域人员参与建设，实现档案知识聚合及档案价值的深度挖掘。第一，依托档案特殊优势，实现档案价值的深度挖掘。档案资源相较于图书、网站等信息资源而言，具有原始凭证属性，是权威的证据性资料，可以作为数字人文研究重要的研究对象和工具。而且，数字人文产生的背景主要是由于海量的档案、古籍、手稿、报刊、视频和图片等人文资源的数字化，面对海量的数字化文本，人文学者需要运用数字化技术、虚拟交互工具和数据平台对其进行组织、挖掘、统计、量化分析和智能化处理等③。第二，依托档案馆的丰富馆藏，实现人文研究所需数字资源的全面整合与多维度呈现。而且，档案馆、档案院系拥有特藏资源与实践机会较多，具有"天然"优势。英国国家档案馆与英国战争博物馆利用馆藏资源，覆盖 150 万页战争日记原稿中的细节、人物、场所、活动等数据，捕获并关联相关记录，再现英国社会关于一战期间丰富而鲜活的数字记忆。第三，依托档案工作者或社会力量的专业技能，提高数字人文研究成果的社会参与度与价值实现。美国档案与文件署（NARA）开展了一项"公民

①　中华人民共和国国家档案局.《机关档案管理规定》宣传贯彻暨数字档案室建设推进会顺利召开［EB/OL］（2018–10–25）［2019–06–21］.http://www.saac.gov.cn/daj/szda/201810/f8448c91d199472783b9126f0230b0dc.shtml

②　杨来青.智慧档案馆是信息化发展的必然产物［J］.中国档案，2014（6）：64–66.

③　郭金龙，许鑫.数字人文中的文本挖掘研究［J］.大学图书馆学报，2012（3）：11–18.

档案工作者"（Citizen Archivist）项目，邀请社会各界人士参与，参与者具备档案著录、手稿转录、元数据方案设计、数字档案长期保存等经验，不仅提升了团队的专业力量，还推动美国历史教育的宣传。

　　档案数字化、数字档案馆业务与档案数字人文项目执行呈现出"前端——后端"关系。依托前两者基础条件，以顺利开展档案数字人文项目：一方面，档案数字化属于数字人文技术运用范畴。譬如，数字人文项目"莱比锡开放碎片文本序列"（LOFTS）项目——《希腊史残卷》数字化项目（Digital Fragmenta Historicorum Graecorum Project）①、阿忒那奥斯数字化项目（Digital Athenaeus）②、帕罗斯石碑数字化项目（Digital MarmorParium）③，这都呈现出档案文献遗产及古籍数字资源整合的数字化环节。另外一方面，数字档案馆是档案数字人文项目运作的重要场域。档案馆是开展数字人文教育或项目的阵地，充当文化枢纽的角色。利用数字档案馆的空间、馆藏、服务，组织各种数字人文教学资源，以"开放互通共享"平台的模式，面向师生或科研人员，提供各种学习与交流的机会。总之，档案数字人文项目的开展，是基于前两者深入发展过程中的进阶行为。

　　值得注意的是，档案数字化资源整合是该项目开展的重要业务，也是数字档案资源构建的一个侧重点，它是数字人文研究驱动下档案馆数字资源建设的重要内容，也是开展服务创新的基础。档案数字人文项目的运作是流动建构式的（见图 2）。第一，档案数字人文项目需要档案学基础理论的支撑，如档案记忆观、数字记忆、后现代主义档案学理论的指导。第二，数字技术运用更新了项目可视化、立体多维、叙事、情景模拟的展陈方式，使得档案

---

① EpiDoc Guidelines：Ancient documents in TEI XML［EB/OL］.（2017-03-14）［2019-06-21］.http：//www.stoa.org/epidoc/gl/latest/

② Monica B，Bridget A，David D，Greta F，Simona S and Gregory R.C.The Linked Fragment：TEI and the Encoding of Text R euses of Lost Authors［EB/OL］.（2015-08-01）［2019-05-21］.http：//jtei.revues.org/1218.

③ Bridget A，Monica B.PerseidsCollaborative Platform for Annotating Text R e-Uses of Fragmentary Authors［EB/OL］.（2013-09-01）［2019-05-21］.https：//www.researchgate.net/publication/256308517Perseids_Collaborative_Platform_for_Annotating_Text_R e-Uses_of_ Fragmentary_Authors.

资源价值呈现与服务更加丰富。第三，数字人文传递着跨界馆际交流、知识互补融合的理念，使档案资源有了流动生命力。必须强调的是所有档案数字人文项目的开展必须以档案资源为基础，这也是该项目的独特之处。

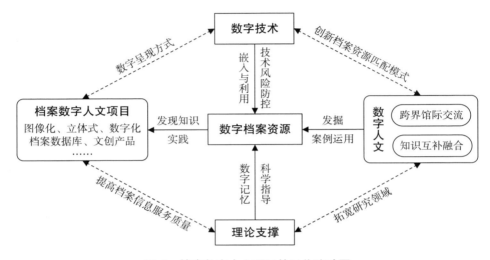

图 2　档案数字人文项目的运作流动图

4　数字人文是档案工作发展的重要趋向

数字人文倡导打破文化信息孤岛的理念，建立数字人文活动的系统平台，在数字系统基础上提供数字人文工具，为人文研究者提供支持。

4.1　以学科发展为中心，树立问题导向的意识，传承"以人为本"理念

数字人文的关键是以"数字"辅助"人文"，而不是以"数字"替代"人文"[①]。数字技术应用的最终目的在于为人文与社会科学研究服务。因此，在开展档案数字人文项目时，需要考虑数字人文为档案学研究带来何种便利，如

---

①　刘洪，肖鹏."期待膨胀期"的数字人文研究——《图书馆论坛》"数字人文"栏目的回望与展望［J］.图书馆论坛，2019，39（1）：40–45.

何推动本学科发展。这便意味着将研究的主动权牢牢掌握在档案学视域，而不是在跨界合作中被其他流派带偏、失掉本学科研究之根本。如果说数字档案馆是数字时代档案馆发展的智慧，那么档案数字人文项目则是人文社会科学领域应对数字时代挑战的尝试，即以档案学科繁荣为目标，坚持"以人为本"，发掘新时代档案理论特色，应用于业务实践的探索活动。一方面，要以解决档案理论难点和实践问题为导向，强调以档案学科理论创新和档案事业发展为依据，杜绝泛滥的"数字技术"流派。正如彩色数字化与可视化技术，不仅解决了缩微档案"印章扫描模糊"的问题，而且将图像、声像、文字档案材料综合为流动的展示品，并进行档案文化创意产品开发。另一方面，档案学作为社会科学分支，应当坚持"以人为本"的原则，切实反馈并解决用户对于档案信息利用需求的问题，关注档案背后蕴含的历史文化价值，使学科研究更为贴近生活。

4.2　反对"唯技术流"，提升技术管理与服务能力，实现"术道共济"共识

技术手段在三者发展脉络中得以深刻体现，极大提高了档案工作效率，但是不能陷入"唯技术流"误区，忽略了档案价值的挖掘，而应关注技术管理与档案服务能力的提升。"唯技术流"是指技术的盲从运用、认为技术方法能够解决一切甚至主导研究的错误认知。当前对"数字人文"研究的批判，集中在技术运用是否促进人文学科发展，还是更迭了人文研究方法。有学者总结出"数字人文"研究的两条路径，并以比较文学为切入点进行质疑[①]，其同样适用于档案研究。一条路径是数字人文的"术"：即档案学科在数字化技术支持下的档案信息传播方式与服务创新。另外一条路径是数字人文的"道"，即数字技术为档案学科等人文学科乃至人本存在提出的全新人本命题，探讨档案凭证、情报、情感等价值如何在数字时代得以阐释。因此，在开展档案数字人文项目的时候，需要考虑数字化技术对档案发掘、传播、阅读与服务方式的可执行度，甚至引发数字人文对学科建构或交叉学科的融合之思考。

---

① 李泉. 比较文学学科发展问题对数字人文学科建设的启示［J］. 江海学刊，2018（3）：206-212.

不可否认，技术运用在现代档案事业发展及电子文件长期保存中起着重要作用，但必须根据实际情况选择合适的工具。

4.3 拓宽档案研究视野，重视跨领域跨专业的融合，完善"海纳百川"功能

"数字人文"（Digital Humanities）在英语中是以复数形式呈现，彰显着数字人文是一项跨领域跨专业的研究，其带有"海纳百川"的内涵。艾伦·蒙斯洛（Alun Munslow）曾在《新时代历史》（*The New History*）一书中指出"人文学者要摆脱'独狼式'工作方式，需要和不同知识背景的学者一同完成课题研究，而不应当孤独地在档案馆翻阅史料"，数字人文背景下档案工作也需要参与跨界研究。第一，要主动发掘自身档案资源亮点、拓宽研究亮点。档案工作者应该及时把握档案馆藏优势，而不是被动"吞并"，尤其开发具有史学研究和文学创作价值的早期档案资料。当前美国图书馆有经验可循，美国数字公共图书馆（DPLA）通过多种方法将异构资源整合，在此基础上提供开放服务和典型案例，它把档案馆、图书馆、博物馆等文化遗产机构或私人收藏机构的分散资源进行整合[①]。

第二，加强与档案系统外部环境的接触，积极参与各类数字人文项目。尤其是在大数据互联网时代，信息交流更为普遍。在保证档案机密性基础上，主动联合政府、高校、图书馆、博物馆和其他文化机构之间的联系，参与文化遗产的保存、解读，并调动公众的参与积极性。截至 2019 年 7 月统计，国内高校（包括港澳台地区）已有 13 个与数字人文研究相关的中心，开展 30 余项涉及档案相关的项目，例如复旦大学历史地理研究中心开通中国历史地理信息系统（CHGIS）、南京大学数字人文中心的清代缙绅录数据库、首都师范大学国学传播中心的古籍电子定本工程、南京师范大学的华夏民族家谱地理信息系统、中国人民大学"双一流"建设之数字人文荣誉学位课程、武汉大学数字人文研究中心的"基于数字古籍语义分析的历史与档案研究项目"等，可见档案元素是数字人文研究不可或缺的部分，值得进一步深入挖掘。

---

① 鲁丹，李欣. 整合异构特藏资源　构建数字人文系统 [J]. 图书馆论坛，2018，38（10）：38–46+29.

高校电子文件在线归档现状问题及对策研究

——以中山大学电子文件在线归档智能代理系统设计为例

舒忠梅　李海涛　刘一凡

摘要： 针对高校电子文件在线归档现状及问题，以中山大学电子文件在线归档实践为例，通过搭建智能归档代理系统平台，提出了分离电子文件归档接收整理与电子档案管理利用，优化电子文件在线归档流程，加密传送数据包，为归档电子文件自动生成元数据文件，统一规范、协调业务系统电子文件在线归档工作，基于负载均衡策略提高电子文件在线归档效率，提升移交归档包质量等高校电子文件在线归档智能代理对策。

关键词： 高校电子文件　在线归档　智能归档代理系统　电子档案

分类号： G271

1 引言

近年来随着信息技术的迅猛发展，高校档案管理工作正面临深刻变革。

作者简介：舒忠梅，中山大学档案馆数字档案部主任、讲师、博士，主要研究方向：档案信息化。李海涛，中山大学信息管理学院副教授，硕士生导师，主要研究方向：档案学基础理论、档案管理学、电子文件管理等。刘一凡，中山大学档案馆副馆长、高工，主要研究方向：档案信息化。基金项目：本文系广东省档案局科研项目"大数据视域下高校档案智能服务体系建设"（项目编号：YDK–202–2018）、国家自然科学基金重点项目（大数据联合基金）（U1811263）、全国教育科学"十二五"规划教育部重点课题（DIA140298）和2018年中山大学本科教学改革研究项目"中山大学档案学专业学生创新创业教育模式研究"的阶段性成果。

顺应趋势积极应变，基于信息技术探寻档案管理工作改革路径成为国内高校档案馆发展的共识①。我国高校目前普遍进入信息化建设高峰期，基于高校层面的信息化统筹，各职能部门业务系统进入快速搭建与逐步完善阶段②。学校人才培养、科学研究、行政管理、社会服务等职能部门在其业务系统中形成的呈级数增长的电子文件已成为高校信息管理的主体资源③。利用新兴信息技术，科学规范高效地归档保存开发利用高校电子文件，是当前高校档案管理工作的重点及难点之一。

归档是将具有档案价值的文件由形成部门向档案部门移交的过程④。电子文件归档是指将具有保存价值的电子文件赋予其档案属性并纳入档案管理范畴的过程⑤。其实质为电子文件控制权的转移，表明电子文件完成电子档案转换后形成了机构共享档案信息资源基础⑥，然而电子文件的信息与载体的分离性及其管理流程的非线性，增加了电子文件归档工作复杂度⑦。从目前高校电子文件归档管理现状来看，存在着电子文件归档流程设计、归档接口对接、归档文件整理等诸多问题⑧。早期高校数字档案管理系统囿于辅助型设计理念和信息环境，其业务或电子档案管理系统（ERMS）的归档管理功能固化单一，当前基于高校电子文件在线归档实践开展归档系统功能设计的研究偏少，与电子档案管理实际对接存在偏差⑨。结合归档实践构建适合高校电子文件在线

① 李明华.在全国档案局长馆长会议上的工作报告[J].中国档案，2018（1）：18-25；赵爱国，樊树娟.一流大学建设视域下高校档案工作的定位与功能浅探[J].档案学通讯，2018（2）：96-100.
② 孙宙，李世收，姚敏.中国高校信息化现状研究——基于江苏高校的实证分析[J].南京工业大学学报（社会科学版），2009（4）：91-96.
③ 陈海平.高校实施电子文件"单套制"归档与电子档案"单套制"管理可行性研究[J].浙江档案，2017（10）：19-21.
④ 冯惠玲.政府电子文件管理[M].北京：中国人民大学出版社，2004：213.
⑤ 冯惠玲.电子文件管理100问[M].北京：中国人民大学出版社，2014：85.
⑥ 黄新荣，王晓杰，庞文琪.网络时代电子文件归档方式研究——兼论逻辑归档的可行性[J].档案学通讯，2014（5）：49-53.
⑦ 陈永生，侯衡，苏焕宁，杨茜茜.电子政务系统中的档案管理：文件归档[J].档案学研究，2015（3）：10-20.
⑧ 符昌慧.高校电子文件归档管理情况分析及对策[J].档案与建设，2015（2）：24-27.
⑨ 田士兵.电子文件归档与管理系统构建[J].中国档案，2017（2）：64-65.

归档实际的业务流程及归档系统，是高校提升电子文件在线归档及电子档案管理质量的前提与保障。因此研究基于中山大学电子文件在线归档管理的实践与应用，探讨了高校智能归档代理系统，并提出提升高校电子文件在线归档流程绩效的对策。

2　高校电子文件在线归档现状及问题

2.1　高校电子文件在线归档现状

（1）研究基于中国期刊全文数据库文献分析，使用高级检索在"篇名"检索项中输入检索词"电子"且含"归档""高校"或"大学"且"文献来源"为档案类核心期刊，发表时间从 2004 年 10 月—2019 年 3 月，共获取 23 条检索结果。相关文献多从理论层面探讨高校电子文件归档现状、问题或管理举措，仅三篇与实务部门电子文件归档实践分析相关[①]，但鲜有从系统实践层面探讨高校电子文件在线归档机制或策略研究。

（2）从政策法规上看，国家档案局"十三五"规划中明确了"持续推进数字档案馆建设，加快推进信息技术与档案工作深度融合的方针"。国家档案局发布《数字档案室建设指南》《档案信息系统运行维护规范（DA/T 56）》《电子文件管理系统通用功能要求（GB/T 29194—2012）》及《电子文件归档与电子档案管理规范（GB/T 18894—2016）》等，为高校电子文档管理提供了政策依据、技术标准和业务规范，对高校电子文件归档及电子档案管理系统标准化建设具有重大指导意义。

（3）从实务部门实践上看，全国多地政府企业等实务部门已开展了不少的相关实践探索，如上海自贸区通过制度创新建立地方性规章的方式，确立

---

① 李月娥，周晓林，贾玲，李真，陆江. 数字校园背景下高校文书档案在线归档模式与实践探索——以中国矿业大学档案馆为例［J］. 档案与建设，2016（4）: 28-31; 吴坚. 高校电子文件归档方法的实践与探讨［J］. 兰台世界，2012（14）: 15-16; 纪晓群，苏卫平，柳萍，张慧慧. 电子公文实时归档的实践与创新——东南大学电子公文归档工作［J］. 档案与建设，2007（6）: 18-19.

电子档案的合法地位，积极开展电子文件"单套制"归档实践工作①；浙江省建立"一键归档、单套保存、一站查询"的行政审批电子文件归档管理模式②；相关单位探讨企业电子文件归档和电子档案管理模式研究等③。上述实务部门实践为高校实施电子文件归档与电子档案管理提供了有益的参考实践模式与经验。

（4）从高校实践上看，清华大学、上海交通大学、东南大学、中山大学等高校已初步实现办公自动化（OA）系统电子文件在线归档，清华大学电子学籍归档中采用了电子印章技术，重点确保归档电子文件的真实性；中山大学在本科生教务、研究生教育和大学服务中心等系统开展电子文件在线归档管理。在高校业务系统电子文件归档功能上，当前已开展电子文件归档的高校多以《电子文件归档与电子档案管理规范（GB/T 18894—2016）》为参照，采用在线归档的方式即业务系统生成的电子文件及其元数据归档数据包，以主动推送或被动抓取方式移交给 ERMS；ERMS 解析后进行四性（真实性、完整性、可用性和安全性）检验、格式化转换、自动赋予利用权限，随后放入电子文件中心以供利用。

2.2　高校电子文件在线归档实践中存在问题

结合上述现状可知目前我国高校电子文件在线归档管理中仍存在不少问题，如在归档文件整理上，通常高校电子文件在线归档采用一份归档文件制作一个压缩包的方法。以文书类电子文件在线归档为例，根据《文书类电子文件元数据方案（DA/T 46-2009）》，一份归档文件对应一套元数据提供相应的描述信息。因此在电子文件在线归档中各业务系统均需为每份归档电子文件生成相应的元数据文件。随着高校各职能部门业务系统应用的推广，高校

---

① 张新，王玮.探索电子文件归档和电子档案管理新模式［J］.中国档案，2018（5）：70-71.

② 林伟宏.网上行政审批电子文件归档研究——以浙江政务服务网为例［J］.档案学研究，2015（6）：35-37.

③ 彭蒙蒙.数字时代下企业电子文件归档和电子档案管理模式研究——以国泰君安证券股份有限公司为例［J］.档案与建设，2018（6）：34-37+8；程毅芳.铁路系统电子文件的归档与管理［J］.档案学研究，2011（5）：46-48.

电子文件来源、数量不断增长，类型多样，也引发了业务系统的电子文件在线归档的系列问题：

（1）高校电子文件归档人员档案素养有待提升，业务系统归档功能开发实用性弱。

高校电子文件在线归档对前端业务系统和归档人员档案素养要求高。一方面上述电子文件在线归档工作需要业务部门归档人员具有一定档案知识及技能储备；另一方面，为了保障待归档电子文件的四性，发挥电子档案的凭证、查考和保存价值，任何与 ERMS 对接的高校业务系统需通过调研，结合系统业务流程、功能设计、接口特点，多轮修正后，才能拟合高校业务归档的实际需求。而实践中高校业务系统的设计开发部门通常不了解电子文件归档和电子档案管理行业标准，系统开发效率低，返工率高，开发成本大。由于不少高校业务系统先于 ERMS 建设，电子文件形成部门的业务系统设计并非完全对接档案管理系统的业务流程及功能需求；归档业务人员归档处理随意性强，致使 ERMS 解析归档数据包时无法正常归档的状况频出。

（2）归档元数据频繁变更导致业务系统归档功能无法及时应对。

高校电子文件在线归档需具有对元数据变化的可适应性。即便学校各业务系统业已实现电子文件在线归档功能，但若出现元数据项发生增、删、改等变更，则需找到所有已完成对接的业务系统所属部门及其开发商，修改相关代码，才能重新实施电子文件在线归档操作，增加了实践操作的困难。

（3）高校电子文件在线归档数据包在线传输缺乏较高层级的安全性保障。

业务系统通过在线方式归档电子文件时，通过网络方式传输待归档数据包。在传输过程中，高校电子文件在线归档采用传统的系统接口，缺乏必要的数据加密及时间戳设定，难以规避归档数据包被非法截取或篡改，归档信息和归档过程的风险规避及安全保障技术弱。

（4）高校电子文件在线归档业务存在峰值期高效有序接收问题。

该问题突出表现为学年结束时，高校教务部门大量待归档的毕业生学籍、成绩单等类型的电子文件与其他业务部门办结待归档的电子文件出现归档峰值，形成 ERMS 归档处理中因大量归档包拥堵导致高校电子文件在线归档流程不畅。

因此简化业务系统电子文件在线归档功能，提供归档数据包在归档传输过程中的安全保障，通过负载均衡并发处理归档数据包避免拥堵，解决高校业务系统电子文件在线归档存在的接收瓶颈，提供对元数据变化的可适应性，确保移交归档包的质量，提高电子文件在线归档效率等应用需求的开发成为解决上述问题的关键。同时为适应高校电子文件在线归档实践，提升 ERMS 与业务系统的兼容性，即 ERMS 系统"包容"多类型归档电子文件，构建业务系统与电子档案管理系统间极大包容性接口 [①]，也是解决上述问题必须兼顾的客观情况。

3 高校电子文件在线归档对策研究——以中山大学电子文件在线归档智能代理系统设计为例

中山大学依托校档案馆及数据共享交换平台，重设电子文件在线归档流程，并通过电子文件在线归档智能代理系统设计与应用，在解决高校电子文件在线归档上述系列问题，进行了有益的尝试与探讨，并积累了一定经验。

3.1　中山大学电子文件在线归档现状及问题分析

基于当前电子文件"双轨制""双套"管理体制，中山大学档案馆在开展纸质文件归档同时开展了电子文件在线归档，按照"一人一事一卷宗"原则，对电子文件在线归档实施前端控制与全程管理，即学校所有重要业务系统在建设初与校档案馆会签，确定电子文件在线归档需求。同时搭建"电子文件归档及电子档案管理平台"ERMS 系统，对接各职能部门业务系统，如图 1 所示。

---

① 陈永生，侯衡，苏焕宁，杨茜茜.电子政务系统中的档案管理：文件归档［J］.档案学研究,2015（3）: 10–20.

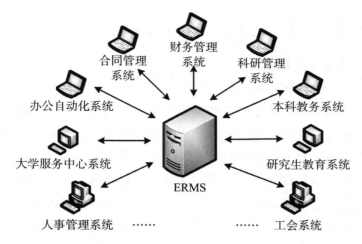

图 1　中山大学业务系统与 ERMS 系统

由于中山大学目前处于信息化建设高峰期，大量旧的业务系统改版升级，新的业务系统纷纷搭建，如 2016—2018 年，中山大学信息化重点建设业务系统由 13 个猛增至 70 个。改版升级及新建的重要业务系统均需与 ERMS 对接开展电子文件在线归档的现状，导致上述共性问题存在于中山大学电子文件在线归档实践：（1）众多业务系统对接 ERMS 后，在大量业务系统归档任务并发时易造成归档数据包拥堵，既影响了业务部门的日常工作，也影响电子文件在线归档质量；（2）各业务系统归档时均需按照档案行业标准和规范生成电子文件及其元数据归档数据包，开发成本较高；而现有 ERMS 电子文件在线归档管理尤其是归档整理和归档协调功能有限，增加了业务系统电子文件在线归档功能需求；（3）电子文件在线归档未考虑对元数据变化的可适应性，暂无可持续性归档机制，避免后期因元数据变化导致归档无法继续而需二次开发；（4）归档数据包在校园网上传输，除了学校部署的校园网络安全防范机制之外，未采取其他安保措施，归档数据包网络传输安全性有待进一步加强。

为此，学校进一步优化全校信息化建设，搭建了数据共享交换平台，重新设计了电子文件在线归档流程，构建电子文件在线归档智能代理系统，实现电子文件在线归档接收整理与电子档案的管理利用分离。

3.2　中山大学电子文件在线归档对策研究

3.2.1　搭建全校数据共享交换平台

针对众多业务系统对接 ERMS 后导致在大量归档任务并发时造成的归档数据包拥堵问题，中山大学通过统筹推进学校信息化建设，消除了学校信息系统"信息孤岛"及"信息壁垒"，加快促进业务协同，建设和部署了中山大学数据共享交换平台（以下简称交换平台），并制定接入规范。交换平台是学校跨部门、跨系统数据共享交换唯一的公共基础设施，负责传输校内不同信息系统间数据，各业务系统之间不再直接对接，而是按照规范要求与交换平台对接，实现业务数据在不同业务系统之间实时、批量、通畅传输，为全校电子文件在线归档及规范化管理提供了统一的信息系统环境。

3.2.2　优化电子文件在线归档流程

针对当前高校电子文件在线归档元数据变化的适应性弱、移交归档包的质量低、电子文件在线归档效率差等问题，中山大学依托校档案馆，优化设计了基于交换平台的学校业务系统电子文件在线归档流程（如图 2），调整了业务系统与 ERMS 的对接。

在优化设计的归档流程里，在业务系统与 ERMS 之间增设了智能归档代理系统，以预接收模式整理和协同调度各业务部门的电子文件在线归档业务[1]。智能归档代理系统是 ERMS 的门户，通过学校交换平台与业务系统数据交互并直接对接 ERMS。学校交换平台主要提供消息转发和 SFTP 存储服务。业务系统所属单位在确定系统归档需求时，与学校档案馆、信息办、网络中心、系统开发公司等多方协商，明确档案馆接收电子文件的来源、控制等级、数据格式、描述层次、归档时间和接口技术细节等。业务系统的电子文件在线归档功能实现后，业务部门仅通过一键归档功能便将归档文件发送至学校交换平台，交换平台将归档文件转发给智能归档代理系统。智能归档代理系统接收后，对电子文件及其元数据内容进行检查整理，按照归档规范自动生成元数据文件，并将数据打包推送给 ERMS，同时从 ERMS 获取归档状态等信息

---

[1]　李海涛. 政府电子文件归档预接收模块研究［J］. 档案学研究，2017（3）：100–104.

反馈给业务系统。

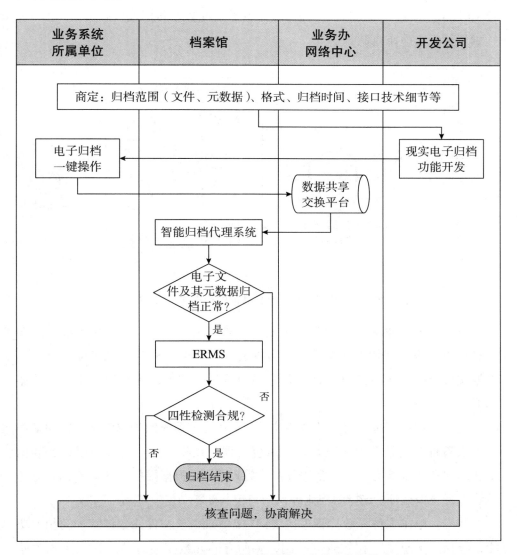

图 2　基于数据共享交换平台的电子文件在线归档流程

3.2.3　智能归档代理系统功能设计及其应用机制

为解决业务系统电子文件在线归档压力、归档数据包传输过程安全性弱、元数据变更导致的业务系统归档功能适应性差等问题，实现负载均衡并发处理归档数据包、避免拥堵等问题，中山大学档案馆联合开发公司基于交换平台重设的电子文件在线归档流程，设计电子文件智能归档代理系统（如图3），并赋予其配套应用机制。

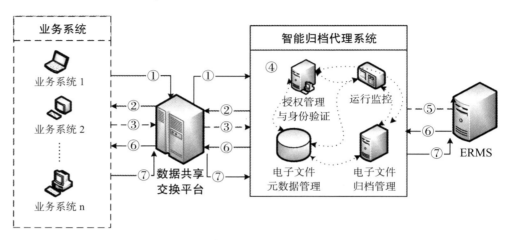

图3　中山大学电子文件智能归档代理系统架构

智能归档代理系统设计中赋予了业务系统准入认证、业务系统归档操作消息接收转发、密钥发放管理、元数据有效性判断、归档记录进度查询、元数据文件自动生成等最终归档文件整理及推送等功能，配套的功能模块具体如下：

其一，授权管理与身份验证模块：主要实现对系统的基础信息设置和多样化授权管理，包括资源权限管理、角色管理与授权、人员管理与授权、数据属性管理和数据规则授权、密钥分配与管理等；并根据授权管理设置，对业务系统进行身份认证；支持归档业务系统登记与注销等。

其二，电子文件元数据管理模块：主要实现电子文件元数据管理的相关功能，包括元数据统一授权管理控制，将所有的元数据通过动态授权为相关业务部门提供统一规范的用户调用接口，保证数据在指定的权限范围内的有效性；支持档案馆管理员做电子档案元数据总表的管理，包括通用元数据和每个业务系统的个性化元数据，支持业务规则动态变化管理，当元数据总表项数增加时，不影响与它无关的业务系统；当元数据总表项数减少或改名时，不影响业务系统；支持档案馆对每个业务系统设定归档业务规则，对业务系统提交的信息进行校验；鉴于 XML 适合文件元数据的描述与保存，校验通过后生成元数据的 XML 文件。

其三，电子文件在线归档管理模块：设置多个任务调度器，有序完成从归档数据包的下载到归档文件生成并推送等一系列的操作步骤。将应归档文件及自动生成的元数据 XML 文件打包，推送到 ERMS 的存储目录，并请求 ERMS 对归档文件进行解析，反馈归档结果，通过与 ERMS 交互完成归档及其过程记录。

其四，运行监控模块：实现对系统所有操作痕迹、数据异常等情况的监控，包括访问请求审计、服务器信息、数据源监控、归档状态监控、系统异常监控等，发现如某个业务系统短时间内提交大量归档请求，或者未成功生成 XML 等异常进行报警。

3.2.4 智能归档代理工作机制设定与其应用实现

为保障归档数据安全，智能归档代理系统工作机制设定中采用 RSA 非对称加密算法，智能归档代理系统和业务系统分别设定一对公钥（PubKey）和私钥（PriKey），且彼此间独立不存在相互推算关系。智能归档代理密钥为 mPubKey 和 mPriKey，业务系统密钥为 bPubKey 和 bPriKey，一致采用公钥加密、私钥解密方式。在归档文件被加密而发送后，作为发送者的业务部门无法对其否认；当归档文件被解密后，接收者无法复制发送者的签名，也无法修改文件。如果文件在传输过程中遭到篡改，接收方可以在利用其密钥验证文件时发现并进行相应处理[1]。

应用中当业务系统首次发出归档请求时，智能归档代理系统验证后返回加密密钥。业务系统使用加密密钥，将需要归档的业务数据打包成加密的 ZIP 文件，上传至交换平台分配的 SFTP 目录。业务系统再次发出归档请求，告知文件已上传，可进行下一步归档操作。

智能归档代理收到该请求后，修改归档记录状态，并从分配的 SFTP 目录

---

[1]　王萍，陈思，李俊蓉. 实施数字签名技术的文件、档案安全性［J］. 档案学研究，2010（3）：63–65.

中获取业务系统上传的归档文件。智能归档代理负责将业务系统推送至交换中心的加密 ZIP 文件进行解密解压，生成 ERMS 预设的归档文件包，提交至 ERMS 可读取的 SFTP 存储中。然后调用 ERMS 接口，提供归档文件包的相关参数，最后根据返回值判断归档状态，并反馈给业务系统。

智能归档代理的电子文件在线归档管理模块包含多个定时任务调度器，有序地对业务系统上传的归档数据文件进行下载、解密、解压、文件读取、内容解析、生成归档元数据 XML 文件、生成最终归档文件包、上传至 ERMS、ERMS 接口调用等操作。针对高校普遍存在的电子文件在线归档业务峰值期的问题，智能归档代理系统采取负载均衡策略，提供单一入口并通过独立运行的服务集群，将应用部署在动态选择的服务器（非单一的服务器）上执行。当请求归档服务时，一个或多个协作服务器响应处理该请求，可并发处理大量的归档文件资源。

综上，参照中山大学实践，基于交换平台的高校电子文件智能归档代理系统密钥及文件传输过程设计对策如下：

①业务系统发出归档请求，交换平台将归档请求转发给电子文件智能归档代理系统；

②智能归档代理系统收到归档请求，验证身份验证通过后，生成一串用于加密业务归档数据 ZIP 文件的明文 UUID（记为 deCode1），并使用业务系统公钥 bPubKey 加密返回密文（记为 enCode1），经由交换平台返回给业务系统；

③业务系统获取数据共享中心转发回来的密文（enCode1）后，使用其私钥 bPriKey 解密获得明文（deCode1），使用该明文加密业务归档数据 ZIP 后上传至交换平台分配的 SFTP 目录下。同时使用智能归档代理公钥 mPubKey 对明文（deCode1）以及 ZIP 文件名、文件存放地址等进行加密，获得密文（记为 enCode2），并将解压归档数据文件 ZIP 的请求经由交换平台转发给智能归档代理系统；

④智能归档代理系统接收到解压请求后，使用其私钥 mPriKey 对密文（enCode2）进行解密，获得明文（deCode1）以及 ZIP 文件存放路径，修改归档记录状态，电子文件在线归档管理服务集群进行解压、生成元数据 XML 文

件等；

⑤智能归档代理系统将归档 ZIP 包及其元数据 XML 文件推送给 ERMS；

⑥智能归档代理系统获取 ERMS 反馈的归档结果状态，由交换平台转发给业务系统确认；

⑦业务系统确认归档结果。

根据前端业务系统应用特征，智能归档代理系统的电子文件元数据管理模块提供元数据映射关系表，配置每个业务系统数据和 ERMS 元数据之间的映射关系及其默认值。每个业务系统与 ERMS 元数据之间的映射关系相对独立。业务系统无需关注电子文件在线归档和电子档案标准，仅需按其业务需求提供归档电子文件及其元数据项内容；智能归档代理系统将按照归档规范自动生成相应的元数据文件。若电子文件元数据发生变动，管理人员仅需调整业务系统相应的逻辑映射关系即可，而数据归档功能保持不变。例如，教务部门在归档"关于 *** 同学转专业的通知"文件时，教务系统将推送该归档文件所应包含的三份计算机文档分别是：发文稿 .pdf，正文 .pdf，附件 .pdf，以及包含"文件题名、责任者、文件时间"等相应的元数据项内容；智能归档代理系统接收检查后自动生成相应的元数据文件 Meta.xml，如图 4 所示，并将数据打包推送给 ERMS。图 5 为中山大学研究生教育管理服务平台电子文件在线归档示例。

图 4　智能归档代理系统整理归档文件包示例

图 5　业务系统电子文件在线归档截图

4　结论

参照中山大学电子文件在线归档智能代理系统设计及应用实践，高校电子文件在线归档应在学校信息安全一体化管理基础上，按照前端控制与全程管理的思想，根据电子文件在线归档的特点和存管要求，建立完整规范的管理体系，对电子文件从产生、移交到长期保存或销毁的整个生命周期进行全程管理，形成电子文件管理的长期保存中心，支持全流程网络化档案管理与服务。在电子文件在线归档实践工作中通过在 ERMS 前增设智能归档代理系统，实现电子文件在线归档接收整理与电子档案管理、利用相互分离，加密传送数据包，为归档包自动生成元数据文件，统一协调、调度、简化和规范高校电子文件在线归档业务部门的工作流程及职能，通过负载均衡提高电子文件在线归档效率，提升移交归档包的质量。

需要一提的是，智能归档代理系统设计中建议采用 HTML5/CSS3 响应式应用方式，基于 Java EE 规范开发。采用构件化设计、Oracle 数据库，采取多层安全管理机制和 MD5 不可逆加密方式，可有效保障归档电子文件安全可靠。在部署上，智能归档代理系统可部署在高校数据中心提供的多台虚拟机上，操作系统可选择 centos7.X 64bit，根据需要对接高校统一的数据共享交换平台、ERMS、办公自动化系统、本科及研究生教务管理系统等主要业务系统，开展电子文件在线归档工作。

少数民族档案学

基于民族文明记忆传承的云南民族伦理档案文献遗产征集抢救研究

华　林　李婧楠　杜仕若

摘要： 云南散存有丰富的民族伦理档案文献遗产，其征集有利于抢救这些濒危档案文献，传承民族文明记忆。论文揭示云南民间民族伦理档案文献遗产分布保管现状，分析存在问题，提出征集抢救建议。构建征集范围体系，建立协作机制开展征集工作，对保护抢救民族伦理档案文献遗产有现实意义。

关键词： 民族伦理档案文献遗产　征集保护　云南省

2017 年 10 月，党的十九大报告指出："文化是一个国家、一个民族的灵魂。文化兴国运兴，文化强民族强。"并提出"加强文物保护利用和文化遗产保护传承"的重要精神。民族伦理档案文献遗产是少数民族先民在长期社会历史发展进程中，使用民族文字、汉文或口述等方式直接形成的，以纸质、石刻或口碑等载体记录和传承民族伦理思想、道德规范等不同形式的历史记录。云南民族伦理档案文献遗产承载着丰富的少数民族传统善恶观、品行修养、友

作者简介：华林，云南大学历史与档案学院教授、博士生导师，全国档案专家，国务院、教育部相关学科建设通讯评审专家。李婧楠，云南大学历史与档案学院硕士研究生。杜仕若，云南大学历史与档案学院硕士研究生。基金项目：本文系教育部重大招标项目"元明清时期中国边疆治理文献整理与数据库建设研究"（21JZD042）阶段性成果、云南大学重大培育项目"少数民族档案文献遗产管理及学科体系建设研究"课题阶段性研究成果。

爱和睦、和谐团结，以及保护自然生态等伦理思想和道德规范的内容，其征集抢救不仅有利于其资源的完整性建设，更好地抢救、传承民族文明记忆；还有利于全面发掘利用这一珍贵民族文化遗产，开展精神文明建设，促进边疆民族地区的稳定发展。

1　征集问题提出

云南散存有丰富的民族伦理档案文献遗产，这些档案文献遗产内容丰富，主要类型有：其一，纸质民族伦理档案文献遗产。主要以文书、古籍的形式，使用民族文字和汉文等直接撰写而成。如以民族文字形成的有康熙四十八年（1709）《迪庆本寨藏公堂布卷藏文公约》、乾隆二十年（1755）《迪庆中心属卡汉藏藏文公约》；傣文《祖父对孙子的教导》《传家祖训》；彝文《劝善经》《道理书》《礼仪书》和《教育子女书》等；以汉文形成的有道光二十五年（1845）《开远市白打公议寨规永垂》、宣统三年（1911）《牟定县迤西冲坝水规》等。云南现存纸质民族伦理档案文献遗产十分丰富，大多散存在各民族地区民间。其二，石刻民族伦理档案文献遗产。云南许多民族都有刻石记事的习俗，常常把一些伦理思想、行为准则或道德规范等刻写在石质载体之上，以维护社会秩序，保护生态环境。这类伦理碑刻有劝诫向善的，如明代《大理洗心泉诫碑》、民国《大理世德堂张氏祖训十诫十务浅言》等；规制恶习的，如清代《迪庆本寨藏公堂限制送礼的公约》《武定县万德禁赌碑》等；维护乡村秩序的，如康熙五十三年（1714）《昆明官渡区阿拉彝族乡小麻苴彝族村乡规碑》、民国《德宏阿昌族村村规民约》等；反映民族团结的，如北宋《段氏与三十七部会盟碑》、1951年立的《普洱民族团结誓词碑》等；保护生态环境的，如明代《云南保山孝感泉四村班水碑记》、民国三年（1914）《盈江县昔马乡黄桑坡护林公约》等。其三，口述民族伦理档案文献遗产。这是云南少数民族先民在社会历史发展过程中，以口耳相传的方式传承下来的口碑档案文献遗产，大多散存在神话传说、民间故事、人物故事、生活歌、劝诫曲、歌谣、谚语，以及一些口述习惯法之中。如云南部分无文字的少数民族在历史上以口耳相传的方式，形成了具有习惯法性质的民约条规，用以维护村风民俗、乡村秩序。主要有《西盟佤族习惯法》《怒江州怒族习惯法》《景颇族习惯法》《临沧双江布朗族习惯法》《西双版纳傣族十二寨规》《西双版纳曼蚌寨寨规》等。

　　云南民间现存民族伦理档案文献遗产保存现状不容乐观，以石质民族伦理档案文献为例。云南少数民族先民为传播伦理道德观念，镌刻形成了丰富的石刻伦理档案文献，这些民族伦理石刻多以白云石、粗砂石、细砂石、石灰石、大理石、砂石等刻写而成，多数石刻档案硬度小，容易受到酸性、碱性物质的侵蚀。如大理白族自治州遗存有 5000 多块白族、彝族、傈僳族等少数民族碑刻，其中，包括了许多乡规民约碑、劝善碑、禁止赌博碑、封山育林碑、保护水源碑、水渠碑等民族伦理碑刻。这些碑刻由于长期遭受风雨侵蚀或人为破坏，多数碑石都不同程度地受到损坏，碑石风化、破碎、断裂或脆化问题普遍存在。如楚雄州武定县发窝乡大西邑村遗存有《大西邑彝族村乡规民约碑》，碑文劝诫全村彝胞共同遵守公山封山规约，保护山林水源；团结护村，抵御外人侵占，保护乡土完整。此碑被移作沟桥用石，后裂碎而不存①。又如云南民间散存的纸质伦理文书或古籍档案文献多为喇嘛、东巴、毕摩、和尚或其他民族群众所珍藏，大多保存在破旧的箱子或麻袋中；有的则藏于山洞、禾仓、楼板夹层、牛圈和烧火煮饭的灶房等，保管条件恶劣，破碎、发霉、受潮、虫蛀和毁坏现象普遍存在②。再以民族口述伦理档案文献为例，据统计，楚雄彝族自治州 1985 年尚有彝族毕摩 2000 人。现今，全州彝族毕摩不足 500 人，年龄最大的有 80 岁，最小的是 30 岁，多为 40 岁以上，在 40 岁以下的只有 10%，其伦理文化的断代传承问题严重，亟待征集抢救③。

　　2017 年 1 月，中共中央办公厅、国务院办公厅印发的《关于实施中华优秀传统文化传承发展工程的意见》指出，"开展少数民族特色文化保护工作，加强少数民族语言文字和经典文献的保护和传播，做好少数民族经典文献和

①　华林.西南彝族历史档案［M］.昆明：云南大学出版社，1999：92.
②　华林等.文化遗产框架下的西部散存民族档案文献遗产保护研究［J］.档案学通讯，2013（3）：85-88.
③　李惠兰.楚雄州彝族毕摩文化保护与传承的思考［J］.彝族文化，2013，（1）：49-55.

汉族经典文献互译出版工作"。云南少数民族伦理档案文献遗产承载着丰富的民族传统伦理思想和道德规范等伦理文化内涵,这些伦理文化在维系民族团结、维护边疆民族地区稳定发展方面发挥了重要历史作用。而如何做好其档案文献遗产的征集抢救,更好地保护、传承与弘扬这一优秀民族文化遗产已成为亟待解决的紧迫现实问题。

2　征集抢救意义

2.1　传承民族文明记忆

云南民间遗存有丰富的民族伦理档案文献遗产,按其存在形式可划分为纸质伦理档案文献,如彝文《劝善经》《道理书》《教儿教女书》《教育子女书》《道德书》《尊敬父母》《彝汉教典》《天神劝善论》《教育经典》等;石刻伦理档案文献,如大理市吊草村的《永远护山碑记》、祥云县的《祥云县东山民族水利碑》、景东县的《景东封山育林碑》、武定县的《万德禁赌碑》、禄劝的《民间防盗碑》等;口述伦理档案文献,如生活故事、幻想故事、动物故事、寓言、笑话等。这些伦理档案文献遗产作为少数民族传统伦理思想和道德规范的主要载体其内容极其丰富,包括"对民族之间、民族内部支系及其成员之间道德协调的认识和行为规范;对于自然环境的认识和协调要求;对于劳动的基本态度;爱情、婚姻和家庭的基本道德准则;关于生死、荣辱、幸福、勇敢、公正、善恶的道德观;与宗教生活相关的信仰和宗教伦理等等。……是中华民族宝贵的精神财富"[①]。目前,这些珍贵的民族伦理档案文献遗产大多散存民间,破损流失问题十分严重。开展征集抢救工作,可将散存在各民族地区的民族档案文献遗产,通过原件征购、复印、拓印、迁移保护,以及文字记录或声像拍摄等方式,将民间散存的各种民族伦理档案文献遗产集中到档案馆或博物馆等保管,以抢救其承载的民族伦理文明,更好地保护、传承与开发这一珍贵

---

① 高力.中国少数民族道德生活与民族精神文化[J].伦理学研究,2013(4):36–37.

民族文化遗产。

2.2 弘扬民族伦理文化

2017 年 10 月，党的十九大作报告指出：“要提高人民思想觉悟、道德水准、文明素养，提高全社会文明程度。”云南民族伦理档案文献遗产作为其伦理文化的主要承载媒介，记录了丰富的少数民族先民形成的行为准则、道德规范和伦理思想等方面的伦理文化，“是少数民族聪明智慧的结晶和优秀传统文化的表现”[①]。如洱源县邓川镇保存有明代《大理白族洗心泉诫碑》，碑文劝诫人们“不可集聚赌博，……不可习尚懒惰，不可沉迷酒色，……不可损坏桥路，不可增减秤斗，不可用强买卖，……不可倡率凶武，……不可相诬词讼，不可泼骗咒骂，……不可婚姻论财”等，并指出，“但凡一人首倡良善，则一家皆良善，一乡一郡相效，而同为良善，礼义之俗自此成矣”。[②] 又如傣族先民在历史上形成了《祖父对孙子的教导》《教训儿子处事的道理》《传家祖训》等伦理档案文献，这些文献传承下来了许多优秀的民族伦理思想和道德观念，如爱护同胞、民族友爱；家庭和睦、邻里互助；热爱劳动、征服自然；广行善事和维护社会公德等，在维护傣族社会秩序，促进傣族社会历史发展方面做出了重要历史贡献。云南民族伦理档案文献遗产承载着丰富的民族伦理文化，其征集抢救不仅可完整传承其文明记忆，还可全面开发这一珍贵民族文化资源，开展民族地区精神文明建设，促进边疆民族地区的稳定发展。

3 征集存在问题

3.1 分布广泛

云南有 25 个少数民族，各个少数民族在历史上都形成了丰富的维护社会

---

① 程文，杨文武，黄雅恒.少数民族传统伦理道德现代转化的实证分析——以贵州黔北地区仡佬族为例［J］.毛泽东邓小平理论研究，2013（8）：67–70+93.

② 段金录，张锡禄.大理历代名碑［M］.昆明：云南民族出版社，2000：327–328.

秩序、保护森林水源等方面的伦理文化，留下大量伦理档案文献遗产。这些伦理档案文献类型多样，各个民族地区都有遗存。以民族石刻伦理档案文献的分布为例，如红河哈尼族彝族自治州保存有《开远市皮坡永除流弊碑记》《个旧公议厂规碑记》《石屏秀山封山护林碑记》《开远市倮施黑永垂不朽碑》等；文山壮族苗族自治州保存有《广南县旧莫汤盆护林告白碑记》《丘北县天星乡扭倮村垂芳后世护林碑》《丘北县腻脚乡架木革村护林碑》等；楚雄彝族自治州散存有《楚雄鹿城西紫溪封山护持龙泉碑序》《禄丰川街阿纳村土主庙封山育林乡规民约碑》《元谋县新华乡大河边村永顺乡规碑》《武定县万德禁赌碑》《大姚县龙吟书院详定膏火章章程碑记》等；大理白族自治州散存有《祥云县禾甸五村龙泉水利碑》《大理护松碑》《弥渡县永泉海塘碑记》《云龙县永安村正俗碑记》《洱源县炼渡村戒赌碑》等；思茅市保存有《江城县洛洒五禁牛宗碑》《景东县者后封山育林碑》《墨江县团田乡绿叶村乡规民约》等；临沧市散存有《云县云州村规民约石碑》《缅宁厅革除土司弊政禁约碑》等；德宏傣族景颇族自治州散存有《阿昌族村村规民约》等；丽江市散存有《丽江永远遵守禁山碑》等。民族伦理档案文献遗产分布保存的广泛性对其征集保护带来了严重的影响，如许多少数民族形成的民族石刻伦理档案文献主要分散在山区和半山区，地处偏远，无论是拓印复制还是或拍摄征集都较为困难。又如，多数伦理档案文献都散落在各民族地区的边远乡村，多为当地村寨的喇嘛、毕摩、东巴、和尚或民间艺人等保存，加之档案馆受人力和经费限制，对其征集抢救十分困难。

3.2　经费匮乏

就民族伦理档案文献遗产征集抢救主体而言，主要有档案馆、图书馆、博物馆、民委古籍办、民族研究所或文化馆等，从征集方式看，主要有接收、捐赠、复印、拓印、征购或代存等。在纸质伦理档案文献的征集方面，目前，主要使用购买或复制方式进行征集。随着商品经济的不断发展，加之《物权法》颁布后，少数民族物权意识的树立以及经济利益驱使，民间散存伦理档案文献的征集成本攀升，许多使用事业经费进行文献征集的档案馆、图书馆、博物馆和民委古籍办等都面临着征集经费不足的问题。以 2013 年云南省各级国家综合档案馆事业经费为例，其中，云南省档案馆 2，231.58 万元；德宏傣族自治州档案馆 23.00 万元；迪庆藏族自治州档案馆 5.00 万元；梁河县档案馆 33.00 万元；盈江县档案馆 6.00 万元（数据由云南省档案馆提供）。再从民族纸质伦理档案文献的购买价格看，一般的伦理古籍价格已经攀升到 1 万元左右。如据云南省德宏傣族自治州图书馆副馆长介绍，馆藏部分傣文古籍都是征集而来的，收集经费主要是从图书馆每年的购书经费中支出。2013 年在民间发现了一套珍贵的傣文古籍，最后花了 5 万元才购买到原件。而事业经费较少的德宏傣族自治州档案馆、迪庆藏族自治州档案馆、梁河县档案馆和盈江县档案馆等，所划拨的经费仅够维持档案馆正常工作的开支，开展民族伦理档案文献征集工作十分困难。目前，经费匮乏已成为民族伦理档案文献遗产征集工作开展的主要制约因素。

3.3　协作缺失

从民族伦理档案文献遗产属性看，它隶属文化遗产的范畴，并具有民族文献、民族档案、民族文物或古籍等多重属性①，因此，除档案馆外，相关政府部门或文化机构，如图书馆、博物馆、民委古籍办、民族研究所或文化馆等，都征集抢救了大量的民族伦理档案文献遗产。征集主体众多有利于集中政府或社会力量，集中保护民间散存的民族伦理档案文献，同时，也给征集抢救工作带来了部分问题：其一是征集价格的攀升问题。民族伦理档案文献具有其历史性和独特性，主要为喇嘛、东巴、毕摩、和尚或其他民族群众所收藏，随着商品经济意识的增强，加之征集主体众多，征集价格不断攀升，给民间散存伦理档案文献的征集带来极大的困难。其二是重复征集问题。云南民间散存的一些伦理档案文献，如彝文《劝善经》《教育书》等较为丰富，许多民委古籍办、档案馆、图书馆等都有收藏，一些文化馆、图书馆等还制作仿真件进行收藏，造成征集或保护资源的浪费问题。鉴于此，如何在民族文化遗产保护框架下，构建协作机制，共同做好民族伦理档案文献遗产征集工作已经成为亟待解决的主要问题。

---

① 华林，刘大巧，许宏晔. 西部散存民族档案文献遗产集中保护研究［J］. 档案学通讯，2014（5）：36–39.

4　征集抢救对策

4.1　依托发展规划，开展征集工作

云南省长期重视少数民族档案资源建设工作，2010 年，云南省档案事业发展"十二五"规划提出了在"十二五"期间，逐步开展对云南 15 个特有少数民族档案的收集、征集工作，开展民族文献资料、民族语言文字、民族风俗、民族医药、手工技艺等档案的抢救与保护，建立云南省少数民族档案数据库的民族档案资源建设目标①。2016 年，云南省档案事业发展"十三五"规划提出，要进一步"加强地方民族特色档案征集工作"的少数民族档案工作方针②。在此背景下，建议将云南民族伦理档案文献遗产征集抢救纳入少数民族档案工作规划之中，投入相应的征集经费，作为少数民族档案工作的一项重要内容进行开展，以做好这一民族伦理文化遗产的保护抢救与发掘利用工作，为民族地区精神文明建设提供文化助力。

4.2　构建体系框架，开展征集工作

从云南民族伦理档案文献遗产遗存类型看，主要有纸质民族伦理档案文献遗产，其中包括纸质伦理文书和古籍；石刻民族伦理档案文献遗产，即镌刻有伦理思想、行为准则或道德规范的碑刻或摩崖等；口述民族伦理档案文献遗产，这是云南少数民族先民以口耳相传的方式传承下来的，反映其伦理思想或道德观念的口碑档案文献遗产等。为全面抢救民族伦理档案文献遗产，保证民族文明记忆构建的完整性，建议构建其资源体系框架，开展征集抢救工作。其一，构建资源体系框架，指导征集抢救工作。即依据云南民族伦理档案文献遗产遗存类型，按照纸质、石刻或口述民族伦理档案文献遗产等模块

---

① 　云南省档案局 . 云南省档案事业发展"十二五"规划［EB/OL］.［2011−08−29］.

② 　云南省人民政府办公厅关于印发云南省档案事业发展"十三五"规划（2016—2020 年）的通知［EB/OL］.［2016−07−27］.http：// www.yn.gov.cn/zmgk/zcwj/yzfb/201607/t20160727_144219.html

构建其资源体系框架，用以作为其征集、整理等资源建设工作的依据。其二，制定其征集规范，开展征集抢救工作。具体而言，就是要依据云南民族伦理档案文献遗产资源体系框架，制定其征集规范，将各种类型的民族伦理档案文献遗产纳入征集范围，以保证其资源体系的完整构建。

4.3　构建协作机制，开展征集工作

2005 年发布的《国务院关于加强文化遗产保护的通知》第 5 条指出："成立国家文化遗产保护领导小组，定期研究文化遗产保护工作的重大问题，统一协调文化遗产保护工作。地方各级人民政府也要建立相应的文化遗产保护协调机构。"[①] 少数民族伦理档案文献是珍贵民族文化遗产，其征集抢救涉及政策法规、社会资源、经费投入和人才队伍建设等方面，为此，建议在文化遗产保护框架下，由云南省文化厅牵头，构建协作机制，领导、组织和协调档案馆、图书馆、博物馆、民委古籍办、民族研究所和文化馆等机构的征集抢救力量，充分发挥这些政府部门和文化机构在征集抢救、技术保护和译注整理等方面的优势，分工合作，共同做好民间散存民族伦理档案文献遗产的征集抢救工作。

4.3.1　整合资源，开展征集抢救工作。

依托协作机制，协调档案馆、图书馆、博物馆、民委古籍办、民族研究所和文化馆等机构，共同开展征集抢救工作。其方式有：一是采用捐赠、征购或复印等方式，对民间散存纸质类民族伦理文书、古籍等进行征集。如红河州民族研究征集到 200 多部少数民族文献，其中包括了《劝善经》《教育子女书》和《孝敬父母》等部分伦理道德档案文献。二是对散存野外的石刻伦理档案文献遗产，采用迁移、拓印、抄录或拍摄等方式进行征集。如大理白族自治州档案馆长期开展境内散存白族伦理石刻的普查征集工作，拓印征集到碑刻拓片 26 个案卷、1453 张，其中有许多乡规民约或保护森林水源的伦理石刻档案文献（资料来源于实地调研材料）。三是使用文字记录，以及录音或录像的方式，对民间口述伦理文化等进行征集，以物化建档的方式，留存这些

---

① 国务院.国务院关于加强文化遗产保护的通知［N］.国务院公报.2006（5）.

宝贵的民族伦理记忆。

4.3.2　二次征集，集中保护珍贵档案。

《档案法》第 11 条规定："机关、团体、企业事业单位和其他组织必须按照国家规定，定期向档案馆移交档案。"[①] 为集中保护民族伦理档案文献遗产，形成资源优势，建议依据国家档案法规，开展二次征集工作。其一，民族档案文献遗产的政策法规认定。目前，国家档案局或西部许多省区，都以政策法规的方式，将民族档案纳入档案馆档案管理工作范畴。如 2007 年修订的《云南省档案条例》第 20 条规定："有关单位应当加强对记述和反映少数民族政治、经济、文化等活动档案的收集、整理、保护和开发利用。"[②] 将其纳入档案工作范畴，可将民族档案文献集中到档案室保管，也为其移交档案馆保护提供了政策依据。其二，民族档案文献遗产的集中保护。即依据《档案法》第 11 条规定，将图书馆、博物馆、民委古籍办、民族研究所、文化馆、非遗保护中心、史志办、群艺馆等保存的民族伦理档案文献视为国家档案，在这些单位保存10 年之后，将原件移交给档案馆集中保存，以更好地保护抢救与发掘利用这一珍贵民族伦理文化遗产。

①　中华人民共和国档案法 [N].中国档案报，2017-05-15（003）.

②　云南省档案条例 [J].云南档案，2008（2）：19-22.

纳西族档案文献资源开发利用的新思考

陈子丹　李孟珂　曾　艳

摘　要：纳西族档案文献资源开发利用是保护和传承纳西文化的重要手段和途径。本文简要回顾了纳西族档案文献开发的现状，总结了取得的成绩，指出存在的不足，提出今后的发展对策。认为改革开放四十年来，纳西族档案文献资源的开发利用取得了显著成就，但也存在着诸多困难和挑战。在新形势下，档案部门应加强与社会力量的协同合作，大力开发有地方民族特色的档案文献资源，加大东巴文化创意产业的开发力度，关注新生档案信息资源的开发利用，运用现代信息技术构建数字化国际共享平台。

关键词：档案文献　资源　开发利用　纳西族

纳西族古称"么些"，是从我国西北甘青河湟地带向南迁徙的古羌人，现有人口约 25 万，主要分布在滇西北的丽江市、迪庆州和四川省盐边、盐源、木里及西藏自治区芒康等县，其中 70% 聚居在丽江市古城区和玉龙纳西族自治县（原丽江纳西族自治县）。纳西族在保持和发展本民族传统文化的同时，又吸收了汉、白、藏等民族文化，使纳西族地区成为喜马拉雅山脉周边的文化富集地区。纳西族妇女服饰上面缀有日月和七星，有"披星戴月"的勤劳美称。丽江古城有"家家流水，户户垂杨"的美景，是中国历史文化名城和

作者简介：陈子丹，云南大学历史与档案学院档案与信息管理系教授、博士生导师，主要研究方向：历史文献学、民族档案学、信息资源开发利用。李孟珂，云南大学历史文献学专业博士生，主要研究方向：档案资源建设与开发。曾艳，云南大学图书情报专业硕士生，主要研究方向：档案信息资源开发与利用。
基金项目：本文系 2017 年度教育部人文社会科学研究西部和边疆地区项目"云南少数民族濒危语言档案化建设与开发研究"（项目批准号：17XJA870002）阶段性成果。

世界文化遗产。"三朵节"是纳西族传统节日。

纳西族历史悠久，文化传统源远流长。早在远古时期，纳西族先民就创造了本民族的古文字——东巴文。东巴祭司用这种象形文字写下了博大精深的东巴经卷，形成了反映纳西族社会实践活动的档案文献，但由于历代封建统治者对少数民族的歧视和偏见，纳西族地区的土官土司也不重视本民族传统文化，没有收集、整理和保存档案文献的意识，致使纳西族档案文献资源长期得不到有效的开发和利用。中华人民共和国成立后，特别是改革开放四十年来，在中外纳西文化研究者的辛勤努力下，纳西族档案文献资源的开发利用取得了前所未有的成就。本文试对纳西族档案文献资源开发利用的内涵、现状及对策等问题进行初步探讨，希望有助于这一民族文化瑰宝的开发利用。

1 纳西族档案文献资源开发利用的内涵

1.1 档案资源

档案资源是"档案"与"资源"的组合概念。"档案是社会组织或个人在以往的社会实践活动中直接形成的具有清晰、确定的原始记录作用的固化信息。"[①] 这一定义强调档案是一种信息，并突出了档案与其他信息的区别在于原始记录性和清晰明确的固化形式，将档案这一信息物的信息内容和信息载体特征都涵盖在内。资源是指"在自然界和人类社会中一切可以用来创造物质财富和精神财富的客观存在形态"[②]。或者是"通过人类的参与而获取的（或可获取的）可利用的物质、能量与信息的总和"[③]。这些定义都强调资源必须具有可利用性和人类劳动的参与性。结合"档案"与"资源"的含义，我们可以认为：档案资源就是档案这一信息物中包含和承载的通过人类参与而可供人类用来创造物质财富和精神财富的信息集合。

① 冯惠玲，张辑哲．档案学概论（第二版）[M]．北京：中国人民大学出版社，2006：6.
② 娄策群．信息管理学基础（第二版）[M]．北京：科学出版社，2009：33-35.
③ 孟广均．信息资源管理导论（第三版）[M]．北京：科学出版社，2008：30-34.

1.2　纳西族档案文献资源

纳西族档案文献资源包括两大类：一类是原生性档案文献资源，另一类是再生性档案文献资源。前者是档案文献资源开发利用的素材，后者是档案文献资源开发利用的产品。主要有东巴经、东巴文献、东巴画、东巴音乐、东巴舞谱、土司史料、石刻碑文、文艺遗产、口述历史、"非遗"档案等。东巴经是东巴文化的精粹，集纳西古文化之大成，卷帙浩繁、内容宏富，堪称一部"纳西族古代社会的百科全书"。其中的创世神话《崇搬图》（又名《人类迁徙记》）、英雄史诗《黑白争战》（《董埃术埃》）、悲剧长诗《鲁般鲁饶》并称为纳西族"三大史诗"。以东巴经为核心构成的东巴文化，自19世纪以来就引起了国内外学者的关注，世界上许多国家和地区都收藏有东巴经，2003年8月东巴古籍文献成功入选《世界记忆遗产名录》。东巴文献包括轶闻杂记、记事账本、契约信件、协议文书、题铭档案等。东巴画是纳西族古代绘画中最有代表性的艺术遗产，分为竹笔画（本画）、木牌画（课牌）、纸牌画、卷轴画（普劳幛），常见的有经书的封面和题图，做法事时用的布帛（卷）画、木牌等，巨型长卷画《神路图》是目前已知最长的直幅卷轴画，也是最为凸显纳西族东巴原始宗教艺术特色的东巴画，与但丁的《神曲》有异曲同工之妙，被誉为"东方神曲"。东巴音乐是东巴在宗教祭祀活动中吟诵的一种曲调，并有器乐伴奏，这种音乐流传于东巴口头，或零星保存于东巴经和东巴画中，除了占卜经书外，东巴经书都要通过东巴诵唱表现出来。东巴舞谱（《蹉姆》）是世界上最早用图画象形文字记录的舞谱之一，保存了纳西族古代舞蹈的精华。其中最著名的有《跳神舞蹈规程》《祭什罗法仪跳的规程》《东巴舞蹈来历》《舞蹈的出处与来历》，这4种舞谱是国内迄今发现的唯一一套民族古文字舞谱。石刻碑文中的"石鼓木氏纪功刻辞""木氏历代宗谱碑"以及丽江上桥头明万历十七年（1589）的格巴文、藏文、汉文对照摩崖石刻等，都是研究纳西族的重要原始资料。

1.3　纳西族档案文献资源开发利用

纳西族档案文献资源开发利用是采用各种专业方法和现代技术，对纳西族档案文献承载的信息内容进行一定程度的加工处理，如著录、标引、建立检索系统、编写参考资料等生成一、二、三次档案文献，将潜在的"固化"文献信息"活化"，或是将"静态文献"变成"动态信息"，为社会提供利用服务的过程。其方法和途径主要包括东巴档案文献译注、史料文献编辑出版、利用文献资料编史修志、东巴文化宣传展览、档案数据信息上网公布、动漫创意作品开发等。

2　纳西族档案文献资源开发利用的现状

纳西族档案文献资源的开发利用，最早可以追溯到 1913 年法国学者巴克著的《么些研究》，此书"对四页东巴经经文作了逐字的注音解读，并对经书内容作了详细的解读、翻译"，"即首先对经文中的字符逐个标上汉义，然后对原文每个字符的音值用国际音标标注，并用法文直译出原文内容，然后逐段按语篇段落为单位译出经文内容"[①]。尽管只破译出四页，却是迄今为止西方学者绝无仅有的四对照东巴经译本。在国内，直到 1948 年才有傅懋勣的第一个四对照破译本问世，到 1978 年总共也只有四对照破译的东巴经典 32 种[②]，在卷帙浩繁的东巴经典中只占不到百分之四。1981 年东巴文化研究室刚成立，就"把东巴典籍全部原原本本地翻译出来，使之成为任何学者都可藉以研究的资料"作为"当务之急"[③]。在头十年中，用了近七年时间，完成了 1000 余种东巴经的记音记义和近 3000 种经卷的对译意译工作，又用了约两年时间，复原了 8 个仪式，制作了 8 盒东巴教仪式录像带和 300 余盘录音磁带，记写

---

①　木仕华.十九世纪末至二十世纪初西方关于纳西文化研究的述评［J］.云南民族学院学报（哲学社会科学版），1999（1）：91.

②　即：傅懋勣的《丽江么些象形文〈古事记〉研究》、丽江县文化馆石印本（1962—1965 年）22 种、李霖灿的《么些经典译注九种》。

③　和万宝.东巴文化论集·序［C］//郭大烈，杨世光.东巴文化论集.昆明：云南人民出版社，1985：2.

翻译了 20 余种仪式规程 [①]，举办了一期东巴文记音训练班，培养了 20 多位从事东巴文记音记义的业余研究人员，为抢救工作打下良好基础。同时搜集了一批珍贵的图籍文物资料，除保存东巴经、东巴画、东巴文印刷板外，还收藏有中外学者研究东巴文化的辞书、译本、专著、论文、资料、照片、录音、录像、光盘 [②] 以及东巴用于法事活动的板铃、海螺、法杖、法鼓、五佛冠等。

丽江县博物馆先后征集到珍贵东巴经 400 余册，画幛、法器等东巴用具 200 余件，传统纳西族日常用具 300 余件，复制东巴木牌画、木偶、陶俑等 500 余件，充实了馆藏。1994 年成立东巴文化博物馆，2004 年与市文管所合并升格为丽江市博物院，收藏文物一万多件，其中有东巴文物 2500 多件。

丽江县图书馆保存了 5000 多册东巴经。20 世纪 60 年代初，丽江县就组织人力，拨出专款，召集周汝诚、和锡典、桑文浩、周耀华、李积善、赵净修等纳西学者，并聘请久嘎吉、年恒、和芳、和九日、和正才等老东巴，对馆藏东巴经进行抢救性整理、翻译，从 1962—1965 年共整理出 13 大类 528 册，译出 140 多本，但由于未及时回收归档和条件限制，只石印了 22 种标音对照本 [③]，分送全国各大图书馆收藏。

原丽江地区的各级档案部门做了大量的收集整理工作，保存有部分东巴经和文献，以及少量的碑刻拓片和有关纳西文化的研究资料。如丽江地区档案馆还存有制作于民国二十七年（1938）的大研洞经会会员名册 1 本，名曰《永保平安》，内有进士和庚吉撰写的《永保平安序》及当时的会员 119 人的姓名、字号 [④]。丽江地区和丽江、宁蒗、永胜县档案馆还收藏有 1949 年以前形成的历史档案近 2000 卷。

云南省图书馆收藏有东巴经 744 册，1986 年开始对这批东巴文化典籍进行分类编目，共分为 28 大类，编出详细目录，不仅推动了地方民族文献的收集整理，也对建设有地方民族特色的馆藏资源起到积极作用。

---

① 陈子丹.纳西族档案史料研究 [J].中央民族大学学报（哲学社会科学版），2000（3）：54.

② 陈子丹.纳西族档案史料研究 [J].中央民族大学学报（哲学社会科学版），2000（3）：114.

③ 张公瑾，黄建明.中国民族古籍研究 60 年 [M].北京：中央民族大学出版社，2010：38.

④ 和力民.论丽江洞经音乐的特色和起源 [J].南京艺术学院学报（音乐与表演版），2009（3）：37.

云南省档案馆珍藏有东巴经 5 册（1991 年征集入馆），从集子的封面贴面来看，贴有朱砂、黑面，纸质是竹棉粗质纸，估计形成于清末光绪年间。

3　纳西族档案文献资源开发利用取得的成就

3.1　东巴档案文献译注取得重大进展

20 世纪 80 年代以后，纳西东巴古籍的译注大致分为两个阶段：第一个阶段（1981—2001 年）历时 20 年，主要成果有：（1）从原丽江县文化馆收藏的 5000 多册东巴经中分出 1134 种，按内容编出 30 大类书目，标音对译 1500 多卷，内部印行 25 册，公开出版 3 卷，编印《东巴经选译》1 册；（2）《纳西东巴古籍译注》3 卷本（云南民族出版社 1986、1987、1989 年出版），共收录 10 种东巴古籍；（3）和志武编译《纳西东巴经选译》《东巴经典选译》，吕大吉、和志武主编《中国原始宗教资料丛编·纳西族卷》；（4）戈阿干编著《祭天古歌》《东巴文化真籍》；（5）《纳西东巴古籍译注全集》100 卷 897 种 936 册，云南人民出版社 2000—2001 年出版，这是一项跨世纪的少数民族古籍文献整理出版工程，相关机构为此投资了 2100 万元。

近年来，丽江东巴文化研究院承担了国家社科基金项目《纳西东巴大词典》的编纂工作，完成云南省哲学社会科学"九五"规划项目"纳西族东巴教 29 种仪式资料整理"并作为东巴文献的背景资料出版发行，完成并出版云南省哲学社会科学"十五"规划项目《东巴占卜典籍研究》，编纂出版《西南少数民族文字文献》第 12–14 卷（纳西族文献），与中央民族大学合作编纂出版《中国少数民族原始宗教经籍汇编·东巴经卷》。

第二个阶段是对美国哈佛大学燕京学社图书馆收藏的 598 卷纳西东巴经书的翻译，该项目始于 2008 年，至今仍在进行中。2011 年已由中国社会科学出版社出版了四卷本《哈佛燕京学社藏纳西东巴经书》，共收录 77 本东巴文献。

3.2　史料文献的编辑出版成效显著

3.2.1　纳西族土司史料的编纂

《木氏宦谱》是一部记载丽江木氏土司家族世系的谱牒档案，在云南省博物馆库房中尘封了近五十载，2001 年云南美术出版社首次采用彩色影印、制版成书的方式刊印发行了这部珍贵的手抄本，真实反映了《木氏宦谱》文谱和图谱的原貌 [①]。木光编著的《木府风云录》收录了《木氏宦谱》甲、乙本及有关传记，木琼呈报云南省政府《承袭清供册》,《木氏历代宗谱》碑,《皇明恩纶录》,木氏序系排行表——自明洪武御赐木氏始，历代木氏土知府承袭简表，明代御赐金牌金带、封诰、题字等档案文献，此外还有木氏土司诗文选、明清学者论木氏土司及其诗文集序跋以及编著者（木光）研究木氏土司的文章 [②]，为研究丽江木氏土司提供了最重要、最基础的资料，也是对丽江文化建设的一份贡献。《永宁土司署档案文书摘抄》抄录了永宁土司衙署的部分文书档案。

3.2.2　纳西族石刻碑文的编纂

纳西族地区的历代碑刻在旧志及文史资料中有一些记载，但数量较少，讹误百出。杨林军编著的《丽江历代碑刻辑录与研究》《纳西族地区历代碑刻辑录与研究》多方收集整理原丽江纳西族自治县（今丽江市古城区和玉龙纳西族自治县）境内及纳西族地区古代至 1949 年的碑刻，按内容分为宗教、人物、历史事件、路桥、教育、法律法规和其他七大类，各类又按碑刻撰写时间顺序排列，每件碑刻又分"基本概况""碑文""碑文述略"三部分，并附上碑文拓片或照片，结构明晰，自成体系。两书正文录 189 种，附录 76 种，共 265 种。有的碑刻鲜为人知，有的失而复得，资料丰富珍贵，覆盖面广；辑录者对碑刻的评述切实客观，不乏创见；订正讹误，谨慎有据，令人反思戒鉴 [③]。

3.2.3　纳西族文学艺术作品的编纂

纳西族文学艺术作品的编纂成效显著，发掘、整理和出版了一大批优秀

---

① 张永康，彭晓.木氏宦谱（影印本）[M].昆明：云南美术出版社，2001：1.

② 木光.木府风云录 [C].昆明：云南民族出版社，2006：1-4.

③ 杨林军.纳西族地区历代碑刻辑录与研究 [C].昆明：云南人民出版社，2015：5-6.

文学艺术遗产，具有代表性的作品有：《纳西族民间故事选》《格拉茨母》《查热丽恩：纳西族叙事诗》《鲁般鲁饶（纳西族叙事长诗）》《丽江地区民歌集成》《纳西族诗选》《玉龙山情歌》《纳西族民间故事集成》《云南摩梭人民间文学集成》《纳西族古代舞蹈和舞谱》《东巴文化艺术》《纳西族当代诗选》《纳西族民间故事》《纳西族民间歌曲集成》《纳西族民歌译注》《东巴文印谱》。

3.3 利用文献资料编史修志取得丰硕成果

利用纳西族文献资料进行编史修志取得丰硕成果，主要史志著作有：《纳西族简史》《纳西族史》《纳西族文学史》《纳西族文化史》《东巴文化史》《纳西族人物志》《纳西族民俗志》《纳西族风俗志》《丽江纳西族自治县概况》《丽江纳西族自治县志》等。

3.4 东巴文化的宣传展览影响深远

通过举办座谈会、国内外学术研讨会、展览会、艺术节，创办报刊等多种形式，扩大对外宣传与展示。如 1983 年在丽江召开了"东巴、达巴座谈会"，1999 年在丽江召开了首届"国际东巴文化学术研讨会"，1999 年、2003 年在丽江分别举办了两届"国际东巴文化艺术节"。2003 年召开了"联合国教科文组织亚太地区文化遗产管理第五届年会"，2004 年举办了国际性的"世界遗产论坛"、"徐霞客与丽江"全国性学术讨论会。在国内外多次举办"纳西东巴文化展"，多角度展示以东巴文化为代表的纳西文化的诸多内容和层面。创办了《玉龙山》《东巴文化报》等报刊，向国内外介绍东巴文化基本知识、研究成果和发展方向。通过广播、电视、出版、网络等多种渠道向世界宣传东巴文化，同时在东巴宫、东巴谷、东巴万神园、丽水金沙、纳西古乐会、木府等著名东巴胜地表演东巴文化题材的节目以及在春节期间举行赠送东巴字画等活动进行宣传 ①。

---

① 杨世英，王洪 . 东巴文化的传承现状及存在问题分析 [EB/OL] . [2015-01-12] . 豆丁网 . www.docin.com/p-1020906526.html

3.5　档案数据信息得以上网公布

随着网络平台的崛起，有关纳西东巴文化的网站也相继出现，如丽江纳西网、纳西文化面面观、东巴文化主页等，纳西族历史文化知识和信息依托这些平台得以广泛传播，实现资源共享。在云南省档案馆已建成的云南少数民族档案数据库中，将 2013 年征集到的纳西族档案全宗分为图书（146 本）、照片档案（126 幅）、音像制品档案（19 份）、实物档案（8 件）四大类上网展示 [①]。

3.6　动漫创意作品开发方兴未艾

云南大学云南省电子计算中心完成的《云南少数民族文化遗产数字化应用研究》项目，以反映人与自然和谐相处为主题的东巴祭署仪式作为应用研究实例，在有关专家学者及老东巴的指导下，通过对大量文献、经书及现存仪式的收集、剖析、挖掘、整理，从 3D 视觉角度，以数字动画剧本、分镜头脚本的形式，首次完整、真实复原出仪式场景、道具、角色、规程、舞蹈及有关的神话、传说等仪式内容 [②]。其中"祭署仪式"和"署的传说"是目前国内外首个采用 3D 数字化技术真实再现纳西东巴祭祀活动及祭署仪式的研发成果，也是国内外第一部数字化技术解读、塑造、展示纳西东巴文化中重要人物造型的 3D 影视作品，对完整解读博大精深的纳西东巴文化及其宗教典籍具有重要参考价值和传承利用价值。

在王玉珏老师指导下，由武汉大学信息管理学院本科生完成的"新媒体视角下非物质文化遗产的社交娱乐产品开发——以东巴文化为例"项目，把"世界上唯一存活的象形文字"东巴文字设计成一个个生动形象的表情包，希望能让大家在娱乐的同时也能了解神奇的东巴文化。

---

① 　纳西族档案［EB/OL］.［2016-01-04］.云南档案网.www.ynda.yn.gov.cn.
② 　王耀希.民族文化遗产数字化［M］.北京：人民出版社，2009：249-250.

4 纳西族档案文献资源开发利用存在的不足

4.1 编研成果仅为学术研究服务

大多数档案文献的编研成果仅为学术研究服务，主要用于研究者编写论著和完成课题，研究工作完成后大多废弃不用。开发成果对普通民众缺乏吸引力，起不到普及和传播纳西文化的作用。特别是缺乏通俗易懂、生动有趣、喜闻乐见的文化精品力作，从而导致编研成果"硕果累累"，而利用者"寥寥无几"。

4.2 开发重心偏向原始宗教经典

档案文献资源开发重点集中在原始宗教典籍东巴经的编纂上，对纳西族历史文化遗产缺乏全方位、多角度、深层次、整体性的挖掘利用，还未突破史料编纂的狭窄思路，只关注和重视东巴文化的保护传承和东巴古籍文献的整理研究，对开发利用名人档案、口述档案、"非遗"档案、世界遗产档案、地方特色档案、传统村落档案（乡村记忆）的力度明显偏弱，专门档案、民生档案、特定专题档案、特殊载体档案（声像文献、电子文件、数字档案）的编研成果相对较少。

4.3 开发利用中出现的其它问题

由于开发利用难度较大，并且受到资金、技术、人才等因素的制约，档案文献资源开发还很粗浅，存在着重开发、轻利用，社会影响力和贡献力较小、缺乏地方民族特色、缺乏高层次专业开发人才等问题。在开发过程中出现无序化、低俗化、走样化的倾向，东巴象形文字被随意乱用、滥用，世界遗产遭到不同程度的践踏和破坏，东巴文化保护和传承面临严重危机。

5　纳西族档案文献资源开发利用的对策

纳西族档案文献资源是纳西族地区留存下来的一笔精神财富，也是建设和发展有丽江特色的民族文化事业的一大优势。开发利用纳西族档案文献资源不仅是新时代少数民族古籍整理研究的需要，对于保护和传承世界记忆遗产也显得尤为重要。改革开放四十年来，纳西族档案文献资源的开发利用虽已取得显著成就，但也存在诸多困难和挑战。对此，笔者提出以下几点建议。

5.1　加强档案部门与社会力量的协同合作

纳西族地区的档案部门应尽快打破封闭式的思想束缚，树立大协作的理念，让社会力量参与到纳西族档案文献资源开发利用中来，不断探索协同合作、跨界开发的运行模式，探索建立开发利用的社会协作机制。除传统的档案文献整理、编研、公布、报道、展览等开发形式外，还要选择多样化的合作开发主体，拓宽纳西族档案文献协同合作开发的路径，进行多途径、全方位开发 [①]。如与图书馆、博物馆、文化馆等公共文化服务机构合作的基于网络平台的纳西族档案文献资源开发，与高校、科研院所、专家学者合作的基于信息资源用户利用研究成果的开发，与东巴宫、玉水寨、东巴万神园、东巴文化饮食城、东巴王朝等商业性组织合作的经济性开发等。

5.2　大力开发有地方民族特色的档案文献资源

紧密围绕丽江古城、纳西东巴古籍文献、三江并流自然风光三大世界遗产文化，茶马古道重镇马帮文化，摩梭人的母系文化等，重点开发有地方民族特色的馆藏档案文献资源。加大对纳西族语言文字、宗教习俗、文学艺术、音乐舞蹈、饮食服饰、民居建筑、旅游产业等方面的文字、图片、音频、视频等特色文献信息资源进行全面收集、整理、开发、鉴别、筛选、评价、类

---

① 檀竹茂.档案信息资源开发的有效途径——协同合作［J］.档案学通讯，2014（2）：55-58.

聚的力度，形成系列性专题，构建学科发展需要的纳西族特色文献信息资源数据库，建设管理规范、使用方便、配置合理、组织严谨、富有活力的信息资源保障体系，为学术研究、地方民族文化发展提供一个积极、有效、富有文化特色的资源供给、宣传展示的信息服务平台。

5.3 加大东巴文化创意产业的开发力度

以营造文化氛围为前提，以彰显文化特色为目标，以展现文化精髓为核心，以适应时代需求为方向，大力加强东巴文化创意产业的开发工作。即借助于高科技对东巴文化资源进行创造与提升，通过知识产权的开发和运用，生产出高附加值产品，促进东巴文化系列书籍、东巴旅游工艺品、纪念品、音像制品、文化创意产品的加工、制作和出版，使纳西族档案文献资源在开发利用中充分发挥世界记忆遗产的重要信息价值，形成东巴文化与丽江旅游开发的良性互动机制，最终实现二者的双赢。

5.4 关注新生档案信息资源的开发利用

关注新生档案资源是指将开发利用的客体从过去的东巴经典、土司史料、金石文物向名人档案、民生档案、专门档案、口述档案、非遗档案等新兴领域延伸和拓展。目前这方面的编纂成果已开始问世，如名人档案文献有《影像中的宣科》，口述历史文献有《古城记忆：丽江古城口述史》，非遗地方文献有《丽江市非物质文化遗产保护名录》等。但总的来看，新生档案文献出版物不仅类型数量较少，社会影响力不够，而且编纂质量和水平有待提高。还需进一步扩大档案信息资源开发利用的主体和客体，将新生档案信息资源纳入开发利用的范围，出版更多更好的新生档案文献编研成果，为丽江的"文化兴市""文化强市"提供智力支撑，为纳西族地区各项社会事业的发展提供新的信息资源。

5.5 运用现代信息技术构建数字化国际共享平台

提出信息共享模式，与国内外相关博物馆、图书馆、大学、研究所等合作，建立能够采集、汇聚及共享来自国内外纳西族档案信息的途径；提供数字化加工与检索方式，提供基于搜索引擎的多种信息检索、搜索及统计方法，提出数字网络化的现代传播手段及信息发布与管理方法；构建面向全球的数字网络化国际共享平台，提供基于国际共享平台的可异地远程进行学术研究与合作交流的环境和技术支撑；针对东巴象形文字的特点和研究难点，提供面向东巴象形文字的释读数据库、知识库及知识挖掘工具等，提供基于平台的东巴象形文数字化释读手段，构建数字化档案库。

社会参与视角下的白族大本曲非遗档案信息资源共建共享平台建设思考

舒宝淇　王　晋

摘要：我国的非遗保护工作基本遵循"政府主导、社会参与"的原则，文章认为白族大本曲非遗建档保护也可以引入社会参与模式，从社会参与视角探讨了白族大本曲非遗档案信息资源共建共享平台建设的原则、总体框架和运行机制等基本问题。

关键词：社会参与　白族大本曲非遗档案　共建共享平台

白族大本曲是白族民间广为流传的一种说唱艺术，近年来随着国内外非遗保护工作的广泛、深入开展，大本曲作为一种非遗的社会价值、艺术价值和学术研究价值越来越受到社会各界的关注。白族大本曲建档保护应引入社会参与模式，其落脚点是档案信息资源共建共享平台。白族大本曲非遗档案信息资源共建共享平台主要是充分运用计算机、网络、多媒体等信息技术，对白族大本曲非遗档案信息资源进行数字化采集、数字化整理、数字化存储，并构建一个界面友好、交互性强、方便快捷、使用安全的共享平台。本文从社会参与视角对白族大本曲非遗档案信息资源共建共享平台建设的基本思路做一个梳理，重点探讨平台建设的原则、平台的总体架构、平台运行的机制

作者简介：舒宝淇，云南大学图书馆馆员，主要研究方向：非物质文化遗产档案。王晋，云南大学历史与档案学院副教授，主要研究方向为非物质文化遗产档案。基金项目：本文系国家社科基金项目"白族口承文艺非物质文化遗产调查及专题数据库建设（项目编号：12CTQ018）"阶段性成果。

等基本问题。

1　平台建设的原则

1.1　政府主导，统筹规划

政府部门在非遗建档保护中具有明显的法律政策优势，非遗保护中的一系列法律、政策、规章都由政府部门制定和颁布，平台建设需要的大量的资金支持也主要由政府部门划拨，因此政府主导建设白族大本曲非遗档案信息资源共建共享平台是必要和可行的。具体发挥主导作用的主要应当是文化行政部门和档案行政部门，文化行政部门是非遗保护的主管部门，对非遗保护工作负有直接责任，由于白族大本曲非遗档案信息资源共建共享平台建设工作属于档案业务工作，档案行政部门有义务对其进行业务指导。

政府部门的牵头作用主要体现在对白族大本曲非遗档案信息资源共建共享平台建设的统筹规划、统一管理和资金支持。该平台的建设和运行需要社会广泛参与，为了避免出现各自为政、"信息孤岛"、数据冗余、"信息碎片化"等问题，必须对平台进行统一管理，具体包括用户管理、资源管理、绩效评价、业务监督等工作的统一管理和统筹协调。平台建设必须由政府牵头的重要原因之一便是资金问题，平台的建设需要大量的资金支持，而非遗保护属于社会公共事务，不能以盈利为目的，很难引入企业资金，因此只能由政府部门出资建设，资金来源应从非遗保护的相关专项经费中划拨，经费的使用应遵循相关专项经费管理办法的规定。

1.2　社会参与，协同共建

白族大本曲非遗档案信息资源共建共享平台的建设在政府主导的基础之上，还应积极引导社会参与，鼓励档案馆、图书馆、博物馆、科研机构、媒体机构、企业、传承人等社会组织和个人参与协同共建。政府主导只能为平

台的建设提供政策支持、技术支持、经费支持、管理支持等保障条件，负责
搭建平台的整体框架，而平台的内容建设，即白族大本曲非遗档案资源建设
还需依靠广泛的社会参与和协同共建。白族大本曲非遗档案资源分散保存于
政府部门、档案馆、图书馆、博物馆、科研机构、媒体机构、企业、传承人
等多元主体手中，这些档案资源呈现明显的"碎片化"特征，建立白族大本
曲非遗档案信息资源共建共享平台的重要目的就是要将这些"碎片化"的档
案资源集成化、规范化，而这必须通过社会参与机制的形成，鼓励和引导广
大社会力量参与，共同构建白族大本曲非遗档案资源体系。因此，"社会参与、
协同共建"是白族大本曲非遗档案信息资源共建共享平台建设的重要原则，
落实该原则的关键在于怎样引导社会力量参与协同共建，这需要在平台的设
计中应重点考虑激励机制和利益平衡的问题，尤其是对于传承人的激励机制
的设计，因为传承人手中掌握了丰富的白族大本曲非遗档案资源，而他们绝
大多数属于体制外人员，不受一般的组织制度的约束，必须通过合理的激励
机制引导其积极参与平台建设。

1.3　规范一致，标准统一

白族大本曲非遗档案信息资源共建共享平台是多元建档主体通过统一
的信息平台开展广泛的社会参与协同建档的行为，这势必要求平台要有一致
的建档规范和统一的建档标准，只有这样才能实现多元建档主体的协同建
档，才能在该平台上实现业务的协同、管理的协同、资源的协同、技术的协
同，一致的建档规范和统一的建档标准是大本曲非遗档案资源共享和协同的
基础。

1.4　资源整合，共享共知

搭建白族大本曲非遗档案信息资源共建共享平台是为白族大本曲非遗建
档保护工作引入社会参与的重要途径，是构建社会参与模式的主要载体，通
过该平台的建设使散乱分布的白族大本曲非遗档案资源集中化、规范化，全
面整合碎片化的白族大本曲非遗档案资源，形成分类有序的白族大本曲非遗

档案资源体系。为实现平台建设的主要目标，白族大本曲非遗档案信息资源
共建共享平台的建设应当要注重资源整合。既要整合实体档案资源；还要整合
数字档案资源。整合的原则：一是对能够进行数字化的实体档案尽量进行全面
的数字化并上传平台；二是对数字档案按照统一标准进行规范化和统一化的处
理并上传平台；三是对由于知识产权和个人意愿等原因不能进行全面数字化的
实体档案也形成档案目录上传平台。比如，很多大本曲艺人不愿意将自己的
大本曲曲本跟别人共享，因此，对于这类档案，可以鼓励传承人将自己手中
掌握的曲本目录在平台进行共享，虽然不能实现大本曲曲本的共享，但通过
平台可以实现大本曲曲目的共知，这样就不会出现对现存大本曲曲目究竟有
多少都无从统计的问题。

2　平台的总体架构

白族大本曲非遗档案信息资源共建共享平台的构建应当做好顶层设计，
如图 1 所示，从顶层设计出发，平台的总体架构是"4+4"的逻辑框架模型：
即四个层次、四个体系。四个层次包括基础设施层、数据资源层、应用层、
用户服务层；四个体系包括标准规范体系、管理制度体系、组织领导体系、
安全保障体系。四个层次是白族大本曲非遗档案信息资源共建共享平台的核
心系统架构；四个体系是平台运行和管理的保障体系，贯穿四个层次的每一
个层次[①]。

2.1　四个层次

其一，基础设施层。基础设施层在平台总体框架模型中处于最底层，是
支撑整个平台系统运行的重要基础设施，主要包括网络体系、硬件设施和软
件设施。网络体系主要指平台的网络基本架构，在网络架构之上配置软硬件

---

① 吴加琪.构建区域档案信息资源共建共享平台的思考［J］.北京档案，2014（8）：24—27.

基础设施；硬件设施主要包括网络交换与接入设备、服务器主机设备、个人计算机（工作站）设备等；软件设施主要包括系统软件（如操作系统、数据库管理系统等）和应用软件（如网管软件、防病毒软件等）。该层向数据资源层提供数据存储和管理所必需的基础设施。

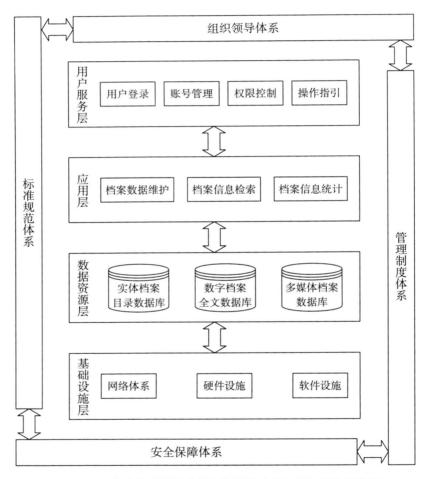

图 1　白族大本曲非遗档案信息资源共建共享平台总体架构图

其二，数据资源层。数据资源层构建于基础设施层之上，为上层的应用服务提供档案数据资源。数据资源层是整个平台系统的数据基础，包括基础性数据以及业务处理过程中所产生的数据等等。从内容上看包括基础数据库

（本体档案数据、申报与保护工作中形成的档案数据、传承人档案数据）和元数据库、业务数据库、政府文件库、平台日志库等。

其三，应用层。应用层是构建于数据资源层之上，以数据资源为基础为上层的用户服务提供具体的业务应用，以用户需求为中心、以业务流程为导向，整合数据资源和业务流程，形成高效、便捷、交互性强的服务流程。具体应用主要包括白族大本曲档案信息维护系统、白族大本曲档案信息检索系统、白族大本曲档案信息统计系统。

其四，用户服务层。用户服务层是平台系统的最前端，是连接用户和平台系统的纽带，也是平台向用户服务的窗口。为了最大范围地开展社会参与活动，平台的入口应设计成专题网站形式，用户通过登录网站注册用户身份，通过合法身份登录系统平台，在自己的权限范围内进行档案信息的上传、查询、下载和统计。此外平台还应对用户权限进行控制，主要分为管理员权限、建档主体权限和一般用户权限，并对用户访问和操作进行指引。另外，平台还应积极尝试和移动互联网结合，尝试推出相关的"两微一端"（微博、微信、移动客户端）信息服务，扩大平台的影响，更大范围、更高效地引导社会参与。

2.2 四个体系

其一，标准规范体系。白族大本曲非遗档案信息资源共建共享平台的建设是一项复杂的系统工程，社会参与面广、系统构成复杂，面对诸如多元建档主体、技术支持部门、组织管理部门等众多参与者，利用一定的标准对其进行规范十分必要，用标准来统一行动，从而使平台有序运行。标准规范是白族大本曲非遗档案信息资源共建共享的前提条件；是社会参与的基础；是部门协同的必要条件。标准规范贯穿白族大本曲非遗档案信息资源共建共享平台的每一个层次，涉及每一个组成部分，这些不同层次和组成部分之间都紧密联系、相互协调，因此相应的标准规范也是有一个有机联系、层次分明、相互支持的系统体系，主要包括技术标准、管理标准、应用标准、信息安全标准等。

其二，管理制度体系。管理制度体系是白族大本曲非遗档案信息资源共建共享平台建设、运行、服务和管理的制度体系，是整个平台的制度保障。通过管理制度的设计，在平台上形成社会参与导向的协同建档机制、互惠互利的共建共享机制、系统综合的激励评价机制、协调平衡的组织领导机制、自主可控的安全保障机制，以构建白族大本曲非遗建档保护的社会协同参与模式。管理制度体系包含组织领导制度、协同建档制度、激励评价制度、资金使用制度、人员管理制度、安全管理制度等。

其三，组织领导体系。组织领导体系是全面推进白族大本曲非遗档案信息资源共建共享平台建设、运行、管理和服务的组织保障，组织领导部门负责行使平台的规划、组织、领导、控制等管理职能。规划职能重点是对平台的科学合理的规划，包括平台架构的设计、功能模块的设计、业务流程的设计、人员的组织分配、工作进度的安排、资金的分配等；组织职能重点是协调各建档主体的具体建档工作，形成高效的社会协同参与机制；领导职能重点是设计激励机制，积极引导社会参与，平衡利益分配；控制职能重点是对平台的建设情况、运行情况和管理服务情况进行实时监督和评价，尽量做到前端控制。

其四，安全保障体系。安全保障体系是保障白族大本曲非遗档案信息资源共建共享平台的安全运行，主要是解决好身份认证与授权、档案信息资源防篡改、档案信息资源防泄露、网络通信安全、防病毒、防黑客等问题。平台的安全保障体系是平台系统的重要组成部分，主要包括安全技术系统和安全管理系统两方面，安全技术系统主要涉及保障信息平台的安全技术，安全管理涉及针对信息平台的一系列管理措施。

3 平台的运行机制

平台的建设与实现过程中还需要有一系列的运行机制提供保障，不论是平台的管理运行、技术保障、信息安全，还是在参与主体的利益协调、人员素质方面都需要一定的机制对其进行约束。总的说，平台的运行机制主要包括共建共享机制、评价激励机制、人才培训机制和技术保障机制等四个方面。如图 2 所示，共建共享机制是平台运行的基本导向；评价激励机制对平台参与者的业绩进行评价，对利益进行协调，起到调控的作用；人才培训机制主要针对平台参与者的素质提升和专业知识培训，是平台运行的基础；技术保障机制主要是作用于平台的技术标准和安全防控工作，是平台运行的前提。

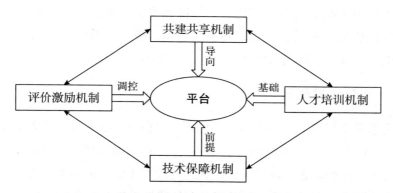

图 2　白族大本曲非遗档案信息资源共建共享平台运行机制图

3.1　共建共享机制

"共建共享"是白族大本曲非遗档案信息资源共建共享平台的基本导向，是平台建设和运行的指导思想，白族大本曲非遗档案资源分布散乱、很多档案材料又涉及个人知识产权，因此对白族大本曲非遗档案的资源建设必须借助于白族大本曲非遗档案信息资源共建共享平台，本着"共同建设、共同受益"的原则引导社会参与，协同建档。所谓"共建"即由文化行政管理部门、档案馆、博物馆、图书馆、学术研究机构、传媒机构、文化旅游企业、非遗传承人等多元主体按照统一的技术标准和管理标准，发挥各自优势，共同建设平台资源；所谓"共享"即多元建档主体和一般用户可以通过平台浏览、查询、下载档案资源[①]。

3.2　技术保障机制

平台的建设和运行离不开先进的信息技术，现有的多数关于非遗档案的研究成果都提出通过信息技术实现对非遗档案的建档、管理和开发利用。白族大本曲非遗档案信息资源共建共享平台的运行离不开信息技术的支撑，而

---

① 金霞.馆藏档案信息资源共享机制建设初探［J］.北京档案，2011（1）：26-27.

信息技术的有效利用需要有相应的技术保障机制，技术保障是平台运行的前提，技术保障机制重点是对信息技术标准和安全标准的管控。重点是对档案信息资源的收集、分类、标引、转换、存储、传递、检索、分析和利用等方面制定统一的制度、规则与标准，以免出现数据冗余和数据不一致的问题①。

3.3 评价激励机制

任何管理工作都不可缺少绩效评价环节，白族大本曲非遗档案信息资源共建共享平台的管理运行也必须涉及绩效评价工作，通过评价，可以发现和解决平台运行中存在的问题，可以更加高效地建设大本曲非遗档案资源，可以发现更好地服务用户的方式，使共建共享平台的建设更符合社会协同参与的期望。

平台的运行中要还要重点关注各方参与主体的利益协调问题，这需要通过激励机制的设计，良性引导各类型社会主体参与平台的建设。平台应对那些对平台档案资源贡献大的参与主体进行一定的物质奖励，并提高其使用平台资源的权限等级，并在网站首页登载和宣传这些高贡献度的参与主体，提高他们的声誉和影响力。激励机制的设计中尤其要重视对传承人的激励，因为传承人手中掌握大量的大本曲非遗档案资源，而这些档案资源都属个人所有，怎样能够使他们共享手中的档案材料是激励机制设计的重点，笔者认为，可以从物质激励和精神激励两方面入手。物质激励主要通过资金奖励的方式调动其积极性、主动性和创造性。精神奖励重点是通过传承人申报、认定、评奖的制度建设，为传承人学习和发展提供更多便利条件，比如在大本曲传承人申报和认定工作中可以将其在平台共享的档案资源作为其掌握档案资源数量和从事大本曲传习活动凭证；在评价已被认定的传承人工作业绩时，可以将其对平台的档案资源贡献作为重要考量指标。

3.4 人才培训机制

白族大本曲非遗档案信息资源共建共享平台的建设与运行需要具体参与

---

① 金洪文，袁艺.高校科技信息资源共享平台构建与运行保障机制研究［J］.情报科学,2015（5）:58-62+67.

人员具有一定的专业知识和专业技能，参与人员应当既了解白族大本曲非遗文化又掌握档案管理方面的专业理论知识；既要掌握一定的信息技术又要具有一定的数据收集、整合与加工的能力。而目前参与大本曲非遗保护的相关人员还远远达不到这样的素质要求，尤其是多数传承人的受教育水平都不高，也从来不会运用信息技术，更不了解档案管理知识，极其缺乏相关专业知识和专业技能，因此要建立科学、合理、可行的人才培训机制，才能保障平台的高效运行。人才培训方面，可以定期开展短期培训班和专题讲座的形式，对一些重点的传承人也可以提供上门培训服务，增强其参与共享平台的意愿和积极性。

会议综述与书评

第六届全国高校青年档案学者学术论坛综述

顾 婷 何 俊 刘芯源

2019年6月22日上午8时整，由云南大学历史与档案学院档案与信息管理系主办的第六届全国高校青年档案学者学术论坛在云南昆明召开。本次论坛主题为"机构改革背景下档案事业的发展方向"。中国档案学会副理事长、中国人民大学信息资源管理学院院长张斌教授，云南省档案局刘海岩副局长，云南大学副校长李晨阳教授，上海大学图书情报档案系金波教授，辽宁大学历史学院赵彦昌教授，中国科学院大学图书情报与档案管理系初景利教授，中国人民大学信息资源管理学院安小米教授，中国人民大学信息资源管理学院徐拥军教授出席论坛开幕式。来自中国人民大学、上海大学、武汉大学、同济大学、中山大学、四川大学、中国科学院大学、山东大学、辽宁大学等全国各地近三十所高校的一百余名档案学者参与了此次论坛。本次论坛包括开幕式、主题报告和学术分论坛交流等。

开幕式由云南大学历史与档案学院副院长周铭副教授主持，云南大学副校长李晨阳教授、云南省档案局刘海岩副局长、中国档案学会副理事长张斌教授分别致辞并预祝本次论坛圆满成功。开幕式结束后，与会代表合影留念。

6月22日上午9时整的主题报告由《思想战线》的主编杨毅教授主持。张斌教授作题为《新时代中国特色档案学话语体系的构建》报告，介绍了新时代中国特色档案学话语体系构建的背景、新时代中国特色档案学话语体系

作者简介：顾婷，云南大学历史与档案学院图书情报专业硕士研究生，主要研究方向：彝文古籍、智慧图书馆。何俊，云南大学历史与档案学院档案学专业硕士研究生，主要研究方向：档案保护、工业遗产。刘芯源，云南大学历史与档案学院图书情报专业硕士研究生，主要研究方向：信息资源管理。马爽，云南大学历史与档案学院档案学专业硕士研究生，主要研究方向：档案管理、地方档案。

构建的缘起与意义、新时代中国特色档案学话语体系构建的条件与基础以及
新时代中国特色档案学话语体系构建的方法与策略。他强调，要加强档案理
论创新，坚持立足中国档案事业发展实践，直面中国问题、紧盯世界前沿、
聚焦未来发展，着力提升档案理论原创能力，形成一批具有中国特色、符合
中国实际的档案理论研究成果，避免对国外档案理论生搬硬套。金波教授作
题为《数字档案资源建设》的报告，他首先对数字档案资源的内涵进行了阐释，
并指出数字档案是指以数字形式存在的档案信息资源，包括电子档案、数字
化档案、网络档案资源等概念的整合，体现出档案学界对新型档案信息资源
的整体性思考，而数字档案资源是国家机构、社会组织和个人产生的具有国
家和社会保存价值的数字档案信息；其次重点介绍了数字档案资源建设的必要
性、存在的问题以及主要内容；最后提出了大数据时代数字档案资源建设的思
考。安小米教授作题为《大数据时代下对我国档案事业发展的思考》的报告，
主要对大数据时代下我国档案事业发展的机遇与挑战、大数据时代下国外档
案事业发展的相关战略及其借鉴、大数据时代下我国档案事业协同创新发展
的方向等三个方面的内容做了详细的汇报。报告的论据支撑是安小米教授在
2014 年 4 月—2018 年 12 月所做的国家社科重大项目"我国数字档案资源整
合与服务机制研究"调查。赵彦昌教授作题为《档案学术研究与地方档案开
发与利用》的报告，首先谈到档案学术研究既要立足档案工作实践，又要引
领时代潮流；之后对服务地方档案事业发展的档案学术研究和清至民国东北档
案开发与利用之研究进行了汇报，最后总结了档案学术研究贵在"精"和"专"
二字，强调"档案学术研究要走出自己的特色研究之路，要走进档案、走进
档案馆、走进档案工作、走进档案学术，立足本地档案工作实践、服务社会（公
众需求与学术研究），我们的档案学术研究才能体现真正的存在价值"。徐拥
军教授作题为《机构改革后档案工作面临的问题与对策》的报告，主要从机
构改革后地方档案机构设置情况、机构改革后档案工作面临的新问题以及机
构改革后档案工作发展的对策建议三个方面进行了分析。他指出，档案治理
体系是国家治理体系的重要组成部分，档案治理体系现代化是国家治理体系
和治理能力现代化的必然要求，档案治理体系现代化要求形成适应新时代新
要求的治理主体体系。初景利教授作题为《学术论文选题、写作与投稿》的

报告，从基本认知、选题策略、写作要求和投稿策略四个方面进行展开，提出了好论文的产生离不开前沿性选题、适宜的研究方法、充分的分析论证以及创新性的结论，强调了"论文是科学研究的结果与表现形式、写论文是对科研过程的一种客观呈现、科学研究是论文写作的基础和本质、科研成果要通过写作和发表而加以传播"等观点。提倡选题要有新颖性、独特性、原创性、前沿性，要切合自己的实际，避免大而空，最重要的是要有热情和兴趣。

6月22日下午，学术交流在三个分论坛分别进行，分14：00至15：30与15：40至17：30两个时段进行。

分论坛一以"机构改革与档案事业发展"为主题进行交流。第一时段由中国人民大学《档案学通讯》杂志社张全海副编审担任主持人。中国人民大学信息资源管理学院钱毅副教授作《机构调整背景中档案机构专业能力建设》研究报告，钱毅副教授从机构调整、技术调整、学科建设的背景出发，提出从能力角度认识档案机构。阐明了档案机构核心专业能力基于三态的能力类型和基于五层的能力结构。指出档案馆将迈向多态并存空间，需要具备多态空间多层级的档案资源管控能力结构。最后通过"机构分布与调整对能力结构带来的冲击""档案机构需要构建相对完整的能力结构""实现档案机构能力的联盟化、社会化、专业化、多元化"三个方面的问题讨论了机构调整对档案机构能力的影响。郑州航空工业管理学院信息管理学院郝伟斌副教授作《机构改革背景下城建档案管理转型研究》研究报告，郝伟斌副教授阐述了机构改革前我国城建管理体制的相关情况。根据城建档案在机构改革背景下的具体问题，分析了党政机关改革、"放管服"改革、国家治理能力现代化、建筑业转型四个方面的改革形式。提出城建档案管理转型的思考与启示：1. 要理顺国家城建档案管理体制机制；2. 要推进国家城建档案的数据治理；3. 要关注城建档案转型研究是打造新时代中国档案学派的重要切入点。湘潭大学公共管理学院陈艳红教授作《后机构改革时代我国档案学会发展思考》研究报告，陈艳红教授基于机构改革下档案机构局馆分离的背景，通过"档案学会"一词的定义对档案学会的性质进行了分析，对机构改革背景下各级档案学会，尤其是地方档案学会在发展中的问题进行了归纳，探讨了机构改革对档案学会发展带来的发展机遇和路径。陈艳红教授认为档案学会当今有四条发展路径：

1.明确学会职责，加强组织建设；2.优化会员结构，推进资格评估；3.发挥平台作用，促进学术交流；4.完善档案服务，丰富内容形式。第二时段由河北大学管理学院档案系副教授李颖担任主持人。云南大学历史与档案学院陈海玉副教授作《机构改革下地方档案馆数字资源整合机制探索》研究报告，陈海玉副教授认为地方档案馆的数字资源整合应契合机构改革的目标要求，从存在的问题推进对地方档案馆资源整合"新形势""新事业""新形势"三个方面的特点进行了分析，总结了机构改革下新的发展态势，为具体的实施步骤和实施路径提供了"统一规划部署""明确整合重难点与步骤""加强人才支撑"三条可行的措施。山东大学历史文化学院在读硕士研究生陈艳作《后机构改革时代：档案机构定位的重塑》研究报告，具体到山东省的机构改革上，阐明了后机构改革时代宏观时代背景、中观政府改革、微观档案机构三层背景框架，分享了对山东省省级机构和工作者的访谈调研对象选取、方案设计、数据分析以及研究结果。陈艳同学认为后机构改革时代主要有五个方面的表现：1.数据爆炸，档案"式微"；2.技术浪潮，思维冲击；3.全新策略，服务挑战；4.局馆分离，权责理顺；5.优化协同，合作挑战。四川大学公共管理学院周文泓副教授作《回溯与展望：网络空间中档案领域的行动审视》研究报告，周文泓副教授从国家数字记忆开启的互联网信息保存项目引发的思考入手，对我国整体的网络归档行动进行了追溯。指出档案领域参与网络空间的覆盖面包含政务网站、互联网和政务平台、社交媒体平台。谈及档案领域对网络空间的进程，周文泓副教授认为档案领域网络空间的进程在国家制度层面有待确认，在地方层面已有一定实践。提出档案领域在信息世界重构中正面临危机，并倡导加速网络空间档案化在理论与实践中的积极建构。主题报告结束后，参会人员针对报告内容与各位报告人进行了热烈讨论。云南大学朱天梅向郝伟斌副教授、徐拥军教授针对"机构改革下档案局如何进行城建口和规划口协调"进行了请教，苏州大学谢诗艺与周文泓副教授、徐拥军教授针对"对网络空间档案领域行动是应该从意义问题还是方法论角度研究"进行了研商，韩山师范学院昌珍霞向郝伟斌副教授针对"机构改革下外包公司承包的水利部门档案由谁验收"进行了求教，河北大学李颖与钱毅副教授针对"数字转型时代下档案机构在科研、学术研究和学习中如何提升专业能力"进行了探讨。

　　分论坛二以"档案管理与服务"为主题进行交流。第一时段由中国人民大学牛力副教授作为主持人。西藏民族大学赵生辉教授作《多民族语言档案主题词表的编制建议与构想》的研究报告，为大家带来关于少数民族语言档案主题词表构建的想法，他提出中国有着众多的少数民族语言，有的语言的成熟度甚至不低于汉语。而目前只有汉语的档案主题词表，并没有关于少数民族语言的专有主题词表。按照国家标准，少数民族可以按照其书写规则著录，这也为少数民族档案主题词表建立了依据。郑州航空工业管理学院薄田雅同学则以《数字人文视阈下家谱档案多元开发》为题作报告，内容主要包括三个方面，一是开发理念概述，由于存在着海量的数字档案资源以及档案本身存在着文化资源的需求多元化，因此需要对其进行多元化开发。而多元表现在主体开发的多元化、技术开发的多元化以及成果开发的多元化；二是开发的价值；三是开发的新思路。在数字人文技术基础上，可以构建家谱档案的数字化网站、构建数据库、挖掘人物关系、挖掘家族文化。之后，以黄氏宗谱为例，介绍了关于黄氏宗谱数字化技术的多元开发设想。赵生辉教授指出单用技术其实不能代表什么，关键是最后得出来的观点、结果是否有相应的价值。第二时段由广西民族大学郑慧教授担任主持人。来自上海大学的张衍老师以《筚路蓝缕，以启山林：台湾地区电子文书档案管理之沿革与现状》为题，为大家介绍台湾电子文书档案发展的历程。早在 1993 年，台湾地区就开始以电脑来处理文书档案，以提高行政效率。2001 年以后，台湾地区开始了纸质档案数字化阶段，实现纸质作业向电子作业的转变。2012—2016 年，则是文书档案网络一体化阶段，即文书档案资讯网络一体化。目前，台湾地区正在实行智慧发展阶段，即文书档案数位变革计划。他认为文书到档案的过程是贯通的，台湾档案电子化实现的条件，主要取决于管理机关归一、管理系统的一体化、"机关档案"与"国家档案"管理一体化等。而通过这个发展历史与现状，我们可以得到许多启示。国防大学政治学院史晓康同学讲解了关于《省级档案局（馆）的网络档案检索服务调查分析》的研究，提出大部分省级档案馆都具有信息检索的服务，但是其基本上都是目录型检索，以关键词作为检索依据。网络信息化建设水平、实用性和规范性都有待进一步提高，网络信息检索服务的易用性也需要改进。而关于网络档案检索服务发展策略的讨论，史晓康认为推进网络信息检索服务建设水平需要提高网络覆盖率，重视实用性，需要推进标准化建设，打破分散壁垒，树立统一规则，打造一站式检索。郑州航空工业管理学院的常倩同学作《基于公共安全理念的城建档案管理研究——以地下管线档案管理为例》的研究报告，指出当前社会存在着地下档案信息不真实、地下档案管理分散与收集不齐全、地下管线档案信息化程度不高等问题。而这些问题会给公众造成巨大的潜在危险。对于以上问题，档案相关部门应该树立城建档案管理中的公众安全理念，健全城建档案管理规范，进行地下管线档案普查和集中管理。同时，充分利用互联网以及当前信息技术，提供地下管线档案信息展示平台，可以及时准确为社会提供多方面的公共安全信息服务。

分论坛三的交流以"基础理论与学科发展/人才培养"为主题。第一时段主持人由山东大学历史文化学院的谭必勇副教授担任。同济大学图书馆研究馆员刘玉仙老师作《档案与图情一体化的路径探寻》研究报告，刘玉仙老师在报告中分别介绍了图情档一体化的定义，图情档一体化的科学融合历程，图情档一体化的激发因素、理论基础、实现的障碍以及图情档融合的现实过程中所遇到种种困难，并提出了解决方案，还以图示的方式向大家展示了图情档一体化的未来路径。刘玉仙老师说自己作为图书馆员参加过同济大学校史的编写，在查找档案、利用档案的过程中遇到了很多困难，图情档一体化的过程任重道远，但未来可期，有望实现。上海大学图书情报档案系的周林兴教授作《档案信息、价值认知与社会关系》研究报告，周老师结合现实生活中所发生的案例，运用幽默的语言为大家解答了档案（信息）到底是太多还是太少，档案（信息）价值到底该如何来认知以及在数字时代应有怎样的档案认知的问题，周老师最后强调档案价值是负载于档案的一种社会关系。上海师范大学人文与传播学院的张会超副教授研究报告题目为《档案数字化理论与实践》，首先介绍了档案数字化的基本内容，包括档案数字化的原因、内涵和外延意义等；其次介绍了国内外档案数字化的实践案例，包括日本、英国、美国等国的项目案例以及国内二史馆、县级档案馆、科研机构的实践情况，通过档案数字化的基本理论和实践情况提出了档案数字化中所遇到的重要问题以及档案数字化的思考；最后对档案数字化发展的未来进行了展望。第二时段的主持人由吉林大学的邓君教授担任。天津师范大学管理学院的曹玉老师研究报告的主题是《基于微信公众平台的档案学专业课程互动式教学模式探析》，介绍了天津师范大学档案学专业微信公众平台的开设现状，分享了微信公众平台应用于教学的实际案例，分析了微信公众平台应用于教学的互动价值，"与档同行"是由曹玉老师及天师大档案学专业的同学们一起创建的公众号。曹老师向大家介绍了创建"与档同行"的心路历程。曹老师强调，基于当今主流社交平台进行教学实践，有助于激发教师创新教学的热情，增强学生的专业自信，提升专业地位，提高教学质量。四川大学公共管理学院的赵跃老师作《论数据时代档案思维方式的转变与实践的思考》研究报告，赵跃老师介绍了档案思维在数字时代的历史检视，解释了档案数据化思维和文件归档思维的基本内涵，分析了档案数字化思维与档案数据化思维的对立释义和文件归档思维与数据档案化思维的对立释义，并对数字时代的档案思维与数据时代的档案思维的对立进行了解释和展望。云南大学历史与档案学院的黄体杨老师主讲的题目为《数字时代个人存档的档案学知识运用和挑战——基于档案工作者访谈记录的扎根理论研究》，黄老师介绍了个人存档作为理论问题的提出和研究进展、整个课题的研究设计以及在研究过程中所运用的档案学知识。提出了个人存档面临的挑战，总结了整个课题的结论。

　　三场分论坛交流讨论结束后，经过会议表决，"第七届全国高校青年档案学者学术论坛"由四川大学承办，将于 2020 年在成都举行。

2019年全国高校档案学专业青年
骨干教师研修班纪要

曾静怡　任琼辉

2019年7月8日至14日，由教育部高等学校档案学专业教学指导委员会主办、中国人民大学信息资源管理学院承办的"2019年全国高校档案学专业青年骨干教师研修班"在中国人民大学成功举行。此次研修班旨在加强档案学专业青年教师队伍建设，促进档案学专业教育教学质量提升。来自全国28家高校档案学专业的39名青年骨干教师齐聚中国人民大学，开展了为期一周的研修。

9日上午，研修班开班仪式在信息楼301教室召开。中国人民大学信息资源管理学院一级教授、档案学教指委顾问冯惠玲教授，中国人民大学教务处副处长、教师发展中心主任田宏杰教授，中国人民大学信息资源管理学院党委书记兼院长、档案学教指委主任委员张斌教授，联合国教科文组织"世界记忆"项目教育与研究分委员会负责人Lothar Jordan、中国人民大学信息资源管理学院王健教授及研修班全体学员出席了开班仪式。开班仪式由张斌教授主持，冯惠玲教授与田宏杰教授分别致辞，对研修班学员表示欢迎并提出希望。

本次研修班共设置了9场高质量的讲座，2次实地参观调研，1次观影，1次小组汇报，1场足球赛。

8日下午，研修班第一讲，由档案学教指委秘书长徐拥军教授讲授《多学

作者简介：曾静怡，中国人民大学信息资源管理学院硕士研究生，主要研究方向：档案开发利用。
任琼辉，中国人民大学信息资源管理学院博士研究生，主要研究方向：档案学基础理论。

科视角下档案学理论研究进展》，徐拥军教授从历史学、管理学、社会学等学科角度，探讨了档案学研究的视角和路径，梳理了档案学研究的最新成果和发展趋势。

9日上午，联合国教科文组织"世界记忆"项目教育与研究分委员会负责人 Lothar Jordan 为学员们作题为《Perspectives of Education and Research in the UNESCO Memory of the World Programme（World Documentary Heritage）》的报告，Lothar 对联合国教科文组织（UNESCO）进行了总体介绍，对联合国教科文组织"世界记忆"项目教育与研究分委员会（Sub-Committee on Education and Research）进行了说明。Lothar 重点阐述了世界记忆遗产主要关注的是文献遗产，需要用档案的方式进行管理和保护，档案工作者发挥了十分重要的作用。

9日下午，档案学教指委副主任委员、南开大学柯平教授讲授《后知识服务时代专业课教师的使命与教学艺术》。柯平教授从科学研究的角度，指明了"数据、信息、知识和智慧"的相互关系，启迪了科研的方向；而且从专业教学的角度提出了专业课教师的使命问题，从人才培养、科学创新与社会服务的角度探讨了教学技术、教学组织、教学方法等教学体系内容，对打造金课理念下教学方法的改革提出了具有启发性的实施路径和措施。

10日上午，档案学教指委副主任委员、南京大学信息管理学院吴建华教授讲授《新时代　新挑战　新发展——关于档案工作的思考》，吴建华教授立足新时代整个社会变化的大背景，分析新时代社会迅猛发展与档案事业发展相对滞后之间的主要矛盾，从宏观和微观两个层面阐明档案事业面临的外部和内部挑战，提出新时代档案工作的主要路径，并从探索和完善档案现代管理模式，全维度、全过程破解档案工作难题的全局化视野，谋划档案工作新发展。

10日下午，档案学教指委副主任委员、上海大学金波教授作《数字档案馆生态系统建设》讲座。金波教授以数字档案馆为例，分享了课题项目的申报与研究经验，包括课题项目选题、论证内容的写作，前期研究成果的准备，研究成果的合理选择等几个方面；深入介绍了数字档案馆的基本特色，建设过程中存在的问题，数字档案馆生态系统研究的必要性，数字档案馆生态系统结构、功能、形成与演化以及数字档案馆生态系统建设内容等。

11 日上午，冯惠玲教授为学员们作题为《当代档案学议题举要》的讲座。冯惠玲教授梳理了新中国各阶段档案学研究议题脉络，以及国际档案学理论动向，从档案学研究的使命出发，涵盖学术思想挖掘、理论体系构建、基础理论建树和应用理论提炼等四大方面内容；同时对档案学研究的新方向提出了思考，并鼓励青年档案学者们肩负起时代的使命，和档案学一起成长。枝繁叶茂，来日可期。

12 日上午，张斌教授为学员们作《关于新时代中国档案学派与档案学话语权的思考》讲座。张斌教授从新时代中国特色档案学话语体系构建的"背景、缘起与意义、条件与基础、方法与策略"四个方面，站在当代与未来的高度，把"新时代中国特色档案学话语体系构建"放在更广阔的国际化视野中予以探讨，强调坚持实践性原则、统一性原则、继承性原则、开放性原则、时代性原则，直面中国问题，紧盯世界前沿，聚焦未来发展，着力提升档案理论原创能力，构建具有思想性、创新性且能够体现中国特色的档案学话语体系。

12 日上午，国家档案局政策法规研究司法规处张楠处长为学员们作《档案法治工作简介》讲座。张楠处长对中国档案法治工作开展的基本情况进行了梳理，介绍国家档案局"档案政策法规库"中涵盖的法律、行政法规、部门规章、规范性文件、地方性法规和作废政策法规等以及"法标工作"中包含的法治工作、标准化工作和行业动态。

13 日上午，中国人民大学安小米教授为学员们作《综合集成论发展及其在档案学领域的应用演进》讲座。安小米教授为学员深度解读综合集成论研究的基本脉络，剖析贵州省政府大数据综合治理体系实践案例，分享国家重大社科项目《国家数字档案资源整合与服务机制研究》的研究思路和方法，用国际化视野贯穿启发学员使用新思维、新方式，实现综合集成论在档案学领域应用的互联、互通、共建和共信；并感召新一代的青年档案学者应该凝聚力量，共赴使命，为档案学在国内和国际平台的发声而努力。

上述讲座使学员开阔了学科视角，掌握了研究前沿，增长了专业知识；而且坚定了对档案学的学科自信，提升了作为青年教师对档案学专业的使命感、责任感。大家纷纷表示，每个讲座都相当精彩，收获很大。

　　11日下午，徐拥军教授带领全体学员参观了中国石油天然气集团公司档案馆，在王强副馆长讲解和陪同下，学员们通过实地参观、专家讲座，详细了解了中国石油档案工作的基本情况和主要业务环节。

　　12日下午，牛力副教授带领全体学员参观了中国第一历史档案馆及皇史宬，大家了解了中国第一历史档案馆的发展沿革、馆藏档案情况，皇史宬的历史、名称由来、建筑特色、功用等。

　　上述参观使学员更深入了解了档案实践工作，促进了理论联系实践，感受了一线档案工作者们对档案事业的热爱与执着。大家都受益匪浅。

　　13日下午，研修班举行了结业汇报，张斌教授、徐拥军教授、牛力副教授和全体学员出席。在牛力副教授主持下，研修班6个小组的学员们结合一周以来认真学习和深入研讨，分别作了6个方面的主题汇报："面向创新创业教育的档案学专业本科课程改革""中国档案学派的精神内核、外在表现与特色人才培养""数字人文与档案信息资源开发""档案文化资源与创意产品开发""5G时代社交媒体信息的保存与开发利用策略""金课建设背景下档案学课程教学改革研究"。汇报内容紧扣当代档案学术前沿和档案教育重要命题，富有思想性、创新性和建设性。张斌教授和徐拥军教授分别对各组汇报进行了点评，赞扬了各组学员认真的学习态度、扎实的学术素养和良好的创新精神，并对学员们提出了殷切的期望。

　　随后，张斌教授与徐拥军教授为学员们颁发结业证书。

　　结业式上，全体学员还发表、签署了2019年全国高校档案学专业青年骨干教师研修班"北京宣言"，并向教育部高等学校档案学专业教学指导委员会、中国人民大学信息资源管理学院敬送了锦旗。

　　最后，张斌教授总结发言，希望全体学员增强"档案情怀""学科自信"。全国首届高校档案学专业青年骨干教师研修班圆满结束！

2019 年 "明清以来地方档案与文献" 研究生暑期学校纪要

刘伟杰

摘要: 2019 年 7 月 3 日至 10 日,"明清以来地方档案与文献"研究生暑期学校在曲阜师范大学举办。本次活动以专家授课、工作坊交流、田野考察等多种方式,为参会学员搭建起学习交流的平台。虽然只有短短七天,但充实的学业安排与热烈的分享讨论,让学员们对于明清地方档案的研究进路,有了更加深刻的体会。

关键词: 明清档案　地方文献　地方档案　孔府档案　学科对话

盛夏七月,笔者有幸赴山东曲阜参加 2019 年 "明清以来的地方档案与文献"研究生暑期学校。本次暑期学校由山东省教育厅、曲阜师范大学主办,曲阜师范大学历史文化学院、曲阜师范大学孔府档案研究中心承办,孔子博物馆、曲阜市文物与旅游局协办。三十余名来自不同高校、不同专业的教师、研究生围绕 "明清地方档案与文献"这一主题进行了深入学习研讨。

7 月 4 日上午,在简短的开班仪式之后,暑期学校正式开课。中山大学刘志伟教授以 "从系谱阅读历史"为主题,对地方族谱,尤其是系谱的利用进行讲授。刘老师首先强调无论视族谱是 "史书"或是 "史料",更应重视的是族谱编纂的本来意义,将族谱中的历史叙述视为一种秩序、一种观点以至一种规范的表达。刘老师以谱牒的发展脉络为线索,将各时段谱牒体例特征进行对比,一方面引导各位学员从特征入手,或可辨析族谱的编撰时代;另一

作者简介:刘伟杰,中国政法大学法学院硕士研究生,主要研究方向:明代公文碑。

方面也提醒着大家治史须考虑世态风习之流变，断不可直接作为古史考辨之证据。

4日下午，刘志伟教授以"明清乡村宗族与国家"为主题，对明清宗族与国家之关系进行辨析。在解释宗族相关问题时，刘老师将人类学的视域引向历史视角，并指出处理问题的关键在于怎样解释"同质性社会的单系继嗣群体如何可能成为高度分化的异质类社会的组织"，简言之便是宗族与国家之间的关系。刘老师严密的逻辑论证、丰富的史料支撑，让学员们深刻体会到史学大家之风范。

4日晚上，"工作坊"第一组讨论在国学楼二楼会议室进行，由华中科技大学李力教授主持。本组提交论文共11篇，主题以文书与国家治理居多。从利用文献上看，本组论文所选用的中心材料较为丰富，如民国禁碑、清代"黑图档"、清代新疆档案、明代公文碑、清代官箴书、清代巴县档案、清代契约文书、清代浙南诉讼文书等等，报告人从不同的文书载体切入，围绕国家管理这一主题，提出自己的观点。进入自由讨论环节后，其他与会学员围绕议题，各抒己见，会场气氛更加热烈。至工作坊结束时，已是深夜十点。

5日上午，台湾大学项洁教授以"数位档案系统与脉络分析"为题，向学员们介绍档案资料的收集与整理。从个人到机构，如何针对某个特定的领域或档案做有系统、全面的收集工作，项老师从资料的收集、整理、取用三方面进行回应。并介绍了台湾大学人文研究的数位典藏系统，以现场演示的方式，带领学员们使用该系统进行检索。

5日下午，项洁教授介绍了"DocuSky——个人化的数位人文平台"的使用方法。DocuSky数位人文学术研究平台是由台湾大学数位人文研究中心、信息工程学系数位典藏与自动推论实验室规划，项洁教授主持，杜协昌博士设计开发。在此平台上，可建置符合国际标准格式的个人云端数据库，并利用平台上所提供的各种工具，进行个人文本的格式转换、标记与建库、探勘与分析，以及视觉化观察、GIS整合等学术研究工作。项老师以日据时期法院档案数位典藏系统内容为例，对系统的操作予以说明和演示。

5日晚上，"工作坊"第二组讨论仍在国学楼二楼会议室进行，由曲阜师范大学吕厚轩副教授主持。本组提交论文共 12 篇，以基层社会图景为主要内容，探讨主题包括婚姻、妇女、礼仪、风俗等各个方面，其中本组两篇有关清代女性自杀的论文，引起大家的积极讨论。不同于法律史学科对于案件案情的法理分析，这两篇论文更强调案件的社会背景与妇女群体的形象，不同视角下的学术交流让人印象更加深刻。

6 日上午，大阪经济法科大学的伍跃教授做"日本学界对明清档案的利用与研究"为题的讲座。伍老师从日本学界对于明清档案的收集情况开始介绍，进而借助古文书学的发展，对以往日本学界有关明清档案的利用整理进行说明。以雍正朱批谕旨为开端，滋贺秀三、寺田浩明、夫马进等专家学者对于明清档案都有不同程度的利用，伍老师以夫马进及其团队的研究作为重点，向学员们介绍其团队的主要课题与研究方法。最后，重点介绍了如何收集日本学界的研究信息，学员们受益颇丰。

6 日下午，伍跃教授以"巴县档案所见国家权力在乡村的存在形式"为主题，对社会组织与国家权力进行深入讨论。伍老师以巴县档案中几件文书为例，通过对政权与绅权的相互作用、绅权的互斗与政权的介入等问题的解读，体现出国家职能在乡村的实现；社会组织利用或分享国家权力，国家权力也利用社会组织以避免其权利的旁落。这种双向性是否如同费孝通先生所言"双轨政治说"，伍老师认为这是一种来自"社会的合作"，该过程中存在着追求共同秩序的多方的"合力"。至于民间自理的诸多事务，应取决于前近代国家的特性。

6 日晚上，曲阜师范大学吴佩林教授以"四十年来清代地方档案的保存、整理与研究"为题，对当下"档案热"进行现象分析。认为现阶段系统整理地方文献已成为学界共识，这不仅是保护地方文献遗产的需要，也是出于研究区域历史的考量。吴老师以巴县档案、淡新档案、宝坻档案、南部县档案这几种国内关注度较高的地方文献为代表，从档案的发现与保存、起始年份、主要内容方面进行了细致介绍。另外，吴老师还从法律文书、基层社会组织与纠纷解决、法律中的"人"或"群体"、诉讼与审判等不同研究视角，对以往研究成果进行梳理，对地方档案的未来研究趋势提出自己的看法。

7日上午，中国政法大学李雪梅教授讲授专题"碑刻研究方法论"，李老师从"对法律碑刻的感性认识"这一话题导入，通过向学员们介绍拓片展览、外出访碑活动、传拓技能传承等方式，让大家充分感受"东方嘉石"的魅力。理性层面而言，李老师强调法律碑刻所具备的三重属性：文献属性、文物属性和制度属性。碑石文字是一种静态的史料记载，而立碑建规、示禁、确权却是一种动态的制度创建过程，可以说制度属性是法律碑刻独立性的一个重要标志。第二场讲座由吴佩林教授讲授"从曲阜文献群看明清山东曲阜的世职知县"，吴老师从曲阜设县的历史沿革、明代以前曲阜知县的任命、明清两代世职知县的选授、废除世职知县的原因这四方面，在充分利用孔府档案、碑刻资料、地方志的基础上，对明清曲阜世职知县的置罢作出说明。

7日下午，李雪梅教授选取法律碑刻的核心——公文碑，作为讲授主题。从公文与公文碑的区别、历代公文碑的现象入手，对公文碑的整体特点进行剖析。随后以《少林寺碑》为例，强调"碑本"与"文本"之别，不仅是碑石上所载的文字，包括碑石的格式体例、刻立地点、印章等等都是碑石研究的有机组成部分，研究的关键在于以第一手史料即碑石本身或拓片为主，确立"碑本"的主体史料地位。

7日晚上，曲阜师范大学成积春教授介绍"档案中的书信解读与考释"。首先介绍古代书信的种类、正文格式（启辞、信正文、结尾祝福语、署名、日期）以及邮寄相关注意事项。以孔府档案所保存的书信存件，向学员们展示当时书信往来的具体情形。成老师还提醒大家注意，利用此类材料时，应结合社会环境的大背景加以考量。

8日上午，上海交通大学曹树基教授对上海交通大学契约文书的收集、整理与研究进行专题讲座。首先介绍了近年其学术团队对契约文书的收集情况，并以石仓文书为例，从地权研究、产业形态、人口与民居、信仰与科举等方面，对相关学术成果予以说明。提出其未来研究方向仍以地权结构为主，账本与票据的释读和解释也是关注的重点。

8日下午，曹树基老师以"传统中国地权机构：南方与山东的比较"为题目，对传统中国的产权结构作出说明。曹老师首先提出"产权"结构，并不是土地的集中与分散，而是各类土地的产权形态、结构与功能。随后围绕"典"与"田面权"这两个核心概念，在评述以往研究的基础上，对传统时代产权制度作出统一解释。曹老师认为，传统中国的"押租"与"典卖"等产权交易方式导致地权分化，并形成了普通租佃——永佃——相对田面——公认田面——绝对田面的结构，与这些权力关系相匹配的权利所有者构成了乡村的"阶级"和"阶级关系"。

8日晚上，最后一次工作坊在科技楼二楼南会议室召开，曹树基老师参加了本次活动。本组评议论文共11篇，以地方商业社会为主要题目，使用材料包括家族账簿、清华所藏华北地区文书、州县档案、商号信票、赋役黄册等等。经过报告与评议流程，以曹老师精彩的点评作为工作坊结尾。随后，本次暑期学校结业典礼在科技楼二楼南会议室举行，由吕厚轩副教授主持，与会领导与老师分别致辞，最后进行了学员结业证书的颁发仪式。至此，暑期学校的讲授课程全部结束。

9日一早，万仞宫墙前，老师与学员们观看开城门仪式。之后前往孔庙，开始为期一天的曲阜市档案文化遗产考察活动。进入孔庙后，第一座石坊"金声玉振"两侧的下马碑引起学员们的注意。此通下马碑为金明昌二年（1191）立，刻"官员人等至此下马"，历代文武官员、庶民百姓由此路过，必须下马下轿，以示尊敬。此碑亦可视为进入孔庙之标识。

孔庙内存有汉以来历代碑刻1000余块，以大成门前十三碑亭院分布最为集中，内容以皇帝追谥、加封、祭祀孔子和修建孔庙的记录为主，时段覆盖唐、宋、金、元、明、清及民国各时期。碑亭双檐穿插交错，建筑气势恢宏，御碑更添庄重之感。领队续老师提醒大家，除了关注碑亭内形制高大的碑刻之外，有几通重要的法律碑刻也不能错过。院东北部北墙下层西起第六石，据说是李雪梅老师前几日访碑的最新发现，续老师推荐大家前往，一睹其风采。

从公文起首语"皇帝圣旨里"可知，此碑为元代公文碑，但具体立碑时间不详。碑文结尾处有从三行八思巴文，且印旁正书"孔袭封俸"，下有十二押，左七右五。根据公文内容，该件公文应是翰林国史院向袭封衍圣公发出的咨文。除此之外，《曲阜县庙学田地亩碑》《孔颜孟三氏免粮碑》《国史院衍圣公给俸牒碑》等法律碑刻也承载了历代王朝对于这位至圣先师及其后代的崇奉与优待。本有充足时间品味碑石之韵，无奈天公不作美，大雨倾盆而至，孔庙之行匆匆结束。

穿过嘈杂的孔府，汉魏碑刻博物馆显得格外安静。汉魏碑刻陈列馆现存碑刻131块，石雕6尊，历西汉至民国，贯穿整个中国碑刻史。此馆以孔庙三碑（乙瑛碑、史晨碑、礼器碑）为镇馆之宝，三碑以精湛的书法备受历代推崇。

（由左至右分别为乙瑛碑、礼器碑、史晨碑局部图）

然从公文体式而言，三碑应均属公文碑：

　　乙瑛碑为元嘉三年（153）三月廿七日司徒吴雄、司空赵戒应鲁国前
国相乙瑛请求为孔庙设置守庙百石卒史的奏书及司徒、司空府和鲁相选任
孔龢为百石卒史的公文；
　　礼器碑为永寿二年（156）鲁相韩敕优免孔子舅族颜氏和妻族亓官氏
邑中繇发、造作孔庙礼器、修饰孔子宅庙、制作两车的功绩。
　　史晨碑为建宁二年（169）鲁相史晨请求孔庙依社稷礼、出王家谷春
秋行礼而给尚书的公文及孔子赞诗；

　　在秦汉纪功碑流行时期，刻石以铭功纪事为重，关于如何辨析早期公文
碑的样貌与功能，孔庙三碑具有重要的参照价值。
　　下午的考察由吴佩林老师带队，前往新落成的孔子博物馆。孔子博物馆
于 2018 年 11 月开馆试运行，拥有各类馆藏文物 70 万件，闻名于世的藏品包
括明代至 1948 年的 30 万件孔府私家文书档案、宋代以来 4 万多册善本古书、
8000 多件明清衣冠服饰以及大量的与祭祀孔子有关的礼乐器等。
　　孔子博物馆的常设展陈分为三个部分，上行空间展线以"孔子的时代、
孔子的一生、孔子的智慧、孔子与中华文明、孔子与世界文明、永远的孔子"
六大部分构成，是展示孔子文化的主展线；下行空间展线以展示孔府诗礼传家
的历史及孔府历代珍藏为主，是专门体现孔子博物馆馆藏文物丰富性、独特
性的关键展区。
　　孔府档案是明代至民国时期衍圣公府相关活动的文书资料集成，主要包括
有关衍圣公袭封、选官、朝觐、祭祀、摄族、修谱等内容，涵盖政治、经济、文化、
宗族等领域，从官方公文到寻常书信等共三十余万件，是中国现存数量最大、
内容最为广博的家族文献。
　　在结束一天的考察之后，与会老师与学员们迎来了最后的欢送宴，欢声
笑语之间，2019 年"明清以来地方档案与文献"暑期学校正式画下了一个圆
满的句点。

第一届东北地区档案学术研讨会会议综述

姜　珊

摘要： 2019 年 10 月 19 日，"第一届东北地区档案学术研讨会"在辽宁沈阳隆重召开。此次研讨会上共有 16 位学者及硕、博士围绕会议主题作了精彩发言，发言主题包括新时代背景下档案事业的创新发展、档案与数字人文相结合、档案文献编纂、清代东北地方档案研究等多方面。会议为推动东北地区乃至全国档案学者的交流与学习产生重要影响。

关键词： 档案学　数字人文　档案文献编纂　档案史料　档案馆

2019 年 10 月 18—20 日，由辽宁大学历史学院、辽宁大学中国档案文化研究中心主办，《兰台世界》杂志社协办的"第一届东北地区档案学术研讨会"在辽宁沈阳隆重召开。共有来自吉林大学、黑龙江大学、辽宁科技学院、辽宁大学、山东大学、天津师范大学、辽宁省社会科学院、辽宁省档案馆、沈阳市档案馆、洮南市档案馆、中国刑警学院等单位计 50 人参与本次会议，另有 40 余名辽宁大学历史学院本科、硕士、博士旁听了本次学术研讨会。

19 日上午会议正式开始，开幕式由辽宁大学历史学院赵淑梅教授主持，赵淑梅老师首先对参与本次会议的各位老师和嘉宾表示热烈的欢迎，并介绍了参与本次会议的各位嘉宾。辽宁大学历史学院副院长李艳枝教授、《兰台世界》总编辑孙海燕老师分别致辞，对与会学者表示热烈的欢迎，并预祝本次学术研讨会圆满成功。随之进行赠书仪式，由洮南市档案馆馆长孙秀昌将其主编的《奉天·洮南府蒙汉史料汇编》分别赠与辽宁大学图书馆、辽宁大学

作者简介：姜珊，辽宁大学历史学院博士研究生，主要研究方向：清代司法档案整理与研究。

历史学院资料室。该书系国家重点档案保护与开发项目、全国少数民族古籍重点出版项目。其中《蒙荒行局》《洮南府正堂》各三册，搜集整理了洮南市档案馆保存的清代档案，翔实地反映了洮南蒙汉两族开启洮南、奠基洮南、建设洮南景象。开幕式结束后，全体与会人员在辽宁大学文华楼前合影留念。

主题报告由辽宁大学历史学院档案学系主任赵彦昌教授主持，共有 6 位学者发言。辽宁省社会科学院历史研究所关亚新研究员作《利用档案资料、拓展问题研究》的主题发言。关老师结合以往自身研究的内容，从具体问题的研究过程入手，分析研究中档案资料所起到的重要作用。报告分为"利用档案资料，开启新问题研究""利用档案资料，深挖老问题研究""利用档案资料，细品遗漏问题研究"三个部分，以此强调档案资料和私人档案资料对于历史研究的重要性。强调了历史研究需要细嚼文献资料，搜罗碑刻、口述资料，深挖档案资料。洮南市档案馆孙秀昌馆长作《新时代档案事业新发展》的主题发言。孙老师认为新时代档案事业的发展应坚持新指示、新思路、新作为三方向。首先阐述了习近平总书记关于档案工作的一段讲话的内涵与践行方法。其次提出了三个新思路："两个转变""两个强化""三个提高"。最后，结合洮南市档案馆的工作情况、馆藏档案情况讲述了新时代开展档案事业的新作为，孙馆长一番生动、形象的讲述博得现场掌声阵阵。黑龙江大学信息管理学院任越教授作《从实物产品到参与形式——综合档案馆文化创意的新思维》的主题发言。任教授首先从大家熟悉的电影中出现的文创产品出发，引出选题的由来。并将档案文化创意产品与"我们的近亲"博物馆、图书馆进行对比，分析档案文创产品的优势与弱势之处，让我们知道档案文创产品具有自身的精髓，可以从新思维与新方式出发，从实物产品到参与形式，综合档案馆文创产品有着很大的发展空间，让我们对档案文创产品未来的发展充满希望。吉林大学管理学院邓君教授作《档案文献编纂成功传播媒介评价》的主题发言。邓君教授首先对档案文献编纂的研究主要内容进行了回顾，并强调文献综述对于一项研究的重要性。其在研究中主要运用 MUSA 模型与标杆分析法，对档案文献编纂成果传播四种媒介：印刷、电子、网络、移动媒介按照预先设定的评价指标进行评价，通过对四种档案文献编纂成果传播媒介进行实证研究，可以帮助档案文献编纂工作者选择最恰当、最有效的传播途径和方式，使用户便于利用、乐于利用，以提高档案文献编纂成果的利用率和用户满意度。辽宁大学滕海键教授作《环境史文献史料搜集、整理与研究中的几个问题》的主题发言。滕海键教授以其主持的国家重大社科基金项目"东北区域环境史资料收集、整理与研究"（项目编号：18ZDA174）出发，分析了环境史文献资料搜集、整理与研究中需要明确的四个问题：环境史文献资料的类别与特点；环境史文献资料搜集、整理与研究的价值和意义；东北区域环境史文献资料搜集、整理与研究的现状；开展区域环境史文献资料搜集、整理与研究路径。认为可以按照搜集、辑录、整理、汇编、信息化处理、分类、研究、使用的流程与方法来开展区域环境史文献资料的搜集、整理、研究工作。并按照原始优先、校勘优先、价值优先、相互参照四项原则来使用环境史史料。吉林大学管理学院张卫东教授作《面向数字人文的档案数据组织与知识发现——"解构主义"视角》的主题发言。张卫东教授首先对"解构主义"进行了解读，并对其可行性进行了分析。认为"解构主义思维"在"面向数字人文的档案数据组织与知识发现研究"中具备可应用性。解构应按照主题分解、个体分解、元素分解的步骤进行，然后依据可选择性、无序性、特殊性的原则进行重组。最后对面向数字人文的档案数据组织与知识发现研究的未来发展提出了五条展望。

下午青年学者学术讲座第一节由吉林大学管理学院张卫东教授主持，共有4位学者发言。吉林大学管理学院的宋雪雁副教授作《数字时代档案文献编纂与成果利用研究》的发言。数字时代档案文献编纂工作面对的社会环境、技术条件、工作方式、用户群体及其需求都发生了显著变化。研究从文献长久保存、知识发现与传播、文化传承与服务等角度，立足于档案学、社会学、信息科学交叉融合的视角分析数字时代档案文献编纂的功能，并构建了数字时代档案文献编纂的三种模式。为提高数字时代档案文献编纂成果质量，对数字时代档案文献编纂成果质量影响因素进行研究。分析了档案文献编纂成果传播的影响因素，为提升档案文献编纂成果的传播力提供借鉴和参考。数字时代档案文献编纂工作中，编纂工作人员的素质和能力是非常重要的因素，因此建立数字时代档案文献编纂人员胜任力模型对于选择符合要求的编纂人员、使档案机构人力成本得到最大化运用、提高档案文献编纂成果的质量有着重要意义。天津师范大学管理学院曹玉讲师作《国家综合档案馆主体责任认知现状调研》的发言。首先曹玉老师的此项研究是在国家政策导向、机构改革的契机、社会档案意识提升的现实需求下，档案管理伦理与档案服务的兴趣导向下进行的。采取两次问卷调查的方式进行调研，在一次问卷调查结果的基础上，结合相关法律规范与国家责任标准，设计二次问卷。二次问卷主要分为四类题型：基本信息、责任定位、责任对象、责任实现。依据调查结果将开展三项调查计划：因子分析找重点、变量分析找影响、启动实验等。黑龙江大学信息管理学院朱天梅副教授作《多维语境下传统村落档案记忆向度研究》的发言。朱老师从多维的视野：主体维度、客体维度、关系维度、中介维度四个维度来分析传统村落档案记忆，在主体维度下区分传统村落档案官方记忆与民间记忆。在客体维度下分析传统村落记忆的现实、经济与制度取向。在关系维度下对时空向度的传统村落档案记忆进行诠释。在中介维度下分析传统村落档案作为记忆的全媒体取向。辽宁大学历史学院赵丹阳讲师作《供给侧改革背景下商业银行金融档案开发利用的模式与对策研究》的发言。赵老师认为商业银行在金融供给侧改革中存在着"经营风险加剧""优质标的难寻"的困境，然后对金融档案的涵义做了更新的解释，并构建了商业银行金融档案开发利用模式。最后提出了商业银行金融档案开发利用模式：扩大金融档案收集范围、打造金融档案区块链平台、强化应用正交信息进行交叉验证、普及智能化业务应用。

第二节在黑龙江大学信息管理学院任越教授的主持下，共有 6 位优秀的硕博士发言。吉林大学管理学院的左娜博士作《中美数字人文建设项目对比分析》的发言，她首先对研究的背景进行了阐述，对国外的研究现状进行了梳理，选取了美国与中国的数字人文建设项目进行对比。主要从分布平台、建设机构、建设内容、基础环境进行了对比。最后通过对比得出国内数字人文项目建设策略：聚合多功能，打造立体化发布平台；致力跨领域，创建联动化合作模式；融合多学科，创新多元化研究内容；开拓新渠道，营造稳定化基础环境。为我国数字人文建设项目提出了优化路径。辽宁大学历史学院的康胜利博士作《关于〈周礼〉的档案史史料学研究》的发言，康胜利博士以《周礼》的史料价值、《周礼》与档案史史料学，档案界对《周礼》的运用作为研究背景，运用语言文字演变规律、二重证据法、逻辑分析法的研究方法，重点阐述了学界对于《周礼》中"龟室"的误读。最后得出结论：《周礼》不等于"西周之礼"，约成书于战国或秦初；《周礼》内容有先秦制度的实录和作者的理想化设计两部分不同性质的内容；"天府"兼有职官和机构名称两重属性；"龟室"是保管待卜用龟的处所，不是存放甲骨档案的库房。打破了传统对于"龟室"错误的认识。辽宁大学历史学院的硕士研究生蒋官兴作《档案服务业企业经营资质管理对策研究》的发言。近年来，档案服务业企业申请注册数量不断增长。档案服务业企业的发展离不开对企业资质的管理，企业相关经营资质是企业进行一项业务应该具备的基本资格条件。对于档案服务业企业来说，其所具有的相关经营资质就是对其经营能力的证明，也是档案服务业行业规范其企业市场准入的一个门槛。通过数据统计简要分析了目前档案服务业企业所具有的资质现状，并阐述档案服务业企业拥有资质的必要性以及目前档案服务业企业经营资质管理混乱的问题，旨在提高档案服务业企业经营资质的管理水平。山东大学历史文化学院的硕士研究生李思琪作《数字人文视阈下地图档案资源开发探究》的发言。她认为地图档案在"档案 + 数字人文"研究中处于起步状态，可以从档案历史文化项目延展到中国文明的时空进行探索。我国地图档案资源存在着起源于原始图画、内容丰富且形式多样、史料文化价值高、具有信息更新特性这四个特点。将数字人文技术与地图档案资源开发结合具有一定的契合度：学科融合为地图档案资源的开发注入新活力、地图档案是数字人文研究的重要资源基础、数字技术重塑地图档案资源开发中的新维度。最后提出了数字人文视阈下地图档案资源的两条开发路径：城市历史地理信息动态时空数据库与新型虚拟城市艺术地图，并对两条路径的特点及用途进行了具体的分析。将数字人文与地图档案资源相结合，充分发挥数字人文与地图档案资源的特点与优势，对"数字人文""历史地理信息化"等理念大胆创新，推动地图档案资源跨界融合与深度开发。黑龙江大学信息管理学院的硕士研究生韩瑞鹏作《清朝时期东北流人档案研究热点分析》的发言。通过系统、完整地研究东北流人档案，能够厘清档案与城市记忆的关系，又可以丰富档案记忆理论的内容，为档案记忆观理论范式的完善和深化提供现实支撑。经过他对研究现状的梳理，可以发现研究的热点围绕着清初宁古塔流人、清初东北流人文化、清代东北流人的社会生活。他提出未来可选用档案学、社会学、传播学等视角结合方志学中的档案资料做多元的研究与分析。辽宁大学历史学院的硕士研究生姜珊作《清代盛京内务府档案房职能研究——基于辽宁省档案馆藏〈黑图档〉的考察》的发言。辽宁省档案馆藏《黑图档》中保存了大量盛京内务府档案房与其他部门的往来公文及存查档，通过详细剖析这部分档案，梳理盛京内务府档案房的人员组成，深入探讨盛京内务府档案房具体负责的五项基本职能：抄写档案、保管档案、汇总来文、发给销毁印信空白纸张、移交档案，为研究清代地方档案馆提供全新的思考。

最后，由辽宁大学历史学院赵彦昌教授做会议总结，认为本次会议是在东北地区召开的融高校与档案馆、档案学与历史学为一体的高端学术研讨会，为加强学科融合、理论与实践结合创造了机遇；认为本次会议有着鲜明的特色，既有专家学者展现自己最新的研究成果，又有青年学者吐露芬芳，更有成长中的年轻硕博积极钻研、不甘后人，让我们看到了薪火相传的希望所在。在研讨会进行期间，来自吉林大学的邓君教授与黑龙江大学的任越教授决定第二届、第三届东北地区档案学术研讨会分别由吉林大学管理学院与黑龙江大学信息管理学院举办。

《中国档案研究》稿约

　　《中国档案研究》为辽宁大学中国档案文化研究中心主办的学术集刊，由中心主任赵彦昌教授担任主编，本集刊以为档案学界奉献高水平的学术研究成果为最终目标，2015 年创刊，每年一辑，从 2017 年开始每年出版两辑，每辑 25 万字左右，欢迎国内外高校档案学专业师生、档案馆同仁惠赐佳作。

　　1.《中国档案研究》实行双向匿名评审制，论文须符合学术规范，严禁抄袭及剽窃他人成果，如有以上学术不端行为，一经发现，论文不予录用并在两年内不接受该作者投稿。论文选题以档案学学科范围的学术论文为主。论文作者以不超过三人为宜，尤喜独撰。

　　2. 论文基本格式项目包括：题名、署名、单位（注明单位、城市、邮编）、中文摘要（150 字左右）、中文关键词（3–5 个）、正文、注释（注明引用页码，使用脚注、自动生成，不影响排版串页，每页重新编号，使用①②③编号）、作者简介（可附作者小传，注明单位、籍贯、职务、职称、学历、代表作及主要研究方向）等，整体篇幅以万字左右为宜，特优秀稿件则不限字数，不刊发 5000 字以下论文。论文结构层次一般以三个层次为限，用"1""1.1""1.1.1"表示。

　　3. 来稿一律使用脚注（即页下注），注释著录方式参照《信息与文献　参考文献著录规则》（GB/T7714—2015）。

　　主要举例如下：

　　（1）学术论文类

　　①赵彦昌，李兆龙.吐鲁番文书编纂沿革考（上）［J］.档案学通讯，2013（6）: 95.

　　（2）著作类

　　①赵彦昌.中国古代档案管理制度研究［M］.北京：人民出版社，2011: 36.

（3）学位论文类

①戴旸.基于群体智慧的非物质文化遗产档案管理研究［D］.武汉：武汉大学，2013：9.

（4）报纸类

①陈继齐.海南省档案馆与都市报联合开发档案信息资源［N］.中国档案报，2007-3-19（2）.

（5）析出文献（论文集类）

①周林兴.基于信息生态视域的档案信息资源开发研究［C］//赵彦昌主编.中国档案研究（第二辑）.沈阳：辽宁大学出版社，2016：97-109.

因为网络文献的不稳定、不确定性，所以建议学术论文尽量少用或不用网络文献。

4. 请务必注明作者邮政地址（细化到门牌号）、邮政编码、工作单位、联系电话 / 手机号、电子邮箱等，以便发快递邮寄样刊，一般只发百世汇通快递。

5.《中国档案研究》仅接受电子邮箱投稿，本刊信箱：zycwxn@163.com，一般不接受纸版稿件。建议使用网易、新浪、搜狐、QQ 等常用邮件系统投稿。

6. 本刊初创，将以赠送样刊形式支付稿酬，出版后赠送作者样刊 3 册，如有作者需要更多样刊，请直接与主编联系邮寄事宜。

7. 为适应我国信息化建设，扩大本刊及作者知识信息交流渠道，本刊已被《中国学术期刊网络出版总库》及 CNKI 系列数据库收录，其作者文章著作权使用费与本刊稿酬一次性给付。免费提供作者文章引用统计分析资料。如作者不同意文章被收录，请在来稿时向本刊声明，本刊将做适当处理。

8. 本刊只接收未刊稿件，不刊发已经发表学术论文，另在本刊发表的论文，请勿再重复发表在其它期刊，以免引发版权纠纷。

《中国档案研究》编辑部